江苏省高校哲学社会科学研究一般项目(2019SJA1756)
江苏省哲学社会科学规划办项目青年基金项目(20GLC002)

酒店员工心理资本影响适应性绩效的机理研究

罗成一　著

中国矿业大学出版社
·徐州·

图书在版编目(CIP)数据

酒店员工心理资本影响适应性绩效的机理研究 / 罗成一著. —徐州 ：中国矿业大学出版社，2022.2

ISBN 978-7-5646-4097-2

Ⅰ. ①酒… Ⅱ. ①罗… Ⅲ. ①饭店—商业企业管理—管理心理学—研究 Ⅳ. ①F719.2

中国版本图书馆 CIP 数据核字(2022)第 027562 号

书　　名 酒店员工心理资本影响适应性绩效的机理研究
著　　者 罗成一
责任编辑 史凤萍
出版发行 中国矿业大学出版社有限责任公司
（江苏省徐州市解放南路　邮编 221008）
营销热线 (0516)83885370　83884103
出版服务 (0516)83995789　83884920
网　　址 http://www.cumtp.com　**E-mail**:cumtpvip@cumtp.com
印　　刷 苏州市古得堡数码印刷有限公司
开　　本 710 mm×1000 mm　1/16　**印张** 12.5　**字数** 245 千字
版次印次 2022 年 2 月第 1 版　2022 年 2 月第 1 次印刷
定　　价 48.00 元

前　言

激烈的竞争环境、快速的技术应用以及复杂的不确定性因素使酒店不断创新和变革，突如其来的新型冠状病毒疫情，加剧了酒店经营环境的动态性、复杂性和不确定性。酒店员工处在不确定性(uncertainty)、易变性(variability)、复杂性(complexity)和模糊性(ambiguity)的UVCA时代中，经常受到意外事件、超负荷工作量和提升个人技术能力的挑战。酒店员工如何增强应对变化、适应多变环境的能力已成为一个人们高度关注的话题，因为适应能力强的员工可以有效缓解工作环境带来的不确定性问题，延长组织生命力，进而提升酒店竞争力。

酒店的个性化、情感化以及创新性服务的实现是员工与顾客价值共创的过程。员工作为与顾客直接接触的跨边界角色，既要满足组织目标的“内适应”要求，又要及时应对动态变化的“外适应”环境，如何提升员工的适应性能力是酒店获取持续性创新、延长生命周期并壮大的现实问题。因此，激发员工的内在潜力，增强员工的自主性动机，提高员工应对内外环境变化的弹性适应能力，是企业实现持续竞争优势的关键因素。

面对动态竞争下的内外环境，提高员工主观能动性和自信，增强员工适应性绩效尤为重要。本书将具备可开发性特点的心理资本作为独立变量，适应性绩效作为从属变量，探讨酒店员工心理资本对适应性绩效的影响。在探讨影响适应性绩效的过程机制中，发现内部社会资本的生产属性可以解释适应性绩效作用机制，员工对不确定性因素引起的变化态度可以预测、解释适应性绩效，心理资本影响社会资本的关系属性和员工对变革的支持态度。尤其是酒店的组织结构调整、技术和制度创新等自我增强效应措施往往会打破原有的竞争基础和组织环境，引起员工对变化的抵制，无法快速适应新环境。例如，快速的技术进步改变了酒店运营和客户关系管理的结构，给员工带来了威胁和挑战(Sun et al.,2020)，可能会导致员工抗拒变化，难以适应新的环境。因此，本书将内部社会资本和变革准备性作为影响适应性绩效的中介变量，论证社会资本和变革准备性在心理资本与适应性绩效之间的中介效应。通过对酒店员工的实地问卷调研，本书运用结构方程式对数据统计分析，具体研究结果如下：

第一，员工心理资本可以提高适应性绩效，心理资本水平高的酒店员工能以更高的水平投入工作。若酒店有意地培养员工心理资本，可以提高员工处理突发事件和压力的能力、解决问题的能力，激发员工的潜能，使其获取新的知识和技能，提高员工个人的适应能力。酒店员工拥有的心理资本和积极情绪越多，就越容易增加自身的活力和注意力，从而提高自身的适应性表现。换言之，心理资本可以激发员工的内在动机，使其既能满足组织目标的“内部适应”要求，又能及时应对动态变化的“外部适应”环境，实现组织与个人双赢，进而提高员工的适应性绩效。

第二，组织内的社会资本存量能有效影响员工适应性绩效。员工内部社会资本存量越高越能有效应对压力与危机情境，形成新的人际关系和适应多元文化，积极学习新知识和技能。员工在面对各种压力和危机情境时，社会资本存量高的员工可以有效利用关系网络中的资源解决问题，主动学习新知识和技能，积极与同事保持沟通，进而更快适应环境变化，提高个人适应性绩效。尤其在关系文化情境下，社会资本的生产属性较强，员工的社会资本存量往往是解决困难、适应环境的有效途径。例如，酒店员工的任务完成，往往需要与领导、同事或下属进行良好的沟通与协作才能事半功倍，而丰富的社会资本有助于员工获得更多支持。本研究证明了社会资本的回报机制。

第三，员工对内外环境的准备程度可以提高其适应性绩效。尤其是在酒店组织结构调整、技术和系统创新等不断变化的环境中，员工的变革准备性能有效影响个人人际关系，使其适应多元文化，使其获取新知识和技能。研究结果证实了关于员工变革准备性与变革行为之间的关系，补充并验证了个体行为意向由态度决定的计划行为理论。酒店可以通过员工的变革准备性来预测、缓解组织变革措施给员工带来的各种适应性问题。根据 Oreg（2006）的研究主张，酒店可以通过非正式信息的交流，使员工能够提前了解并适应变化，为应对变化积极获取新知识和技能，形成新的人际关系，以防止问题的发生。

第四，心理资本水平越高的员工越能有效动员内部社会资本存量，从而更好地应对危机和压力，形成新的人际关系和适应多元文化，积极获取新知识和技能，从而适应环境。心理资本影响适应性绩效过程中，社会资本起到中介作用。组织内关系网络中的社会资本形成是一个复杂的行为过程，不仅受制于宏观的组织结构限制，而且更重要的是受个体心理资本水平的制约。本书从个体心理资本角度探讨社会资本动员机制，发现心理资本影响内部社会资本动员的关系属性，社会资本的生产属性可以预测员工适应性绩效，扩展了社会资本动员的解释范围。

第五，心理资本影响适应性绩效过程中，变革准备性起到完全中介作用。员工拥有较高水平的心理资本能更好地适应环境变化，建设性地应对外部环境或组织变化，在新的环境中形成人际交往，获得新的知识和技能。高心理资本水平的员工对变革准备性反应更高，更能够快速适应环境变化，对外部环境或组织变革态度反应积极，能够积极处理好新环境人际关系，主动学习新知识和技能。员工对变革的反应是由个人心理资源和组织环境感知共同塑造的。本研究发现心理资本是积极的心理资源，是可干预的状态型变量，具备可塑性特征，不同于特质论范式，这弥补了先前研究中适应性绩效影响因素的不可干预性问题。

第六，在高离职率的酒店行业中，员工的内部社会资本存量能有效减少员工离职意图。研究结果表明社会资本完全中介了心理资本与离职意图之间的关系。从酒店员工心理资本对离职意图的影响过程来看，社会资本对酒店员工起着非常重要的作用，反映了在酒店组织内社会资本的重要性。

本研究的创新点体现在以下几个方面：

首先，本研究发展和改进了心理资本干预适应性绩效的范式。相较于以往的研究，本研究认为心理资本更具有可塑性和可干预能力，而这些发现有助于理解个人心理资源应该如何组织和利用。在酒店服务环境中，动态性和不可预测性是其显著特征。酒店一线员工常常面临动态变化的工作环境和高强度的情绪劳动，需要大量的心理资本。强大的心理资本可以有效动员员工充分发挥潜能，增强主动性，提高应对内外环境变化的能力，协调内外部资源，不断学习新的知识和技能，应对各种动态变化。本书建立了心理资本与适应性绩效的研究框架，填补了以往文献关于心理资本与适应性绩效之间关系研究的不足，拓宽了心理资本与工作绩效的研究领域。

其次，分析关系文化中社会资本对适应性绩效形成的研究较少。社会资本作为个人关系资源，有助于提高员工解决问题的能力，减轻工作压力，提高社会和文化适应能力。酒店员工为了完成任务，通常需要与主管、同事或下属进行有效的沟通和合作，丰富的社会资本可以帮助员工获得更多的支持，进而提升个人适应性绩效。以往研究大多表明社会资本对传统绩效具有显著影响，本研究结果补充并验证了社会资本对适应性绩效的正向激发效应，拓展了社会资本与工作绩效理论。另外，以往关于社会资本的研究较多关注社会资本的回报机制，忽略了社会资本的中间动员过程，本书研究发现心理资本影响内部社会资本动员的关系属性，扩展了社会资本动员的解释范围。

再次，研究结果补充和证实了计划行为理论，个人态度决定行为意图，本书将员工对变革的准备性程度与适应性绩效联系起来，并证明了员工的变革准备性能积极影响适应性绩效，扩展了动态环境中的适应性绩效概念。酒店经常面临技术升级、行业内竞争激烈和频繁的突发性事件等问题，而只有更好适应内外环境变化的酒店才能取得成功。尤其是酒店组织结构调整、技术创新和系统升级会引发员工对变化的抵制，进而降低适应性绩效。凡事预则立，不预则废，组织需要对员工的变革准备情况进行初步的调查，并对员工应对变革的过程进行规范化管理，做到未雨绸缪。

最后，酒店相比较其他行业，具有高离职率的特点。虽然有大量关于降低离职率问题的理论研究和实践方法，但研究发现，前人研究大多从负面角度探究员工情感劳动引起的压力、疲倦等病理现象，忽略了正面角度培养员工积极性和主动性，开发员工优势，进而从根本上缓解消极情绪的产生的研究。心理资本就是开发和培养员工优势，调节压力和疲倦，减少离职意图的最佳可塑性变量。

目　录

第1章 绪 论

1.1 研究背景与问题提出

1.1.1 研究背景

1.1.1.1 理论背景

(1) 传统工作绩效理论到适应性绩效的延伸

传统工作绩效理论研究在静态的工作场所内个人工作任务的熟练程度和努力表现程度，关注个人角色担当和固定任务完成效率。工作绩效根据个人完成其角色担当和规定任务的熟练程度来评估，通过个人执行工作任务所取得成果的有效性来判断(Campbell et al.,1993)。传统的绩效模型为各种职业工作成果有效性的评估确定了考核标准。

随着环境的动态性变化和技术进步，企业所面临的不确定性因素越来越多，工作和组织性质的变化对个人工作绩效的传统观点提出了挑战(Ilgen et al.,1999)。工作系统的相互依存性越来越高，环境的不确定性因素越来越多，环境塑造和约束了组织中需要重视的行为，不确定性和相互依存性成为组织面临的两个普遍特征。就工作角色绩效而言，当工作系统的输入、过程或输出缺乏可预测性时，组织环境中就会出现不确定性。造成不确定性的因素包括新的竞争、不断变化的技术和不断变化的客户需求。组织环境中的不确定性决定了工作行为可以被形式化的程度。当不确定性程度较低时，可以使用外部形式的控制来确保目标实现。工作角色可以通过职务描述形式化，职务描述说明了人员必须执行的任务、必须遵循的程序以及标准。当不确定性程度较高时，外部控制不太合适，因为不可能预测所有的意外事件，并且更难确定任务要求。在这种情况下，工作角色必须根据不断变化的条件和需求动态响应。因此，当组织环境更不确定时，对角色灵活性的要求更高。组织中的相互依存性突出了维持和构建社会环境的行为价值，而不是指个人能够完成其个人任务的行为。具体而言，角色理论将组织描述为相互依存的行为系统。当一个系统的组成部分需要合作以实现共同的目标时，就会产生相互依赖。在相互依存的系统中，个人的行为不仅影响该个人的有效性，还影响其他人(包括团体、团队和整个组织)的有效性。

总之，不确定性因素导致员工工作职责发生变化，影响员工角色任务的准确性程度，从而导致个人仅仅履行工作角色要求，而忽视角色外的工作任务。相互依赖性决定了工作角色在更广泛的社会体系中的嵌入程度，从而决定了个人是否可以通过简单地管理其作为组织内个人角色的责任来发挥效力。因此，早期的工作绩效已无法有效提升工作效率、评估所有工作行为（Murphy et al.，1999）。

为了应对这一限制，Borman 等（1993）引入了新的结构，把工作绩效分为任务绩效和周边绩效两种维度，奠定了传统绩效的基础。任务绩效包括有助于组织“技术核心”的行为，这些行为通常根据熟练程度（即个人任务熟练程度）进行评估。周边绩效包括有助于组织更广泛的社会和心理环境的行为（团队成员或组织成员的行为），重点不在于执行任务的熟练程度，而在于强调自愿执行这些任务的主动性。任务绩效是与员工本职工作内容密切相关的绩效，可以用工作完成情况来衡量，但局限于个人被赋予要完成的担当任务；周边绩效是员工本职外的绩效，主要考察人际促进和工作投入等方面的内容，与担当任务无直接性关系，是为促进组织有序发展的非正式的自发性的个人贡献行为或组织公民行为（孟晓斌，2009）。任务绩效强调个人和任务两者之间的关系，周边绩效强调个人、任务以及组织之间的协调性。然而，无论是任务绩效，还是周边绩效，都适用于静态、相对稳定的工作环境。

当今组织以不断变化的动态环境为特征，在这种环境中，员工的适应性能力将变得越来越重要，员工学习新技能和适应各种环境的能力成为帮助组织实现其目标的重要因素。不断变化的技术和自动化水平的提高改变了工作任务的性质，要求员工学习新的工作方式；公司合并、规模调整及组织结构重组要求个人学习新技能，以便在不同的工作中具有竞争力；在全球经济中，许多工作都要求个人学会在不同的国家有效地运作，并能够与不同价值观和方向的个人合作；员工需要越来越多的适应能力和对不确定性的容忍能力，才能在不断变化的环境中有效运作。动态、不可预测的环境和快速变化的技术导致工作需求发生变化。为了及时响应环境变化，个人需要适应或应对工作角色和环境的变化。个体任务适应性反映了个体应对、响应和支持影响其作为个体角色的变化的程度。

适应性、灵活性和变通能力是工作行为整体绩效的组成部分，可以与任务和周边绩效区分开来。因此，Allworth 等（1997）提出适应性绩效的概念，即员工应对工作环境和工作需求变化的适应性行为，员工快速适应工作环境变化的能力。适应性绩效为在动态环境中提升绩效管理的柔性化水平提供了新视角，受到很多学者的关注（Allworth et al.，1999；Griffin et al.，2005；Hesketh et al.，1999；Pulakos et al.，2002）。

与传统绩效重视工作行为的熟练程度不同，个人的适应性和主动性是紧急的、以变化为导向的行为，在无法明确预期工作要求时非常重要。当不确定性程度较高时，不能简单地将工作角色正式化，不可能预测所有意外事件，更难以将任务要求正式化。在这种情况下，工作角色必须动态响应不断变化的条件和需求。首先，适应性行为涉及个体对意外和新环境做出建设性的反应，对于在快速变化环境中工作的员工来说越来越重要。Griffin 等(2007)将适应性绩效定义为个人应对、响应和支持变化的程度，这些变化会使他们作为个人、团队成员或组织成员更有效地发挥作用。其次，主动行为在工作需求不可预测时，有助于提高效率，包括主动解决问题、负责和个人主动性。London 等(1999)把适应性绩效定义为新知识学习或者经验管理的个人熟练程度。Murphy 等(1999)从多种角色灵活性视角解释适应性行为。Hesketh 等(1999)将适应性绩效定义为个人从容应对变化的一种适应性行为，主张环境的变化可以通过学习和知识经验来解决，并将这些行为归类为能动性行为、反应性行为和忍耐性行为。Pulakos 等(2000)对 21 个不同岗位的数据进行关键事件分析(critical incident method)，定义了工作环境中适应性绩效的多个维度，把适应性绩效划分为 8 个维度：① 创造性地解决问题；② 处理不确定或不可预测的工作情况；③ 学习新的任务、技术和程序；④ 人际适应性和文化适应性；⑤ 身体适应性；⑥ 处理工作压力；⑦ 处理紧急情况；⑧ 危机情况处理。陶祁等(2006)基于中国企业研究将适应性绩效概括为人际与文化适应、创造性地解决问题、压力与危机处理、学习新事物等 4 个维度。

适应性绩效反映了员工对工作环境变化的适应性需求。在个人层面，适应性绩效可以起到积极的效果，提升个人绩效表现和职业成功(Griffin et al.，2007；Shoss et al.，2012)。同时，适应性绩效并非仅局限于个人绩效表现，适应性绩效也可以有效影响组织的各种行为，带来积极的组织成果，包括管理变革、组织学习和保持不断变化的客户期望(Dorsey et al.，2010；吴新辉等，2010)。

绩效被认为是人力资源开发的一个关键领域(Jo et al.，2009；Swanson et al.，2009)，而适应性绩效是人力资源开发的一个重要课题。因为具有良好适应能力的员工能有效地缓解工作环境带来的不确定性问题(Darvishmotevali et al.，2020)，延长组织生命力，进而提升酒店竞争力(Melián-Alzola et al.，2020)。所以组织除了需要重视日常任务绩效之外，还需要管理和提高适应性绩效。然而，只有少数研究考察了发展适应性绩效的可能性(Chen et al.，2005；Joung et al.，2006)。

(2) 资源视角下企业竞争优势的演变

资源理论是战略管理领域的理论之一，常被用来解释组织可持续竞争优势的来源问题。经济术语“资本”指的是从消费中提取的资源，这些资源被投资以获得未来的预期回报。资本是经济学中重要的概念，随着社会和经济的发展，资本的内在含义也得到扩展和丰富。物质资本是企业得以生产的前提，包括生产机器设备、工具及产品等，体现了人的自然性对物的自然依赖（袁家三，2020）。传统上，物质资本或经济资本（金融资产和有形资产）是能够用于物质生产并能够创造收益的资源，受到了广泛的关注。然而，管理者不仅要认识到有形资产和物质资源的重要性，而且要充分认识到人力资本的重要性。人力资本不仅包含单纯的体力劳动能力，而且包括人所具有的知识、技能、时间、健康等因素，通过对人的投资可以获取更多的物质资本，人力资本具有物质资本所不具有的排他性特点（舒尔茨，2017）。人力资本的提出使人的价值得到了提升，提高了劳动的地位，深刻影响了劳资关系。

“人力”指的是在组织各层级工作的人，组织的可持续竞争优势来自各种行业层面的进入壁垒，如技术、专利保护和政府监管。然而，技术革新周期缩短、技术创新及放松管制等原因冲击了进入壁垒，人力资本成为最不可代替的资源（Crook et al.，2011）。尤其是当今内外环境的不可确定性因素增加，有效开发、管理员工的知识、经验、技能已成为组织保持持续竞争优势的关键因素。优秀的员工绩效在所有行业和部门都很重要，尤其在劳动密集型服务行业中，员工是产品的重要组成部分，构成了服务体验的核心要素（Slåtten et al.，2011）。酒店工作人员可以在建立和维护主客关系（Onsøyen et al.，2009）和提高质量方面维持竞争优势，并建立顾客忠诚度。高度敬业的员工对服务组织和企业的成功至关重要（Bakker et al.，2010；Bakker et al.，2008；Slåtten et al.，2011）。

然而，人是具有社会性特征的，人所依存的社会关系也会对社会、经济带来影响。因此，在物质资本和人力资本的概念提出之后，社会学家们将人的社会关系和社会结构作为“第三生产要素”纳入资本分析，提出社会资本的概念。社会资本是人的社会性的经济化体现（袁家三，2020）。为表达某个人具有很好的社交性，我们经常会用“人缘好”“人脉广”等惯用语，社会学家们对人际关系的研究不仅仅分析单纯的人际关系好坏，更要探究人际关系背后的本质性理论。亚里士多德曾描述“人是社会性动物”，虽然不同的社区或集体里面的个体有所差异，但是他们都参与社会性交往活动，在社会交往中形成关系结构，在关系结构中承载各种资源（袁家三，2020），这些资源的结合体即是社会资本。社会资本存在于社会网络结构中，行为主体在完成特定任务时，社会资本的作用才得以发挥和实现。比如规范、组织、权威关系以及权利和义务等都是社会结构的一个方面。因此，社会资本不同于其他资本形式，存在于社会关系当中。物质资本和人力资本关注个人的“属性”特征，而社会资本强调个人之间的“关系”特征。

按照社会资本的主要内容和社会功能，可以将社会资本分为信息或资源、机会或能力以及公共财产三种类型。第一，社会资本是社会关系网络中可以使用的资源(Bourdieu，1986；Coleman，1990；Lin，1999)，无论是个人还是群体组织，获取更多的社会资本资源可以保证占据更有利的位置，提高自己的竞争优势。第二，社会资本是社会关系中的机会、利益以及能力(Portes，1995；Burt，1997)，个人通过获取稀有的信息资源和机会，使得个人能力得以强化。第三，社会资本是维护共同体组织的有效公共财产(Putnam，1993；Fukuyama，1995)。

Maltz等(2003)指出如何衡量组织成功将是持续面临的一个挑战，需要使用不同的评估方法，将货币和非货币标准都考虑在内。换句话说，“资源”的概念不再局限于有形资产如货币或物质资本的多少，而是扩展到更有区别的理解上(Anheier et al.，1995)。组织为了成功或保持可持续竞争优势，需要评估不同形式的资本，如人力、文化、社会或声誉。然而，Luthans等(2007)和Avey等(2009)认为个人的心理状态优势可以影响个人的工作满意度和情感组织承诺，进而为组织带来竞争优势。

Luthans等(2004)基于积极心理学和积极组织行为学的观点，认为积极的心理状态可以激发个人最大潜力，是一种个人的积极心理资源，将心理资本定义为继经济资本、人力资本、社会资本之后的第四大“资本”概念；心理资本超越了“人们拥有什么”的经济资本观点、“会什么”的人力资本观点以及“认识谁”的社会资本观点，心理资本描述的是“我是谁”“将要成为什么”的个人所具有的积极心理价值，是可以被开发的资源。Seligman(2002)认为个人的积极心理状态存量会形成组织的一种资本。在组织行为学领域中，Luthans(2002)拓展了积极心理学理论，将积极心理学应用于积极组织行为学，从积极组织行为中提炼积极心理资本理论(Luthans & Youssef，2004；Luthans & Youssef，2007)。心理资本是从积极组织行为理论中提炼出来的概念。心理资本是拥有成功完成挑战性任务所需的自信心(自我效能感，self-efficacy)，对现在和未来的成功能给予积极归因(乐观主义，optimism)，向着目标，不怕挫折，可以积极地重新构建目标实现路径(希望，hope)，面对困难和挫折能忍耐，能迅速从逆境中走出来(韧性，resilience)，恢复原来状态的综合积极心理状态(Luthans，Youssef & Avolio，2007)。

心理资本是积极组织行为学领域内的人力资源管理研究的新兴领域。随着心理资本理论研究的完善及拓展，大量实证研究表明，心理资本不仅可以提高员工工作绩效，还能促进员工的智力资本发展，有利于稳定组织专业人才建设，提高组织的可持续竞争优势。

1.1.1.2 现实背景

(1) 酒店经营环境的脆弱性和动态性

新型冠状病毒(COVID-19)的流行已经严重影响到了各个行业,阻碍了全球经济的发展。旅游业是受其影响最严重的行业之一,因为旅游业是劳动密集型服务行业,旅游产品和服务质量的好坏取决于提供者与旅游者的互动质量,而COVID-19要求减少社交,使旅游业变得更加脆弱。联合国世界旅游组织2021年的报告显示,新冠疫情导致全球旅游人数大幅减少,2020年,国际游客数量比上一年下降74%,国际旅游业收入损失达1.3万亿美元。为防止疫情传播,很多国家采取了前所未有的措施,包括全国性宵禁、封锁旅游地等,人们减少了外出和旅行,从而降低了酒店入住率(Gössling et al.,2021;Jiang et al.,2020)。

旅游系统的脆弱性是业务的复杂性和国际性导致的,因为来自不同行为者的参与,如酒店、航空公司、旅游运营商或旅行社等(Zach et al.,2011)。通过文献梳理发现,旅游业面临多种类型的变化,包括竞争对手的变化(新酒店的出现、竞争对手报价的变化、定价政策改变等)(Faulkner,2001;Johansen et al.,2016)、顾客需求的变化(Han et al.,2016)、中间商的变化(旅游经营者破产、旅行社之间的合并或联盟)(Faulkner,2001;Johansen et al.,2016)、供应商的变化(新航空公司、洗衣服务的变化)(Faulkner,2001;Johansen et al.,2016)、其他合作伙伴或外部代理人的变化(旅游集群的创建、专业协会的变化)(Faulkner,2001;Tsai et al.,2010,2011)、经济环境的变化(国家间的经济联盟、货币政策的变化、经济周期的变化)(Faulkner,2001;Hall,2010)、政治和法律环境的变化(度假酒店的管理、旅游业复兴的管理、新税法等)(Faulkner,2001;Hall,2010)、技术环境的变化(社交网络、酒店管理软件、在线电子商务)(Carroll et al.,2003;Johansen et al.,2016)以及宏观环境的变化(环境影响、气候变化、自然灾害等)(Faulkner,2001;Hall,2010)。这些变化无论是积极的还是消极的,都极大地影响了酒店行业。尤其是新冠疫情对整个旅游领域,特别是酒店行业造成了严重影响(Gössling et al.,2021)。

由于酒店环境的脆弱性和复杂情况,酒店面临着快速多样的技术变革,这既是挑战,也带来了机遇。酒店需要及时应对这些变化,主动采取措施来适应环境的复杂性和动态性,积极迎接挑战并最大限度地利用机遇。因此,酒店必须灵活适应变化来发展竞争优势。在一个不确定的环境中,管理学者主张需要更深入地理解不确定和模糊环境中员工绩效的动态本质,因为动态的外部环境可能会挑战员工的技能和知识,并要求他们及时做出反应或做出必要的改变。

(2) 应对动态环境的组织变革的必要性和挑战性

随着企业面临的市场、客户、技术等环境的急剧变化,迅速掌握并提高应对环境变化的能力成为企业提高竞争力、延长企业生命周期的决定性因素。变化已经成为当代企业组织的主要特征之一,企业能否成功蜕变越来越取决于应对变化、适应环境的能力(Ashurst et al.,2010)。其中,Child(1972)和Dunphy(2000)从企业战略管理的角度将组织变革视为组织领导者和决策者实施企业战略的过程;Porras等(1992)从组织发展的角度认为变革有助于促进个人发展,提高组织绩效。

然而,由于组织变化的非线性和无形性的特点,许多变革措施并没有实现预期目标。Beer等(2000a,2000b)研究发现,企业成功实现组织变革的概率仅有30%左右。组织无法成功实现变革预期目标的原因通常被认为是实施过程的失败,而不是变革计划本身固有的缺陷(Klein et al.,1996)。尤其是,变革失败通常归因于组织在尝试变革之前无法提供有效的解冻过程(Lewin,1947,1997)。解冻过程包括组织成员对变革的信念和态度,要使组织成员认为变革是必要的。换句话说,当前组织变革失败的主要原因是忽略了组织成员面对变革时的心理问题,因为变化所具有的属性会给组织成员带来不安、负面情绪、不确定性以及模糊感(Bordia et al.,2004;Kiefer,2005)。

Jundt等(2015)认为需要深入了解员工在不确定和模糊环境中员工绩效的本质问题。动态的外部环境变化会扰乱组织现状,挑战员工的知识和技能,并要求员工及时做出反应或做出必要的改变。因此,酒店管理者需要根据内外环境特征确定新的组织平衡点(Melián-Alzola et al.,2020)。然而,酒店通过组织结构调整、技术和制度创新等自我增强效应措施往往会打破原有竞争基础和组织环境(Jing et al.,2016),引起员工对变化的抵制,员工无法快速适应新环境。Li等(2019)研究表明人工智能引入酒店住宿系统的应用,虽然降低了成本,提高了准确性和服务质量的一致性,但是破坏了已建立的工作关系,无意中对员工心理造成了伤害,影响员工归属感。技术的不断进步改变了工作管理和执行方式,侵蚀了员工的专业知识,破坏了原有的工作平衡,使员工感受到威胁,导致员工焦虑和沮丧(Gabriel et al.,2016;Brougham et al.,2018)。因此,组织必须要考虑员工应对内外环境变化的态度,组织变革成功与否取决于组织成员对变革的心理反应(Armenakis et al.,1993;Armenakis et al.,1999)。

Sashkin(1986)认为在组织变革之前,只有满足了特别适当的条件并向员工充分说明清楚,员工才能为组织变化做出贡献,而员工对组织变革的态度即变革准备性(change readiness)是需要满足的条件之一。变革准备性是指是否需要变化、组织是否具备能力等的组织成员的信念、态度、意图。在组织变革实施过程中,应重视与员工的互动,关注员工对组织变革的准备性程度,而变革准备性程度是影响组织变革成败的关键因素之一(Krügel et al.,2018)。

1.1.2 问题提出

日新月异的技术创新、剧烈的超竞争环境以及复杂多变的不确定性因素倒逼企业不断创新和变革(Baptista et al.,2020),加上突如其来的新型冠状病毒疫情,加剧了酒店经营环境的动态性、复杂性和不确定性。当前,酒店员工处在这样不确定性、易变性、复杂性和模糊性的UVCA时代中,员工经常受到意外事件、超额工作量、技术能力提升的挑战(Chan et al.,2015;Sun et al.,2020)。应对变化、适应环境的能力已成为一个高度关注的话题(Zacher et al.,2015;Luo et al.,2021),因为具有良好适应能力的员工能有效地缓解工作环境带来的不确定性问题(Darvishmotevali et al.,2020),延长组织生命力,进而提升酒店竞争力(Melián-Alzola,et al.,2020)。

为确保酒店提供个性化、快速响应和创新的服务,需要员工和客户共同参与。在需要与客户直接接触的跨边界工作中,员工必须满足其组织目标的“内部适应”要求,并对动态的“外部适应”环境做出迅速响应。激发员工的内在潜力,增强他们的自主性动机,提高他们适应内外部环境变化的能力,这些都是酒店为确保持续创新、延长其生命周期和发展而需要面对的真正挑战。

学术界对员工适应性问题的探讨由来已久,组织行为学关注员工的适应性绩效,适应性绩效是指员工能够变通地处理人际关系,主动学习新知识和技能使自己适应新环境任务,能够冷静地处理危机情境、创造性地解决困难的能力(Pulakos et al.,2000,2002)。适应性绩效是基于静态的绩效管理在动态变化的环境中产生的问题,对传统任务绩效和周边绩效的延伸和补充,强调人、任务、组织和环境的整合(Shoss et al.,2012)。

研究发现,组织层次的组织支持(Chiaburu et al.,2013)、组织氛围(如团队学习和创新)(Charbonnier-Voirin et al.,2010)、变革型领导(Charbonnier-Voirin et al.,2010)、就业资源(Ghitulescu,2013)和组织结构(如学习型组织;Kanten et al.,2015)都对员工的适应性绩效有重大影响。个体特征对适应性绩效的影响关系一直是大量研究的焦点,其中包括大五人格(Huang et al.,2014)、自我效能感(Pedro et al.,2019)、认知能力(Good,2014)以及经验和知识(Morgan et al.,2003)等。前期文献大多以静态的、难以被开发的特质变量(Trait-based variable)为中心分析适应性绩效的影响关系,而动态变革转型环境下采用静态属性的变量解释具有动态属性特点的适应性绩效有一定的局限性。特质变量是难以被改变、相对持久的个体特征(Kirrane et al.,2016),动态、可开发性特点的变量才更具可塑性。变量的可塑性可以提高员工的实际干预能力,成为更有希望的干预变量(Choi,2011)。

员工对变革的反应态度是由其个人心理资源和对组织环境的感知共同塑造的(Kirrane et al.,2016)。Choi(2011)研究认为在探究影响变革准备的员工个人特征方面,大多倾向于特质变量而非状态型变量,限制了变革准备性的理论发展和实际干预能力,而状态型变量更具可塑性。根据 Luthans 和 Youssef(2007)以及 Kirrane 等(2016)的观点,心理资本是一个状态型变量,可以随着时间和环境的变化而增强或减弱,具备经验和培训的可塑性优势,成为可干预的积极心理资源。

心理资本是一种积极的内生的个人心理资源,指导和激励个人发挥最大潜力(Luthans & Youssef,2007)。根据资源保存理论(Hobfoll,1989;Shin et al.,2012),员工丰富的个人资源可以使其减少在动态环境下的压力,迅速调整状态,减少资源损失。心理资本是基于个人积极的努力和毅力对环境和成功概率的积极评价(Luthans,2002b),可以最大限度地引导和激发个人充分发挥潜力。自我决定理论(Deci et al.,2000)认为个体会努力满足对自主性、胜任力和关系的基本心理需求(Ryan et al.,2000)。而拥有大量心理资本的员工将发挥他们的潜力,促进自我决定能力提升,努力探索解决方案,进而提高自己的适应性绩效(Breevaart et al.,2016)。然而,关于心理资本与适应性绩效之间关系的研究却十分有限,无论是心理资本对适应性绩效的有效性影响的研究,还是关于酒店业适应性绩效的发展,都较少被探讨过。因此,本书对心理资本和适应性绩效协同作用的研究将使酒店受益。

国内外文献少有关于适应性绩效形成机制的过程作用研究。然而,在关系文化情境下,社会机制不同于市场与科层级制,当面临不可预知的情境时,关系性资源通常是解决事情的途径之一。关系文化指的是塑造社会的紧密的社会网络。关系不仅包括现有的家庭关系、同学关系等组成部分,还包括关系的工具性属性,是一种基于互惠互利的隐性沟通关系(Xin et al.,1996;Yang,1994)。随着接触频率的增加,关系会上升到情感层面,进而可以通过关系互相补偿彼此的损失。人们注重在人际关系中实现自我,以获得同伴支持、信任和个人认同(梁燕芳等,2021)。

当员工面临不可预测的情况时,使用关系资源是一种典型的反应。作为员工个人关系网络资源,社会资本是指一种有助于个人在社群中发展的关系性资源(熊正德等,2018)。社会资本能有效促进企业内部成员之间的社会性互动,提高员工之间的信任水平,进而提升个人适应性绩效。当面临不确定性问题和压力时,人们通常会使用拥有的关系资源(社会资本)来解决危机和保护其他资源。拥有大量社会资本的员工将调动资源,探索解决方案,并提高他们的适应性绩效。Ghitulescu(2013)研究认为教育组织、社会关系和支持是影响适应性绩效的关键因素(Park et al.,2019)。因此,本研究的主要目的是确定社会资本是否可以提高员工的适应性绩效,研究结果可以弥补以往对适应性绩效形成机制研究的不足。

员工社会资本的增加会对知识创造(Liu et al.,2015)、创新(Tang,2016)、工作压力的降低(Han,2019)以及社会和文化适应性(Bae,2020)产生积极影响。社会资本具有生产属性,关系资源的获取会影响员工的适应行为。Nahapiet 等(1998)研究发现,具有较高水平社会资本的员工,可以与其他组织成员保持密切的关系,相互信任,共享信息和价值观,提高组织凝聚力,促进个人与组织的和谐发展。根据自我决定理论(Deci et al.,2000)和资源保存理论(Hobfoll,1989;Ng et al.,2008),拥有大量心理资本的员工可以在面临危机或不确定性时投资社会资本,借助关系资源解决危机,以创造性的方式解决问题,进而提高他们的适应性绩效。因此,本研究确定了社会资本是否在员工积极心理资本与适应性绩效之间起中介作用。

组织行为学中,“态度”常被用作预测将要发生的“行为”的解释变量。变革准备性从个体心理出发,侧重员工看待以及应对内外环境变化的认知、情感态度和行为意图(Bouckenooghe et al.,2009)。计划行为理论(Ajzen,1991)认为个体行为的产生直接取决于行为意向,对组织变革持积极态度的员工会主动参与其过程,形成与动态环境相适应的适应性行为。因此,只有更好地掌握员工对内外环境变化的认知、情感态度及意图程度,才能更好地预测、解释及调整员工适应性行为。然而,很少有员工的变革准备性程度能否对其适应性产生干预效应的研究,这是一个值得关注的话题。Kirrane 等(2016)研究表明,员工的个人心理资本增加可以提高个体的变革准备性,拥有大量心理资本的员工往往通过情感态度过程影响其行为,更倾向于从积极的角度看待环境变化,乐于挑战组织变革带来的问题(Shin et al.,2012),从而适应内外环境变化,表现出较高的适应性绩效。因此,本研究将变革准备性作为中介变量探索心理资本影响员工适应性绩效的内在动机过程。

另外,酒店产品服务质量的高低取决于员工经验,员工离职行为会导致信息传达中断、服务质量下降等负面结果。特别是酒店行业竞争加剧,为了满足不同顾客的需求,对服务的要求更加严格,不熟练的员工接待顾客会导致顾客不满,甚至造成顾客流失,进而影响酒店品牌形象和持续发展。而且,酒店对人力服务的依赖度高,会使员工付出很多情感劳动,产生情感疲惫,进而出现发生因职务压力而离职的情况。因此,在离职率相对较高的酒店业中,更应该关注离职意图。然而,当前关于离职意图的研究多以个人性格特征、病理现象为主,被动地解释了离职意图现象。在组织管理方面,酒店应主动采取有效措施预防或减少员工离职意图的产生。在特定的组织环境下，与其他员工沟通互助，获取上司的信任和组织认可，增强自身使命感，提高自身的心理资本和社会资本存量，都可以预防离职行为发生。在心理资本对离职意图的影响过程中，社会资本是否起着中介作用，其过程机制如何，是本书的研究内容之一。

首先，在当今快速变化、技术创新、竞争激烈的世界中，酒店经营环境越来越复杂，对酒店适应性绩效的研究是维系组织生存、提升竞争力的关键问题（Melián-Alzola et al.，2020），然而，关于酒店行业适应性绩效的研究很少（Kim，et al.，2017；Luo et al.，2021）。因此，本书提出一个干预适应性绩效的模型，分析酒店员工面临内外环境挑战如何更具有适应性能力。其次，关于关系文化中适应性绩效形成的研究很少。社会资本在心理资本和适应性绩效中的中介作用的研究弥补了以往文献的不足，为该领域的进一步研究提供了方向。最后，本书认为酒店需要以积极主动的态度应对内外环境变化，然而，采取组织结构调整、技术和制度创新等自我增强效应措施往往会打破原有竞争基础和组织环境（Jing et al.，2016），需要考虑员工应对内外环境变化的变革准备性。员工的变革准备性程度能否对其适应性产生干预效应，这是一个值得关注的话题。最后，本书拓展了影响适应性绩效的范围，提出心理资本相较于人格特质为中心的特质变量更具可塑性，能更好地干预适应性绩效。

1.2 研究目的与意义

1.2.1 研究目的

本研究以酒店员工为研究对象，构建员工心理资本提升适应性绩效的研究模型，探讨心理资本对适应性绩效的影响及其内在机制模型，员工的社会资本和变革准备性对其适应性绩效的影响，以及社会资本和变革准备性的中介作用机制。另外，本研究还将探索心理资本影响离职意图的过程机制，分析社会资本在心理资本和离职意图之间的中介作用。研究结果将为酒店和其他服务型企业提供理论建议，以最大限度地发挥员工的潜力和适应性绩效。具体而言，本研究的研究目的主要包括以下三个方面。

第一，构建员工心理资本提升适应性绩效的研究模型，探讨心理资本对适应性绩效的影响及其内在机制模型。尽管适应性绩效的研究在个人层面（Huang et al.，2014）和组织层面（Chiaburu et al.，2013）都有涉及，但适应性绩效的发展是一个新的研究课题，在酒店业中还没有得到充分的探索，尤其是影响适应性绩效因素的不可开发性问题，即先前文献过度关注特质变量而非状态变量，限制了对员工的实际干预能力(Choi,2011)。心理资本是一个状态型变量,可以随着时间和环境的变化而增强或减弱,具备经验和培训的可塑性优势,成为可干预的积极心理资源。本研究将基于自我决定理论和积极情绪的构建,拓展理论探索员工心理资本提升适应性绩效的影响机理,构建员工心理资本提升适应性绩效的理论模型,并进行实证检验。

第二,探讨员工的社会资本和变革准备性对其适应性绩效的影响。从跨文化研究角度,分析东方社会更注重在人际关系中实现自我,以获得同伴支持、信任和个人认同(梁燕芳等,2021)。当员工面临不可预测的情况时,使用关系资源是一种典型的反应。本研究将以资源保存理论为基础,确定社会资本是否可以提高员工的适应性绩效,弥补以往对适应性绩效机制形成研究的不足。另外,动态的外部环境变化会扰乱组织现状,挑战员工的知识和技能,并要求员工及时做出反应或做出必要的改变。因此,组织必须要考虑员工应对内外环境变化的态度。本研究将基于计划行为理论探究变革准备性对适应性绩效的影响机理。

第三,分析社会资本和变革准备性的中介作用机制。国内外文献少有关于适应性绩效形成机制的过程作用研究。根据自我决定理论和资源保存理论,本研究确将确定社会资本是否在员工积极心理资本与适应性绩效之间起中介作用。另外,员工的变革准备性程度能否对其适应性产生干预效应,这是一个值得关注的话题,本研究将基于计划行为理论分析变革准备性在心理资本和适应性绩效之间的中介作用。

第四,探索心理资本影响离职意图的过程机制,分析社会资本在心理资本和离职意图之间的中介作用。基于酒店行业的特殊性,分析酒店员工心理资本对离职意图的缓解作用,以及在关系文化背景下,分析社会资本对离职意图的影响,并探索社会资本在心理资本影响离职意图过程中的重要性,探讨社会资本的中介作用。

1.2.2 研究意义

1.2.2.1 理论意义

(1) 构建员工适应性绩效的干预模型,丰富适应性绩效的过程机制

在当今快速变化、技术创新、竞争激烈的世界中,酒店经营环境越来越复杂,对酒店适应性绩效的研究是维系组织生存、提升竞争力的关键问题,然而,关于酒店行业适应性绩效的研究很少。因此,本研究提出一个干预适应性绩效的模型,分析面对内外环境的挑战,酒店员工如何更具有适应性能力。另外,国内外文献少有关于适应性绩效形成机制的过程作用研究。本研究将社会资本和变革

准备性作为心理资本提升适应性绩效的过程机制,分析其中介作用,弥补以往对适应性绩效机制形成研究的不足,丰富适应性绩效的过程机制。

(2) 拓展适应性绩效的影响范围,完善心理资本与适应性绩效理论研究框架

前期文献大多以静态的、难以被开发的特质变量为中心分析对适应性绩效的影响关系,而动态变革转型环境下采用静态属性的变量解释具有动态属性特点的适应性绩效有一定的局限性。特质变量是难以被改变、相对持久的个体特征,动态、可开发性特点的变量才更具可塑性。变量的可塑性可以提高员工的实际干预能力,成为更有希望的干预目标。本研究拓展了适应性绩效的影响范围,提出心理资本相比较人格特质为中心的特质变量更具可塑性,能更好地干预适应性绩效,拓展了影响适应性绩效的范围,完善心理资本与适应性绩效理论研究框架。

1.2.2.2 实践意义

(1) 为酒店和其他服务型企业提升员工适应性绩效提供借鉴

随着中国经济增速进入换挡期,酒店业所面临的环境愈发动态多变、复杂和不可预知,变革性和动态性已成为当今酒店产业的特征之一。企业如若不能及时地响应环境变化就往往会被动挨打,甚至被兼并重组。然而,酒店的个性化服务、感情化服务以及创新性服务等价值的实现是员工与顾客价值共创的过程,员工作为与顾客直接接触的跨边界角色,既要满足组织目标的"内部适应"(内部适应是员工对内部环境变化的认知态度,如组织结构、岗位变化、角色灵活性和软服务)要求,又要及时应对动态变化的"外部适应"(外部适应是员工对外部环境变化的认知态度,如市场环境、经济环境、政治环境和技术创新)环境做出迅速反应,如何提升员工的适应性能力是酒店获取持续性创新、延长生命周期并壮大而急需解决的现实问题。因此,激发员工的内在潜力,增强员工自主性动机,提高员工应对内外环境变化的弹性适应能力,是企业实现持续竞争优势的关键因素。Griffin 等(2007)指出,当工作场所不确定且不可预测时,对角色灵活性的要求更高,灵活性是指随时间变化和适应的能力。为了提高组织的灵活性,一线酒店员工必须适应快速变化的工作环境。然而,关于心理资本与适应性绩效之间关系的研究却十分有限,无论是心理资本对适应性绩效的有效性影响的研究,还是关于酒店业适应性绩效的发展,都较少被探讨过,还未形成清晰的认识,尚未采取有针对性的、行之有效的应对策略,迫切需要理论加以指导。本书对心理资本和适应性绩效协同作用的研究将使酒店受益。因此,本书有助于酒店转换经营理念,为酒店和其他服务型企业提升员工适应性绩效提供借鉴。

(2) 为动态竞争下的酒店业及其他服务业人力资源管理提供新的思路

随着酒店经营环境不确定性因素的增加和动态性变化，组织在人力资源管理实践中要重视员工适应性绩效的考核，不要局限于以成果论英雄，要对员工的工作态度、突发事件的处理方式和行为方式进行考核，尤其对员工创造性地解决问题的能力进行考察。人力资源灵活性是发展竞争力和创新的首要因素（Way et al.，2015）。这些发现可以让酒店管理者利用心理资本、社会资本和变革准备性培养良好的人力资源灵活性，以提高员工和组织的绩效。因此，人力资源开发应考虑心理资本、社会资本以及变革准备性，为动态竞争下的酒店业及其他服务业人力资源管理提供新的思路。

1.3 研究思路、方法与结构安排

1.3.1 研究思路

本研究以酒店员工心理资本如何提升适应性绩效为核心研究目标，将心理资本、社会资本、变革准备性、适应性绩效之间的关系和离职意图作为研究对象，揭示心理资本影响适应性绩效的作用机理和内部机制，在此基础上提出提升员工适应性绩效的管理建议。本研究遵循“问题提出—机理研究—实证检验—对策建议”的逻辑思路依次展开研究。首先，对研究的理论背景和现实背景进行文献梳理分析，提出酒店提升员工适应性绩效的必要性和迫切性，总结研究的理论价值和实践价值，并通过收集、整理、归纳国内外研究成果，确定研究思路和方法。其次，基于资源保存理论、自我决定理论、计划行为理论和积极情绪的拓展—构建理论，利用文献归纳与演绎法、问卷调查以及理论建模与统计分析等方法，探索适合本研究各变量的维度结构，并按照“前因—行为—结果”这一路径构建酒店员工心理资本提升适应性绩效的理论模型，提出心理资本、社会资本与适应性绩效，心理资本、变革准备性与适应性绩效，心理资本、社会资本与离职意图三种模型假设，对三种模型进行机理分析。再次，在文献梳理的基础上，设计并修正测量量表，利用预调查和正式调查的样本数据，对量表的信效度进行有效性检验；运用描述性统计分析、因子分析、回归分析以及结构方程模型等统计分析方法，对提出的理论模型及研究假设开展实证分析与检验。最后，总结研究结果及其实践意义，并提出相关对策建议，分析研究局限性及未来研究的方向。

本研究的基本思路如图 1-1 所示。

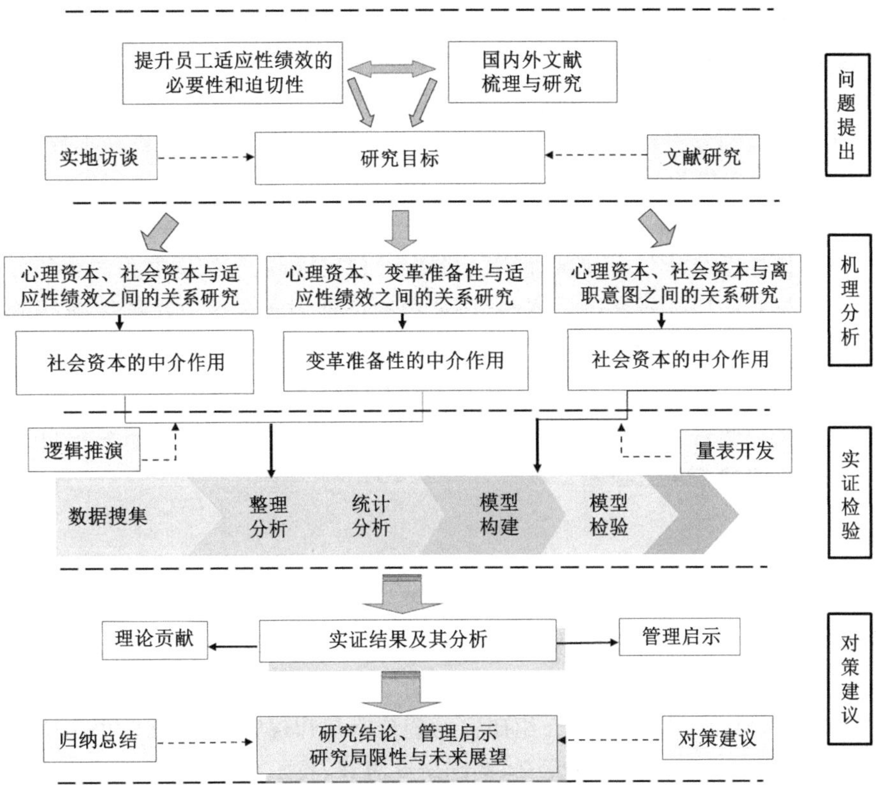

图 1-1 基本思路图

1.3.2 研究方法

(1) 文献归纳与演绎法

广泛阅读国内外文献，对目前心理资本、社会资本、变革准备性以及适应性绩效的相关研究进行梳理，总结相关研究成果和现有文献研究的不足，追踪该领域的最新研究进展，把握研究的发展动态，寻找理论研究的突破口，提出本研究的目标，构建研究的总体框架。在消化吸收先前文献研究成果的基础上，确立研究方向和研究视角，并选择能够实现本研究目的的支撑理论和方法，基于此构建综合性的理论模型，分析和推演心理资本对员工适应性绩效的影响机理。

(2) 量表开发与问卷调查法

本研究采用演绎式的假设检验型研究范式。作为管理学科的实证研究中应用最为广泛和普遍的方法，问卷调查法在研究推进中扮演着非常重要的角色。本研究的问卷调查包括三个环节：第一环节，在文献研究和深度访谈的基础上，对相关变量进行量表设计。第二环节,通过小规模的预调查,对 4 名酒店人力资源总监和 50 多名一线酒店员工进行了预测试。根据预测试的结果和建议,对问卷的措辞进行了轻微修改,以确保调查对象对术语的理解。第三环节,使用修正后形成的正式问卷进行正式调查,为验证理论模型和研究假设提供样本数据。

(3) 理论建模与统计分析法

构建研究模型,采用 SPSS 22.0、AMOS 22.0 等软件对调查数据进行分析,主要使用描述性统计分析、验证性因子分析、回归分析以及结构方程的路径分析等统计分析方法展开研究。具体而言,采用验证性因子分析方法检验各层阶量表的信效度,采用描述性统计分析方法描述问卷调查对象的人口统计信息,检查其普适性和代表性,采用结构方程模型检验心理资本提升适应性绩效的作用机理理论模型。此外,本研究还采用"Harman 单因素检验"方法对研究中可能存在的共同方法偏差实施检验。

1.3.3 结构安排

本研究分为绪论、理论回顾与文献综述、员工心理资本提升适应性绩效的研究模型与理论假设、员工心理资本提升适应性绩效的实证研究设计、心理资本提升适应性绩效的机理实证分析、结论与展望等 6 个部分。

第 1 章,绪论。本章主要介绍研究的理论背景和现实背景,据此提出研究的主要问题,并阐述研究目的和意义,确定研究思路、技术路线及研究方法,梳理本研究的总体框架体系,总结研究的创新之处。

第 2 章,理论回顾与文献综述。本章主要讨论相关概念,首先对适应性绩效相关研究进行综述,梳理国内外关于适应性绩效研究的进展,分析适应性绩效的影响因素和维度结构及测量,并基于此对适应性绩效的概念进行界定;然后对心理资本、社会资本以及变革准备性研究进行综述,梳理国内外关于心理资本、社会资本以及变革准备性研究的进展,分析相关概念的前因和后果,讨论相关概念的维度结构,并基于此对相关概念进行界定;最后对离职意图相关研究进行综述。

第 3 章,员工心理资本提升适应性绩效的研究模型与理论假设。首先,对资源保存理论、自我决定理论、计划行为理论以及积极情绪的拓展—构建理论进行回顾,并结合心理资本和适应性绩效理论,以"前因—行为—结果"为主线,构建心理资本提升适应性绩效的研究模型,提出理论假设的 3 个理论模型,分别是心理资本、社会资本与适应性绩效之间的关系模型,心理资本、变革准备性与适应性绩效之间的关系模型,心理资本、社会资本与离职意图之间的关系模型。

第 4 章,员工心理资本提升适应性绩效的实证研究设计。首先,通过对先前文献的回顾与分析,明确构念内容,界定构念的可操作性定义。其次,参考已有的成熟量表,依据研究目标和理论模型设计测量题项,通过预调查对量表进一步提纯和精简,形成最终测量量表。最后,制定科学合理的问卷发放和回收过程方案,确保数据的准确性和代表性。

第 5 章,心理资本提升适应性绩效的机理实证分析。利用正式调查收集到的样本数据,对理论模型和研究假设进行检验,具体包括描述性统计分析、信度与效度分析、共同方法偏差检验、结构方程模型路径分析以及社会资本和变革准备性的中介作用检验等。另外,单独分析了在心理资本对离职意图的影响过程中社会资本起到的中介效应。

第 6 章,结论与展望。总结理论假设验证的结果,对主要研究结论进行归纳整理和讨论,基于研究结论对酒店和其他服务行业提出管理建议,最后指出研究的不足之处及未来发展研究方向。

1.4 研究的创新之处

第一,本研究提出了一种适应性绩效干预范式。随着酒店行业的内外环境多变复杂和不确定性因素增加,员工的动态适应性将变得越发重要,适应性绩效也将成为绩效考核的重要组成部分。因此,本研究发展和改进了心理资本干预适应性绩效的范式,填补了以往文献关于心理资本与适应性绩效之间研究的不足,拓宽了心理资本与工作绩效的研究领域。本研究的研究结果证明了可塑性和介入能力对适应性表现因素的影响。具体而言,基于资源保存理论、自我决定理论、计划行为理论以及积极情绪的拓展—构建理论,探索了员工心理资本提升适应性绩效的影响机理,构建了员工心理资本提升适应性绩效的理论模型,并进行了实证检验。另外,本研究揭示并完善了心理资本与适应性绩效理论的研究框架,先前文献大多考察心理资本与传统绩效之间的关系,但鲜有研究心理资本与适应性绩效之间的关系,对适应性绩效理论扩展起到延伸作用。

第二,证明了员工社会资本存量受个人心理资本影响,对适应性绩效的形成具有正向促进作用。社会资本在心理资本和适应性绩效中的中介作用的研究弥补了以往文献的不足,为该领域的进一步研究提供了方向。以往研究大多表明社会资本对传统绩效具有显著影响,本研究结果补充并验证了社会资本对适应性绩效的正向激发效应,拓展了社会资本与工作绩效理论。另外,以往关于社会资本的研究过于重视其生产属性而轻视了关系属性,即较多关注社会资本的回报机制,忽略了社会资本的中间动员过程(李黎明等,2018),本研究从个体心理资本角度探讨社会资本动员机制,发现心理资本影响内部社会资本动员的关系属性，社会资本的生产属性可以预测员工适应性绩效，扩展了社会资本动员的解释范围。

第三，证明了员工变革准备性可以干预适应性绩效。酒店需要以积极主动的态度应对内外环境的变化，然而，采取组织结构调整、技术和制度创新等自我增强效应措施往往会打破原有竞争基础和组织环境(Jing et al.,2016)，需要考虑员工应对内外环境变化的变革准备性。员工的变革准备性程度能否对其适应性产生干预效应，这是一个值得关注的话题。结果表明，变革准备性在心理资本与适应性绩效之间起中介作用。本研究拓展了影响适应性绩效的范围，提出心理资本相比较人格特质为中心的特质变量更具可塑性，能更好地干预适应性绩效。心理资本是积极的心理资源，是可干预的状态型变量，具备可塑性特征，不同于特质论范式，弥补了先前研究中适应性绩效影响因素的不可干预性问题。

第四，证明了心理资本是开发和培养员工个人优势、降低离职率的可干预性变量。酒店行业是高度依赖人力资源服务的劳动密集型服务行业，相比较其他行业，具有离职率高的特点。虽然有大量理论研究和实践方法可降低离职率，但离职率仍然高居不下。已有研究多以员工感情劳动引起的压力、疲倦等病理现象为出发点，忽略了动员员工积极性和主动性的能力，而开发员工优势、培养员工自信心可以从根本上抑制消极情绪的产生。心理资本就是开发和培养员工优势、调节压力和疲倦、减少离职意图的最佳可塑性变量。另外，在心理资本、社会资本与离职意图之间关系的研究中，本书发现关系文化更加重视社会资本，研究结论为积累和拓展心理资本和社会资本理论做出了贡献。

第2章　理论回顾与文献综述

本章对与研究主题相关的理论和研究成果进行回顾和综述，为后续的理论分析和实证研究奠定基础。文献综述包括五部分内容：其一是适应性绩效理论的相关研究综述，主要梳理国内外关于适应性绩效研究的进展，并基于前人的研究成果对适应性绩效概念进行界定，提出适应性绩效研究的重要性和迫切性。其二是心理资本理论相关研究综述，主要梳理心理资本理论研究进展，归纳总结心理资本的作用结果研究情况，突出心理资本资源的可塑性和可发展性特征。其三是社会资本理论相关研究综述，主要内容包括社会资本理论的内涵、主要观点以及作用结果研究等，强调社会资本在关系文化背景下研究的特殊性。其四是变革准备性的相关研究综述，系统梳理变革准备性的概念演变、维度结构以及前因后果研究，关注变革准备性的可预测和动态调整性特征。其五是离职意图的相关概念研究，强调离职意图在酒店行业的特殊性和必要性研究。

2.1　适应性绩效相关研究进展

2.1.1　适应性绩效的提出和概念

2.1.1.1　适应性绩效的提出

在早期绩效模型中，Campbell 等(1993)认为绩效由 8 个部分组成：① 特定工作任务的熟练程度；② 非特定工作任务的熟练程度；③ 书面和口头沟通的熟练程度；④ 努力表现的程度；⑤ 遵守个人纪律；⑥ 促进同事和团队绩效；⑦ 监督/领导；⑧ 管理/行政管理。绩效模型为各种职业工作效率评估确定了考核标准，通过绩效管理可以达成个人和组织期望的结果(Pulakos et al.，2000；马可一，2003)。

工作绩效的概念随着时代变化而不断发展，Borman 等(1993)把工作绩效分为任务绩效和周边绩效两种维度，奠定了传统绩效的基础。

随着企业经营环境不确定性因素的增加，员工处理新兴事物、快速学习和解决新问题的能力已成为企业高度关注和急需解决的难题(Charbonnier-Voirin et al.，2012)。在不确定和相互依赖的组织系统中，以往的传统工作绩效无法捕捉到有助于提升工作效率的所有个人行为(Campbell et al.，1993；Murphy et al.，

1999),传统静态的员工绩效管理体系在动态变化的环境中面临挑战。因此,Allworth等(1997)提出适应性绩效概念,适应性绩效受到很多学者的关注。

London等(1999)把适应性绩效定义为新知识学习或者经验管理的个人熟练程度。Murphy等(1999)使用多种角色灵活性视角解释适应性行为。Hesketh等(1999)将适应性绩效定义为个人从容应对变化的一种适应性行为,主张环境的变化可以通过学习和知识经验来解决,并将这些行为归类为能动性行为、反应性行为和忍耐性行为。Pulakos等(2000)对21个不同岗位的数据进行关键事件分析(critical incident method),定义了工作环境中适应性绩效的多个维度,把适应性绩效划分为8个维度。

适应性绩效反映了员工对工作环境变化的适应性需求。在个人层面,适应性绩效可以产生积极的结果,提升个人绩效表现和职业成功率(Griffin et al.,2007;Shoss et al.,2012)。同时,适应性绩效并非仅局限于个人绩效表现,也可以有效影响组织各种行为,带来积极的组织成果,包括管理变革、组织学习和保持不断变化的客户期望(Dorsey et al.,2010;吴新辉等,2010)。

绩效被认为是人力资源开发的一个关键领域(Jo et al.,2009;Swanson et al.,2009)。而适应性绩效是人力资源开发的一个重要课题。因为具有良好适应能力的员工能有效地缓解工作环境带来的不确定性问题(Darvishmotevali et al.,2020),延长组织生命力,进而提升酒店竞争力(Melián-Alzola, et al.,2020),所以组织除了日常任务绩效之外,还需要管理和提高员工的适应性绩效。然而,只有少数研究考察了发展适应性绩效的可能性(Chen et al.,2005;Joung, et al.,2006)。

2.1.1.2 适应性绩效的概念

学者们使用各种术语来描述适应性绩效,如适应力、适应能力、适应性专长、适应性等。营销学和组织行为学对适应性的研究主要关注员工的适应性销售行为和适应性绩效。适应性销售行为是指在与顾客接触时,销售人员能够根据交易情境的特点以及对客户不同需求的理解,灵活地调整销售方式(Weitz et al.,1986)。适应性绩效是指员工根据工作需要做出相应变动以适应环境的行为,表现为在工作中创造性地解决问题,能应对不确定或不可预测的工作环境,学习新任务、技术和流程,表现出人际关系适应性、文化适应性和对物理环境的适应性,能应对工作压力、处理紧急情况或危机(Pulakos et al.,2000)。Pulakos等(2002)认为在不同组织环境中的适应性行为类型有所差异,很难为适应性绩效制定一个通用的定义。表2-1总结了众多学者对适应性的概念界定。Ployhart等(2006)强调个人特征,Karaevli等(2006)关注对不同环境的适应性行为反应,Chen等(2005)提到了修改知识和技能的能力。尽管不同的定义反映了适应性表现的不同方面，但所有的定义都试图解释工作行为和对不断变化的条件和需求的反应。

表 2-1　适应性绩效的定义

名称	学者	定义
适应性绩效 (adaptive performance)	Charbonnier-Voirin 等(2010)	员工学习新技能和适应各种环境的能力
	Hesketh 等(1999)	绩效的组成部分包括人们对技术的反应以及他们利用技术提高互动绩效的能力，员工适应快速变化的工作环境的能力
	Johnson(2001)	一个人改变自己的行为以适应环境、事件或新情况的能力
	Jundt 等(2015)	任务绩效导向型行为，个人为了响应预期与工作相关的任务的变化而实施的行为
	Pulakos 等(2000)	与工作相关的适应性行为，如解决问题，处理不确定或不可预测的工作情况，学习新任务，展示人际适应性、文化适应性和身体适应性，以及处理工作压力、紧急情况或危机情况
	Shoss 等(2012)	反映改变和应用能力以响应预期或当前变化的行为
适应力 (adaptability)	Ployhart 等(2006)	个人改变或适应不同任务、社会环境或环境特征的能力、技能、性格、意愿、动机
	Schmitt 等(2014)	个人对新需求反应的有效性，这些新需求是由工作环境中的不确定性、复杂性和快速变化所产生的新颖且通常定义不清的问题所产生的
适应能力 (adaptive ability)	Karaevli 等(2006)	发展对环境适当的行为反应，例如处理独特的或有压力的外部需求和积极的适应，以及在功能上使收益最大化以超过损失
适应性专长 (adaptive expertise)	Smith 等(1997)	个人适应新的或不断变化的环境需求的程度
	Chen 等(2005)	修改在培训中获得的知识、技能和其他特征的能力，以有效地应对新奇、困难和复杂的情况
适应性 (adaptivity)	Griffin 等(2010)	个人应对、响应和支持变化的程度，这些变化使他们作为个人、团队成员或组织成员的角色做出更有效的贡献

来源：PARK S H，PARK S Y. Employee adaptive performance and its antecedents：review and synthesis[J]. Human resource development review，2019，18：294-324.

在各种定义中，Pulakos 等(2000)强调适应性的复杂性质，很好地解决了适应性表现的不同方面。因此,本研究借鉴 Pulakos 等(2000)、陶祁等(2006)研究成果,将适应性绩效定义为员工根据工作需求塑造环境的能力,具体表现为工作中压力和危机管理、创造性地解决问题、多元文化适应与人际交往和新知识获取的能力。

2.1.2 适应性绩效的研究视角

在适应性绩效概念出现后,学者们从不同层面和视角对适应性绩效进行了探讨和研究。通过文献梳理发现,先前研究主要从个人层面、情境层面、人与情境之间的关系以及提供干预适应性绩效模型这 4 个视角对适应性绩效进行了分析与讨论。

2.1.2.1 个人层面视角

早期关于适应性绩效的研究大多是在心理学领域进行的。在 Allworth 等(1997)提出“适应性绩效”之后,关于适应性绩效概念以及是否优于传统绩效的争论一直未停。Johnson(2001)发现适应性绩效可以被认为是情境绩效的一部分。然而,通过评估、对比分析 3 种类型绩效(任务绩效、情境绩效和适应性绩效),研究表明,它们都有独立的结构(Allworth et al.,1999)。

关于适应性绩效的研究大多集中于识别具有高度适应性表现的个体特征(Good,2014;Griffin et al.,2003,2005;LePine,et al.,2000;Naami et al.,2014;Neal et al.,2012;Pulakos et al.,2002;Zhang et al.,2012),主要考察了适应性绩效与个体特征之间是否存在显著关系,其中包括大五人格(Huang et al.,2014)、自我效能感(Pedro et al.,2019)、认知能力(Good,2014)以及经验和知识(Morgan et al.,2003)等。Pulakos 等(2002)证实了适应性绩效与认知能力、开放性和成就动机之间存在显著的关系。Griffin 等(2003)研究发现自我效能感、工作需求、对经验的开放度以及对变化的接受度都对适应性绩效有积极的影响。Griffin 等(2005)揭示了适应性绩效与责任心在成就方面的积极关系。认知敏捷性可以积极地促进适应性绩效提升(Good,2014)。Huang 等(2014)认为情绪稳定性与野心能积极影响适应性绩效。

另外,还有其他研究寻找衡量个人适应性绩效水平方法的研究。Pulakos 等(2000)构建了较为全面的适应性绩效模型。然而,适应性绩效在不同组织环境中的适应性行为类型有所差异。Charbonnier-Voirin 等(2012)开发了另一种研究工具,使用 5 个维度衡量个人的适应性表现:创造力、面对紧急情况或意外情况时的反应能力、人际适应性、培训和学习以及管理压力。

尽管许多个人因素与适应性绩效有关,但研究发现,前期文献大多以静态的、难以被开发的特质变量为中心分析对适应性绩效的影响关系,而动态变革转型环境下采用静态属性的变量解释具有动态属性特点的适应性绩效有一定的局限性。特质变量是难以被改变、相对持久的个体特征(Kirrane et al.,2016),动态、可开发性特点的变量才更具可塑性。变量的可塑性可以提高员工的实际干预能力,成为更有希望的干预目标(Choi,2011)。

2.1.2.2 情境层面视角

研究适应性绩效的另一种视角,强调影响个人适应性绩效的情境特征(工作、团队和组织方面)。与个人层面的研究相比,情境层面的研究并没有得到太多关注。个人层面的适应性绩效研究从 2000 年开始,而情境层面的适应性绩效研究最早是由 Han 等(2008)提出的。对影响适应性绩效的情境因素的探索是在以个体特征为导向的研究的基础上进行的,因此需要进一步分析、讨论及研究。

首先,在影响适应性绩效的工作特征方面,研究讨论了工作自主性、可用性资源以及员工的努力程度会积极影响员工适应性绩效(Ghitulescu,2013;Goštautaitë et al.,2015;Sherehiy et al.,2014)。依据行业和组织类型,工作特征差异会造成员工适应性绩效的效果不一样。Ghitulescu(2013)研究表明,在教育机构组织中,作为工作资源的社会联系和社会支持是影响适应性绩效的重要因素,但这些因素并未显著影响银行的适应性绩效(Goštautaitë et al.,2015)。Sherehiy 等(2014)研究表明,工作需求对教师的适应性绩效会有负面影响,但对制造业员工的适应性绩效并未产生显著影响。

其次,在影响适应性绩效的群体或组织特征方面,群体特征强调环境气氛和领导力特征对适应性绩效有积极影响,组织特征强调组织层面的创新和学习会显著影响适应性绩效(Charbonnier-Voirin et al.,2010;Chiaburu et al.,2013)。研究发现,组织层次的组织支持(Chiaburu et al.,2013)、组织氛围(如团队学习和创新)(Charbonnier-Voirin et al.,2010)、变革型领导(Charbonnier-Voirin et al.,2010)、就业资源(Ghitulescu,2013)和组织结构(如学习型组织)(Kanten et al.,2015)都对员工的适应性绩效有重大影响。

2.1.2.3 人与情境之间的关系视角

一些研究试图将个体特征和情境变量一起纳入适应性绩效模型,探讨二者的相互作用对适应性绩效的影响。Han 等(2008)研究探讨了持续的学习行为、团队学习氛围、个人适应性绩效和团队适应性绩效之间的关系。通过多层次调查、分析,研究结果发现持续的学习行为可以预测个体的适应性绩效,团队学习氛围对个体的适应性绩效有独立的显著影响;然而,团队学习氛围对持续学习和个体适应性绩效之间的关系并没有跨层次的调节作用。

Chaurasia等(2014)研究了领导—成员交换、心理资本、员工敬业度和工作角色表现(熟练程度、适应性和主动性)之间的相互关系。研究结果显示,个人的心理资本存量会积极影响与领导的高质量关系,并对员工敬业度、个人在工作角色中的表现产生积极影响。然而,尽管工作绩效的测量包括适应性绩效的一个维度,但是并没有在维度水平上单独分析变量之间的关系。

2.1.2.4　适应性绩效模型干预视角

就研究方法而言,大多数关于适应性绩效的定量研究采用非经验性方法,如描述性和相关性分析。干预性研究(实验研究)可用于确定更好的干预措施,以改善个人的适应性绩效,因为干预性研究在检验因果假设方面发挥着关键作用,并为评估其他研究设计提供了一个比较点,可以获得良好的因果关系(Schutt,2006)。Joung等(2006)采用了一组实验研究方法,通过比较不同训练内容的两个消防员组,检验错误暴露训练是否能提高适应性绩效。一组接受反面教材案例研究的培训,描述了消防结果中具有严重后果和错误的信息内容,而另一组接受的案例研究没有关于错误和后果的信息。研究结果表明,接受反面教材案例培训的组可以更好地识别问题,并在复杂情况下能采取更适当的行动。

Chen等(2005)调查了本科生学员在计算机生成的模拟程序中体验阿帕奇直升机的两个不同场景,研究培训是否与动机激发过程相关。通过实验对学员进行知识提升培训、自我效能和技能培训后,研究培训后的干预措施是否促进了适应性绩效。研究结果发现,当受训者经历了目标选择事件时,他们的适应性绩效要高于他们经历过的目标努力事件。

2.1.3　适应性绩效的影响因素

组织行为学中关于适应性绩效的研究从不同角度对员工的适应性问题就行了探索。适应性绩效是员工能够变通地处理人际关系,主动学习新知识和技能使自身适应新环境,能够冷静地处理危机情境,创造性地解决困难的能力(Pulakos et al.,2000)。适应性绩效是在动态变化的环境中,基于传统静态的绩效管理在动态变化的环境中产生的问题,对传统绩效(任务绩效和周边绩效)的延伸和补充(孟晓斌,2009),是顺应时代发展和新环境下组织变革需求应运而生的概念。学者们从个体特征、工作特征、团队特征和组织特征等方面探讨了适应性绩效的内涵。

如表2-2所示,在先行研究中,大多是在2010年以后开始对适应性绩效展开的研究,具体内容包括工作、团队和组织特征。在影响适应性绩效的个体因素中,大多考察了个人的个性、能力、技能和知识对适应性绩效的影响。2010年以后,学者们关注学习目标导向、自我领导力等个体特征,分析其对适应性绩效的影响;另外,有关大五人格特征对适应性绩效的影响研究是最多的,考察了开放性、责任心与适应性绩效之间的关系。在影响适应性绩效的工作环境因素、团体和组织层面的前因研究中,组织支持(Chiaburu et al.,2013)、组织氛围(如团队学习和创新)(Charbonnier-Voirin et al.,2010)、变革型领导(Charbonnier-Voirin et al.,2010)、就业资源(Ghitulescu,2013)和组织结构(如学习型组织)(Kanten et al.,2015)都对员工的适应性绩效有重大影响。

表 2-2 适应性绩效的影响因素

因素	指标	学者
个体特征	个性,开放性	Griffin 等(2003)
	情绪稳定性	Huang 等(2014)
	责任心	Griffin 等(2005)
	外向型	Neal 等(2012)
	认知能力	LePine 等(2000)
	技术和知识	Morgan 等(2003)
	经验	Pulakos 等(2002)
	年龄	Goštautaitė 等(2015)
	自我效能感	Chen 等(2005)
	自我调节能力	Niessen 等(2016)
	学习目标导向	Zhang 等(2016)
	自我领导力	Hauschildt 等(2012)
工作特征	决策自主权	Goštautaitė 等(2015)
	工作需求	Ghitulescu(2013)
	工作资源	Ghitulescu(2013)
	工作的不确定性	Sherehiy 等(2014)
	角色转换	Griffin 等(2010)
团队特征	同事和主管的支持	Chiaburu 等 2013
	团队学习气氛	Han 等(2008)
	变革型领导	Charbonnier-Voirin 等(2012)
组织特征	创新气氛	Charbonnier-Voirin 等(2010)
	组织支持	Chiaburu 等(2013)
	学习型组织	Kanten 等(2015)

来源:PARK S H,PARK S. Employee adaptive performance and its antecedents:Review and synthesis [J]. Human Resource Development Review,2019,18:294-324.

2.1.3.1 个体特征

第一,个性特征对适应性绩效的影响。人格作为影响适应性绩效的个体因素,是被研究得最多的变量之一。心理学领域的研究学者主要关注大五人格维度对个体适应性绩效的影响,如经验开放性(Griffin et al.,2003;LePine et al.,2000;Naami et al.,2014;Neal et al.,2012;Pulakos et al.,2002)、情绪稳定性(Huang et al.,2014;Naami et al.,2014;Neal et al.,2012)、责任心(Griffin et al.,2005;LePine et al.,2000;Neal et al.,2012;Zhang et al.,2012)以及外向型性格(Huang et al.,2014;Neal et al.,2012)等。然而,由于上述研究的目标对象多是公共服务人员、政府工作者,研究结果的普适性有待考证。近来,有少数学者探究了大五人格之外的人格品质,分析其对适应性绩效的影响。Bartone 等(2013)研究认为心理的坚韧性对适应性绩效有显著影响关系。

经验的开放性是指个人喜欢智力刺激、变化以及多样性的程度(Costa et al.,1995)。开放性的员工更喜欢变化或多样性的情况,不会因为遇到意想不到的变化或面临挑战而躲避,相反,会对变化保持积极的态度,从而获得更高的绩效(Griffin et al.,2004)。

情绪稳定性有助于个人保持冷静,无论遇到多么复杂的情况,平静坦然对待,并认为情况没有威胁性。情绪稳定的个体可以在困难和紧张的情况下保持冷静,对自己有良好的控制感,而情绪不稳定的个体可能会将情况评估为威胁,并避免自我调节作用,进而可能导致无法适应多变的内外环境(Huang et al.,2014;Pulakos et al.,2002)。先前研究表明,情绪稳定性对适应性绩效有显著的积极影响(Huang et al.,2014;Naami et al.,2014;Neal et al.,2012)。Liu 等(2009)研究认为,情绪稳定性高的个体在需要个体适应的情况下表现得更好,如管理压力,可以很快适应新环境(Ali et al.,2003)。

责任心指一个人愿意遵守规则、规范和原则。尽职尽责的个体才能负责、可靠以及保持纪律性。具有高度责任心的个体,在工作过程中直面困难,积极寻找解决问题的方法,努力完成目标(Barrick et al.,2013;Denissen et al.,2008),即使在不断变化的情况下,他们也可能做出一致的努力。外向型性格是指个人积极与他人互动,并获得他人关注的偏好(Costa et al.,1995)。高度外向型性格的人往往精力充沛、热情高涨、自信满满。他们积极主动、乐于冒险的倾向,有助于接受工作中的变化,并以积极的态度应对挑战。然而,关于大五人格中的宜人性与适应性绩效之间关系的研究较少,Huang 等(2014)和 Neal 等(2012)研究表明,宜人性与适应性绩效没有显著关系。

Griffin 等(2005)和 Huang 等(2014)指出大五人格特征各个维度对适应性绩效的影响,并非等同整体对适应性绩效的关系。Griffin 等(2005)证明只有成就导向的责任心对适应性绩效有积极的影响，而可靠性并不显著。Huang 等(2014)同样表明，目标导向的责任心与适应性绩效存在正相关关系，而社交导向则与适应性绩效不相关。因此，后期需要对适应性绩效中的大五人格维度进行更深入研究。

第二，知识、技能及认知能力对适应性绩效的影响。个人的知识、技能及能力可以有效促进适应性绩效提升，已被很多学者论证。Pulakos 等(2002)验证了一般认知能力能够正向促进适应性绩效。一般认知能力是指个体在学习或信息处理上的能力(Kanfer et al.，1989)。认知能力高的个体可以在认知空间中获得更多的信息，能及时从经验中学习，并发展成为对自己更有用的工作知识和技能。LePine 等(2000)研究表明，认知能力高的人在复杂情境中可以处理更多信息，及时响应变化，适应新环境。

另外，还有一些学者的研究表明专业领域内的相关知识和技能正向促进适应性绩效。Morgan 等(2003)证明了组织经验知识、信息、个人经验知识以及营销能力能显著正向影响适应性绩效。Chen 等(2005)分析了培训结果、中介调节过程与适应性绩效之间的关系，结果表明，知识和技能能够显著影响个体水平的适应性绩效。

第三，经验对适应性绩效的影响(Griffin et al.，2003；Pulakos et al.，2002；Şahin et al.，2014)。个人对过去的经验、经历被认为是预测其未来行为的关键影响因素，有更多适应新境遇经验的人在需要个人适应新环境的情况下可能表现得更好。Pulakos 等(2002)指出过去的经验是影响适应性绩效的一个重要因素，甚至可以增加认知能力和人格变量之外的递增效度。

年龄是影响适应性绩效的另一个变量。Goštautaitė 等(2015)证明年龄和适应性绩效之间存在显著的负相关关系。依据选择(selection)、优化(optimization)和补偿(compensation)理论(SOC theory)，年长的员工专注于保持和防止损失，而年轻的员工专注于增长和优化。年长的员工倾向于保持他们现有的技能，对学习新知识和技能存在抵触情绪(De Lange et al.，2010)。研究也表明，年龄本身对适应性的影响很小。Ng 等(2008)的元分析表明，年龄与提高组织适应性而产生新想法的能力无关。Waldman 等(1986)发现年龄和适应性之间有适度的正向关系。因此，年龄与适应性绩效之间的关系研究有待进一步研究。

第四，动机对适应性绩效的影响。个体动机因素的自我效能感(Chen et al.，2005；Griffin et al.，2003；Marques-Quinteiro et al.，2015；Şahin et al.，2014)、自我监管(Niessen et al.，2016；Zhang et al.，2016)和员工敬业度(Eldor et al.，2016)可以正向促进适应性绩效。其中，自我效能感可以显著影响适应性

绩效。自我效能感是指一个人相信自己能够成功地完成给定的任务（Bandura，1986a）。自我效能感高的个体倾向于在一项任务中投入更多的努力，带来更好的结果；而自我效能感低的人倾向于在任务中投入更少的努力，并在面临困难的情况下迅速放弃（Bandura，1986b）。当面对不断变化和具有挑战性的环境需求时，高自我效能感将有助于个人采取行动应对情况，并响应环境变化。因此，自我效能感高的个体具有更高的适应性绩效。

第五，学习目标导向和自我领导力对适应性绩效的影响。学习目标导向是影响适应性绩效的另一个因素。学习目标导向是一种信念，认为智力是递增的，并影响个人对实现目标采取哪种策略，是回避问题还是掌握策略（Van deWalle，2001）。以学习为导向的个人，通过内在动机激发，更倾向于参与高挑战性的任务，从任务中学习，投入更多的资源去解决任务，并对新的变化情况持有积极的态度（Chen et al.，2008；VandeWalle，2001）。Marques-Quinteiro 等（2015）研究表明，学习目标导向可以预测适应性绩效和主动性行为。

自我领导力也能积极地影响适应性绩效。自我领导力是指个人通过自我调节机制来提高个人绩效的能力（Manz，1986）。自我领导力强的员工可以减少对负面情况的看法，提高积极性和工作满意度，从而构建建设性的思维模式策略，以适应工作环境变化（Hauschildt et al.，2012）。高度的自我领导力也有助于员工计划、监控和行动，以适应环境（Hauschildt et al.，2012；Manz，1986）。Hauschildt 等（2012）、Marques-Quinteiro 等（2015）也证明了自我领导力对适应性绩效的积极影响。

第六，个体差异或思维方式会影响适应性绩效。Pan 等（2018）研究立足于我国国情，分析了儒家中庸思维对适应性绩效的影响，结果显示中庸思维可以正向促进员工的适应性绩效。

综合来看，影响适应性绩效的个人特征有：个性，知识、技能及认知能力，经验，动机，学习目标导向和自我领导力，思维方式。因为性格特征，如对经验的开放性、情绪的稳定性、责任心和外向型性格是影响适应性绩效的重要因素，所以组织和管理者在给员工安排工作或给他们分配需要重大改变或模糊的任务时，需要考虑员工的个性。人—环境匹配理论认为，个人工作和组织都是人和环境共同作用的结果（Edwards，1991；Kristof，1996）。若员工的性格特征无法适应所需的变化，组织管理者可以预判，通过寻找影响适应性绩效的前因变量，提供组织支持，使其适应变化。技能和知识也是影响适应性绩效的重要前因变量。组织可以为需要适应新工作环境的员工提供知识或技能培训。组织管理者也可以考虑为需要更强适应性的员工提供相关经验介绍。组织通过提供更多培训，增强员工的积极性，提升员工学习目标导向和自我领导力。

2.1.3.2　工作特征

影响适应性绩效的工作特征因素包括决策自主性、工作需求、工作资源、工作不确定性和角色转变(Ghitulescu,2013;Goštautaitë et al.,2015;Griffin et al.,2010;Sherehiy et al.,2014)。Goštautaitë 等(2015)认为当员工拥有更多的决策自主权时,他们才更有可能适应突发意外情况,决策自主权对适应性绩效有积极的显著关系。

工作资源和工作需求也会影响适应性绩效。Bakker 等(2007)认为工作资源的减少或者增加能积极有效影响个人成长和发展,工作资源为个人实现工作目标发挥功能性作用。Ghitulescu(2013)调查了组织变革背景下,工作资源和工作需求对特殊教育教师适应性绩效的影响。研究结果表明,工作资源(任务判断和社会关系)与适应性行为呈正相关关系,而工作需求(任务相互依赖)与适应性行为呈负相关关系。

工作不确定性是指"工作不可预测的程度,给员工带来令人惊讶和不可预测的情况"(Sherehiy et al.,2014)。工作不确定性程度越高,越有可能会阻碍工作场所的适应性绩效。Sherehiy 等(2014)分析了小型制造企业,认为工作不确定性对员工的适应性有负面影响,工作不确定性越高,越有可能导致更高的压力,进而导致工作中更低效的适应性。

工作特征因素可以影响员工对自我控制的感知,影响员工的工作执行能力,进而促进或阻碍适应性绩效(Bindl et al.,2010)。为了提升适应性绩效,组织可以授予员工更多决策自主权和工作酌情权。社会联系可以让员工获得更多信息,使员工支持变革和更好地适应工作(Oreg et al.,2011)。组织可以考虑不同层次的任务依赖来提高适应性绩效。此外,组织可以为员工提供更多的时间和机会来适应工作的不确定性。

2.1.3.3　团队特征

影响适应性绩效的团队特征因素包括来自同事和主管的支持、团队学习氛围和变革型领导(Charbonnier-Voirin et al.,2010;Chiaburu et al.,2013;Han et al.,2008)。

同事和主管的支持可以提高适应性绩效,特别是与工作场所变化相关的绩效(Chiaburu et al.,2013)。员工通过同事支持可以建立高质量的关系网络,获得更多的新想法,进而快速适应性新环境(Chiaburu et al.,2013)。主管支持行为包括鼓励参与决策、征求变革建议、提供积极反馈和奖励员工等措施,这些手段都能有效影响员工的适应性绩效(Chiaburu et al.,2013)。

团队氛围是个人在团队中良好运作的一套规范、态度和期待,包含学习氛围、压力氛围、安全氛围以及创新氛围(Schneider,1990)。Han 等(2008)通过鼓励团队成员参与决策、学以致用、敢于尝试,形成良好的团队学习氛围,进而获得更多的创新想法,影响个体和团队的适应性绩效。

团队层面的变革型领导特征能够让员工感受到领导支持,使其寻找解决问题的方法,及时应对变化,在复杂的情况下可以付出额外的努力,从而有助于提升适应性绩效(Bass,1990;Charbonnier-Voirin et al.,2010)。Charbonnier-Voirin 等(2010)认为,变革型领导通过愿景分享、规范和培养理想行为,形成团队支持氛围,进而提升适应性绩效。

为了帮助员工提升适应性绩效,组织需要为员工提供更多支持,比如鼓励参与决策、征求变革建议、提供积极反馈以及奖励员工等(Chiaburu et al.,2013)。组织要重视团队学习氛围和变革型领导的重要性,提供更多培训,以形成良好的团队学习氛围。

2.1.3.4 组织特征

清晰的愿景、创新氛围、组织支持和学习型组织是促进适应性绩效的组织特征因素(Charbonnier-Voirin et al.,2010;Chiaburu et al.,2013;Griffin et al.,2010;Kanten et al.,2015)。Griffin 等(2010)认为组织清晰的愿景可以提高员工适应性绩效。创新氛围与认知灵活性、想法自由表达、学习规范以及实践程度有关(Eisenbeiss et al.,2008)。组织通过支持、奖励和赋权员工等措施形成创新氛围,刺激员工敢于承担责任进而适应不断变化的环境、提高能力以完成组织使命和目标(Charbonnier-Voirin et al.,2010)。

组织支持是影响适应性绩效的重要因素(Chiaburu et al.,2013)。组织支持会给员工带来积极的结果,包括员工的适应性能力(Cullen et al.,2014)。当组织提供支持新想法的资源,并关注员工的声音和意见时,员工更有可能对创新、变革和改进建议负责(Chiaburu et al.,2013)。

学习型组织是一个持续和主动关注学习的组织,是所有组织职能的重要组成部分(Kanten et al.,2015)。学习型组织通过举办学习活动、制定学习策略等手段,影响个人的态度和行为,并积极影响个人的适应性绩效(Kanten et al.,2015)。

2.1.4 适应性绩效的维度及测量

正如适应性绩效的概念一样,关于适应性绩效的维度划分尚未达成一致,主要集中于个人层面的适应性绩效。Campbell 等(1993)首次提出工作绩效是由描述性知识、程序性知识以及技能、动机等 3 个维度组成的,三维度结构下面又包含 8 个具体的绩效评价指标。然而,传统绩效划分过于看重绩效结果,忽视了绩效行为的重要性，尤其是忽视了个体对新任务和新要求的适应性行为的重要性（陶祁，2006）。Pulakos 等（2000）使用关键事件分析法和工作适用量表进行数据收集和分析，收集了 21 个不同岗位的关键事件，并对体现新环境需求的适应性行为进行分析后，开创性地提出了具有较高普适性的八维度模型。具体维度结构内容如下。

① 创造性地解决问题。即在动态变化的环境中能够创造性地解决非典型、界定不明确的问题，能够在复杂的环境中以独特的方法解决问题。当面临复杂的工作情境时，能够积极主动地寻求创新的问题解决方法，不局限自己的思维，敢于尝试新的方法解决新问题，并通过逆向思维寻找更有效的解决方案。

② 处理不确定性及不可预测的工作情景。即在不可预测的环境中，能够及时因环境变化而调整自己的行为，通过换位思考等方式采取合理行动。当面临外部环境变化、组织内部结构调整等不确定性因素时，个体能及时有效采取合理行动，定位新的需要，适应新角色。

③ 学习新的工作方法和技能。即为了满足未来工作职务变化带来的要求，提前预测并通过准备和学习来提升自己技能。个体需要不断掌握新知识和技能，才能适应不断变化的工作需求。一方面，个体需要通过不断掌握新知识和技能才能更好地完成现有的任务，有效应对工作流程的变化；另一方面，个体要具备前瞻性和预见性，了解未来工作方法和技术上的需要并积极学习，为职业生涯做准备。

④ 处理紧急事件或危机情境。即在危机情况下能够冷静地做出准确判断，并采取合理适当措施，应对危机。个人在面临紧急事件或危机情境时，能够沉着、冷静地采取合理的措施，及时处理工作中的紧急状况。

⑤ 处理工作压力。这是指个人在面对工作压力时，能够沉着、冷静地克服困难。工作环境的动态性以及额外的工作量可能会使个人经常面临较大的压力，当个体面临困难时，能够合理控制情绪，理性客观地处理问题，积极寻求解决问题的方法。

⑥ 人际适应性。员工在动态的环境中，能够与新的团队、同事以及客户建立良好的合作关系，并能根据工作需求及时调整人际关系，适应不同类型的人际类型的行为。一方面，善于接纳同事的不同想法和观点；另一方面，能够与新团体建立友好的合作关系。

⑦ 文化适应性。员工在工作中往往会面临各式各样的文化和环境，文化适应性是指员工能够适应不同组织文化，快速融入集体，对不同文化价值观采取包容性态度，并能积极有效地学习适应新的语言、价值观、传统、政策的能力。

⑧ 身体适应性。个人身体状态能够适应不同环境条件的能力，如适应气候

不适、噪音及交通不便等环境的能力。

之后很多学者对适应性绩效维度结构的研究都是在 Pulako 等(2000)的基础上开展的。Griffin 等(2003)将八维度结构予以整合,将适应性行为分为主动性、反应性以及容忍性三维度结构。因为不同文化和职业背景差异,不同的职业要求员工表现出的适应性行为也会有所不同,所以适应性绩效的维度结构不尽相同(Pulakos et al.,2002;吴新辉等,2010)。国内学者陶祁等(2006)立足于中国国情,在 Pulakos 等(2000)研究基础上,将八维度结构分为创新地解决问题、压力与危机处理、文化与人际适应以及新知识和技能学习等 4 个维度,奠定了国内适应性绩效维度结构研究的基础,他编制的量表被国内学者广泛采用。

对于适应性绩效如何进行科学合理的测量也是学界关注的问题。目前对适应性绩效的测量主要有自我评估、他人评估两种方法,其中,自我评估在国内外广为使用。自我评估指自己判断自己的行为,这种方法存在一定的局限性,比如主观性较强、存在偏见等。因此,他人评估或者自我评估与他人评估结合法相对于自我评估更为客观、准确,但有导致效度低的可能性。

关于量表,虽然学界没有一个统一的量表,但国内外学者大多认同 Pulakos 等(2000)开发的八维度结构量表,国内学者大多采用陶祁等(2006)开发的四维度结构量表。

2.2 心理资本理论相关研究进展

2.2.1 心理资本理论的研究背景

2.2.1.1 积极心理学的兴起

第二次世界大战导致成千上万个家庭支离破碎,幸存下来的退伍军人存在严重的心理疾患,整日遭受精神上的痛苦和折磨,成为当时社会普遍关注的一个问题。很多心理学家将大部分时间和精力放在如何治疗受害者的精神疾患问题上。由此,心理学领域以心理疾患为主题展开了大量研究,如精神分裂症、抑郁症等(Seligman,1998;Seligman et al.,1998)。这些研究促进了近现代心理学的发展,涌现了一批心理医生和心理学职业。在这些研究中,心理学家的研究内容大多关注人的问题出现,即“人出现了什么问题”“如何解决这些问题”(Seligman et al.,2000)。然而,很多心理学家指出,现有研究过分重视消极心理的研究取向,仅关注病理现象,被动地通过环境的刺激和反应来解释人类的心理问题,存在局限性,无法全面解释人的问题。以往研究假设认为人们在遇到逆境时容易陷入抑郁状态,变得无力,甚至自暴自弃,而在逆境中成长,坚强、乐观地成功解决问题的事件也经常遇到。

因此,有些学者开始关注“如何让人达到最佳的心理状态”,探寻开发人的潜能的方法和途径。Seligman 等(2000)认为学者们需要从以往的关注患心理疾病的人的状况,转移到研究人的积极心理和行为上,关注个人健康成长,使其努力发挥个人最大潜能。积极心理学被定义为提高生活质量,预防个人抑郁、焦虑等病理现象发生的积极主观经验,是一种积极的科学制度,是个人的积极特质资源(Seligman et al.,2000)。因此,随着研究焦点的转变和积极心理学的发展,学者们开始关注反映积极生活特质的希望、智慧、创造性、未来指向性、勇气、责任等要素,研究主要集中在积极情绪体验、积极的个人特征以及积极心理过程等方面。

从积极心理学的定义可以看出,积极心理学的研究方向和关注焦点主要在三个方面。第一,积极心理学是一种主观性个人经验,研究有助于人类“快乐生活”的价值要素,比如幸福感、满足感、希望以及乐观主义等。第二,积极心理学反映的是个人特质,这种特征包含勇气、忍耐、宽恕、创意、智慧等很多积极要素。第三,积极心理学还可以反映集体和社会水平,关注公民意识、责任感、尊重、礼仪、宽容、职业伦理等公民应具备的优秀品质。

2.2.1.2 积极组织行为的发展

积极心理学在组织管理领域的应用导致了积极组织行为学(positive organizational behavior,POB)的出现(王雁飞等,2007)。在组织行为学领域中,如何有效激发个人潜质是研究的焦点。大部分学者将研究重点放在如何改善组织成员的工作态度和行为方面(Luthans,2002a;Stajkovic,2006),例如组织成员的工作压力、负面情绪、神经衰弱等要素(Luthans,2002b;Luthans & Youssef,2007)。这些研究虽然促进了组织行为的发展,对组织成员的负面情绪和问题提出了建议,但在开发员工优势、激发个体潜能、增进员工内在动机方面相对不足。随着积极心理学的发展,如何发挥个人潜能,促进组织有效运转成为组织行为研究的焦点,从而促使积极组织行为的产生。Luthans(2002a)将积极组织行为定义为开发员工个人优势,激发员工最大潜力的组织行为。

Seligman(2002)认为个人的积极心理状态存量会形成组织的一种资本。在组织行为学领域中,Luthans(2002a)拓展了积极心理学理论,将积极心理学应用于积极组织行为学,从积极组织行为中提炼积极心理资本理论(Luthans & Youssef,2004;Luthans & Youssef,2007)。心理资本是从积极组织行为理论中提炼出来的概念。积极组织行为有五项指标,即要素特征必须是积极正面的,有理论和实证研究做基础,能够有效测量,具备可开发性特点的状态类特征(非特质类),对组织绩效具有积极影响。心理资本的概念需符合积极组织行为的 5 项标准,分别有自我效能感、希望、乐观主义及韧性。

2.2.1.3 资源理论的进展过程

资源理论是战略管理领域中的理论之一,常被用来解释组织可持续竞争优势的来源问题。随着社会和经济的发展,“资本”的内涵也不断扩展和丰富。传统上,经济资本(金融资产和有形资产)是能够用于物质生产并能够创造收益的资源,受到了广泛的关注。然而,管理者不仅要认识到有形资产、数据和物质资源的重要性,而且要充分认识到人力资本的重要性。“人力”指的是在组织各层工作的人,经济术语“资本”指的是从消费中提取的资源,这些资源被投资以获得未来的预期回报。

依据企业资源理论,企业资源不仅包含工厂、设备、财力等物质资本为主的有形资产,而且包含组织文化、企业品牌以及社会声誉等无形资产。另外,组织为了取得成功、保持可持续竞争优势,无论是有形资产还是无形资产,都需要依赖人力资本来完成。人力资本的重要性超越传统的物质资本。然而,Luthans等(2008)和Avey等(2009)认为个人的心理状态优势可以开阔个人视野,激发个人潜能,进而提高个人工作绩效,为组织带来持续竞争优势。

社会科学中传统使用的“资本”这个词,不仅被用作体现人力资源价值的人力资本(human capital),还被用作智力资本(intelligent capital)、社会资本(social capital)和文化资本(cultural capital)(Luthans & Youssef,2004)。Luthans等(2004)基于积极心理学和积极组织行为学的观点,认为个人积极的心理资源优势可以培养个人积极情绪,开阔思路,激发个人最大潜力,进而促进组织发展,这种心理资源优势便是心理资本。心理资本是继经济资本、人力资本、社会资本之后出现的第四大“资本”概念(图2-1)。传统经济资本强调“拥有什么”的有形资产,人力资本重视“会什么”的知识、经验,社会资本看重“你认识谁”的关系人脉,而心理资本更加注重“我是谁”“将要成为什么”的个人潜能所具有的心理资源。

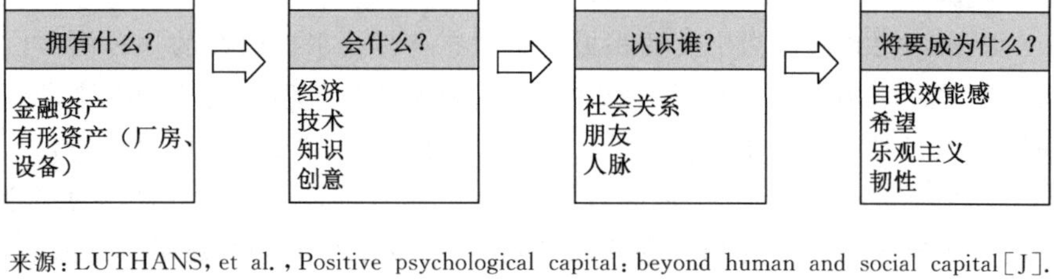

来源:LUTHANS, et al., Positive psychological capital: beyond human and social capital[J]. Business horizons,2004,47(1):46.

图2-1 资本的变化过程

2.2.2 心理资本的内涵和概念

2.2.2.1 心理资本内涵

心理资本与经济资本、人力资本和社会资本一样，都具有原始的资本属性。心理资本是个体的稳定心理特征，与个体的生产率和实际工资有积极的正相关关系(Goldsmith et al.,1997)。随着积极心理学和积极组织行为学的发展，心理资本逐渐被从经济学领域引入到组织行为学领域，并形成了心理资本的系统性理论。学界对心理资本理论的内涵定义研究经历了特质论、状态论以及类状态论三个阶段。

特质论观点认为心理资本是个体的内在特征，心理资本被视为一种人格特质(Goldsmith et al.,1997)，具有相对稳定的特点。Hosen等(2003)认为心理资本是可以通过学习、培训等途径获得的相对稳定的、持久性的内在心理构念，包括个体的品性和倾向、自我监控、认知以及有效的情绪互动。Letcher(2003)将心理资本等同于人格特质，认为心理资本与大五人格一样，都是影响个体绩效产出的人格特质。Cole(2006)的研究支持了特质论观点，认为心理资本与人格特质具有同样属性，可以影响个体行为和绩效的产出。特质论观点虽然强调心理资本是一种可以通过学习、培训得以开发和提升的个体特征，但忽略了人格特质的先天稳定性和持久性。人格特质具有相对难以改变的特点，而心理资本具有很强的可塑性特征。

状态论观点认为心理资本是一种积极的心理状态，像人力资本和社会资本一样具有可开发性特征，通过开发和培养可以形成强有力的竞争优势，有助于提高个人和组织绩效(Luthans & Youssef,2004;Avolio et al.,2004)。Avolio等(2004)认为心理资本是一种积极的心理状态，包含自我效能感、希望、乐观、自我恢复等积极心理资源，可以预测个人工作绩效并提高工作满意度，进而促进积极的组织行为。Luthans和Jensen(2005)进一步指出，心理资本是由多种因素组成的综合体，是个人重要的积极的心理能力，能有效应对不同环境下的特殊任务，表现出良好的积极状态，对个体的认知、行为和绩效都产生显著影响。状态论观点拓展了心理资本理论，开始强调情境因素的重要性，认为心理资本是一种积极心理状态，可以转变成个人心理资源，影响个人积极的行为和高绩效产出，为心理资本的类状态论的提出奠定了基础。

类状态论又称综合论，认为心理资本既具有特质性的稳定性，又具备状态性的可塑性特点。Avolio等(2006)在探讨心理资本概念时，首次使用state-like一词，认为心理资本同时具备特质性与状态性的心理特征。状态性特征能够通过干预进行开发，具有可塑性特点；特质性特征具备一定的稳定性，可以被有效衡量。学者们更多倾向于心理资本的类状态观点，因为类状态变量比难以改变的特质性变量更容易开发和干预，比状态类变量相对稳定。Luthans 和 Youssef (2007)修正了之前的心理资本状态论观点，认为心理资本是个体在成长和发展过程中表现出来的一种类状态积极心理能量，并进一步提出满足类状态变量的几个条件，即积极性、可衡量性、有理论基础、可塑性。

2.2.2.2　心理资本概念

心理资本是随着积极组织行为的发展演变而来的概念，是组织成员的一种积极的心理状态(Luthans & Youssef,2007)。从积极组织行为学角度出发，并非所有的积极心理状态都属于心理资本，满足个体心理资本的要素必须要具备以下 4 个条件：① 积极正面，能促进个人或组织成果产出；② 有广泛的理论支撑和数据支持；③ 可以有效地被衡量和测量；④ 是可以被开发和管理的状态类变量(Luthans,2002a,2002b)。基于以上标准，Luthans 等(2007)通过实证研究认为自我效能感、希望、乐观主义及韧性符合以上标准，具备理论基础、积极性、可衡量性以及可塑性特征。

因此，心理资本是由自我效能感、希望、乐观主义和韧性组成的积极心理资源。心理资本是一个人积极的心理发展状态，其特征有：① 有信心(自我效能感)承担组织赋予的挑战性任务，并投入必要的努力成功完成任务；② 对现在和未来的成功做出积极的归因(乐观)；③ 坚持朝着目标前进，并且在必要的时候，为了成功而改变通往目标(希望)的道路；④ 当处于逆境时，保持积极状态，迅速恢复以前状态，甚至超越(韧性)以获得成功(Luthans et al. ,2007)。

心理资本的 4 种心理因素之间存在概念上、实证上的共同领域部分，饱受一些学者争议，因为都涉及工作目标达成和动机激发过程，对个人或组织结果都有积极贡献。比如，Bandura(1997)研究认为自我效能感水平高的个体在遇到逆境或挫折时能克服困难，超越以前的工作状态，韧性得以提升。Snyder(2000)同样认为希望水平高的个体在处理业务时，更具有自我效能感。Luthans 和 Youssef 等(2007)认为心理资本的各要素在构成多维概念时，通过要素间的相互作用，可以形成强大的心理资源。依据心理资源理论(Hobfoll,2002)，心理资本通常作为一个高阶因子(high-order construct)存在，相比较各要素，心理资本的整体对作用结果的影响更大(Luthans et al. ,2007;Stajkovic,2006)。换句话说，心理资本通常被当作一个整体心理资源来看待，比任何单维度的影响效果更好(Luthans et al. ,2007)。

心理资本是拥有成功完成挑战性任务所需的自信心(自我效能感)，对现在和未来的成功能给予积极归因(乐观主义)，向着目标，不怕挫折，可以积极地重新构建目标实现路径(希望)，面对困难和挫折，能忍耐，迅速从逆境中走出来(韧性)，恢复原来状态的综合积极心理状态(Luthans et al.，2007)。实证研究表明，心理资本是四要素相互作用的结合体，整体核心要素对工作态度和个人成果等贡献更大(Luthans et al.，2007；Luthans et al.，2008；Youssef et al.，2007，Avey et al.，2006)。因此，本研究将心理资本看成是自我效能感、希望、乐观主义和韧性等积极要素相互作用的一个核心变量。

2.2.3　心理资本维度及测量

2.2.3.1　心理资本维度

心理资本是由自我效能感、希望、乐观主义和韧性组成的相互作用的积极心理资源(Luthans et al.，2007)。关于各维度的定义解释如下：

自我效能感(self-efficacy)的概念来源于社会认知理论(Bandura，1986a，1997，2001)，是指个人在处理个人业务时，为成功完成任务，个人对动机激发、资源调动等过程表现出超高水平的自信心的程度(Stajkovic et al.，1998b)。自我效能感高的个人比自我效能感低的个体更加相信自己有能力控制过程，并能成功应对各种困难和挑战。自我效能感也是最符合积极组织行为和心理资本标准的要素(Luthans，2002a；Luthans & Youssef，2007)。首先，自我效能感拥有丰富的理论支撑和实证研究结果支持。其次，自我效能感是可以被测量的状态类变量，意为自我效能感可以随着时间和地点的不同而变化，具有可开发性特点(Bandura，1997；Stajkovic，2006)。最后，很多研究数据表明，高自我效能感可以影响个人的积极成果产出(Stajkovic et al.，1998a)，比如自我效能感与工作态度(Luthans et al.，2006)、领导力的有效性(Luthans et al.，2001)、沟通过程(May et al.，2003)、创造力(Tierney et al.，2002)等之间都有积极的正相关关系。自我效能感在自律工作团队、业务设计以及目标设定等主题方面，作用更加明显(Luthans，2002a)。自我效能感高的个体能促进自律工作团队的合作能力提升，提高集体效能感。当员工被赋予更多的挑战和责任时，自我效能感高的个体可以增强对工作过程的控制，成功完成组织任务。

希望是人的一种积极的信念，以目标能够达成、计划会成功执行的信念为基础，包含完成目标任务的意志和实现目标的途径两方面内容(Snyder，2000)。意志是指个体在特定环境下完成任务的动机水平，途径是指完成任务所需要的方式。充满希望的个体能坚持不懈完成任务，并能根据情况适时调整途径，实现目标(Snyder et al.，1991；Luthans et al.，2008)。希望与自我效能感的区别在于希望更多关注实现目标的方法和意志力。希望由实现目标的内在动机、意志力以及为实现目标而构建的方案等组成，关注目标实现过程。

希望在以往研究中通常被当作稳定的特质变量(Snyder et al.，1996)，随着积极组织行为学的发展，希望成为可以被开发的类状态变量(Luthans & Youssef,2007)。比如，酒店员工的希望水平会因组织文化的影响而不同。如果员工处在更多参与决策、创意性的组织文化中，希望水平可能会提高；相反，在责任、权限转让、信息及信任等资源都受限的组织文化中，员工的希望水平会很低(Luthans & Jensen,2002;Veninga,2000;Youssef et al.,2006)。

以往关于希望的研究大多集中于心理疾患等相关的临床心理学领域涉(Erickson et al.,1975)，在组织行为学领域的研究相对不多。通过文献梳理发现，希望跟学业、运动领域内的成就感、身心健康、适应性以及幸福感等变量存在相关关系(Kwon,2000;Onwuegbuzie et al.,2000;Snyder,2000)。Youssef 等(2007)关于组织行为的实证研究表明，员工的希望水平跟工作态度正相关，企业家的希望水平对企业经营的满意度有影响(Jensen et al.,2002)，组织领导的希望水平正向影响组织的收益率、员工的满意度(Peterson et al.,2003)。不难看出，希望可以带来积极的影响效应。

乐观主义相信成功会到来，对积极的事情往往怀有积极的期待，给予成功归因，认为积极的事情才是永久的、内在的、具有支配地位的存在。相反，对消极的事情则认为是暂时的，是特殊的外在原因造成的结果(Seligman,1998)。悲观主义者认为积极的事情是暂时的，消极的事情才是永久的存在(Peterson et al.,2002;Seligman,1998)。因为归因方式的差异，悲观主义者怀疑自己，认为事情都是消极的；而乐观主义者会积极追求目标，积极应对追求过程中出现的各种问题，相信结果是好的(Carver et al.,2002)。

乐观主义的积极归因行为可以促进组织发展(Carver et al.,2002)。在追究各种行为责任时，乐观主义者会积极地正面看待，缓和组织气氛，从而促进组织和谐、有序发展(Schneider,2001)。Schulman(1999)研究认为如果目标设定不当，屡遭挫折，人可能会变得悲观，但若目标设定合理，通过学习、训练等可以提高组织员工的乐观水平。在组织行为学领域中，乐观主义能够促进积极的成果产出(Seligman et al.,1986)，持乐观主义的领导更能有效应对组织变化(Wunderley et al.,1998)，持乐观主义的员工更容易满足、缓解工作压力(Schulman,1999)。

韧性体现了人对逆境、冲突、失败的积极应对，以及努力适应的心理特征(Masten et al.,2002)，是指个体从逆境、风险和失败或者积极的事件中(升职、责任增加)迅速复原的心理能力(Luthans,2002a)。Fraser 等(1999)认为韧性是在逆境和危险中，保持成功状态、适应不良环境、成功调节负面事件的能力。韧性越强的个人越善于应对消极事件和外部环境的变化(Youssef & Luthans,2007)。韧性强的个体在面对困境时，能够积极主动地想办法解决问题，并迅速恢复原来状态(Masten,2001)。韧性强的员工在处理不确定性因素和变化时,能表现出很高的柔韧性和适应性(Coutu,2002)。

2.2.3.2 心理资本测量

心理资本是可以被衡量的积极心理资源,一般通过自我报告的方法进行测量。目前使用最广泛的心理资本量表是由 Luthans 等(2007)编制的 PCQ-24 问卷(表 2-3),包括自我效能感(6 项)、希望(6 项)、乐观主义(6 项)、韧性(6 项)等项目。该问卷的信效度高,题项少,被国内外众多学者广泛使用。我国学者柯江林等(2010)在心理资本的文献研究基础上,将心理资本分为人际型心理资本和事务型心理资本,测量题项拓展到 40 项。此外,由于研究内容和视角不同,对心理资本的维度结构划分也会有所不同,但最具代表性的量表当属 PCQ-24 问卷。

表 2-3 心理资本的测量维度

维度	测量题项
自我效能感 (self-efficacy)	我相信自己能够分析长远的问题,并找到问题解决的方法 (I feel confident analyzing a long-term problem to find a solution)
	与管理层开会时,在陈述自己工作业务时,我很自信 (I feel confident in presenting my work area in meetings with management)
	讨论公司战略问题时,我能很自信地分享我的意见 (I feel confident contributing to discussions about my hotel's strategy)
	我相信自己能够帮助设定目标,在我的工作范围内 (I feel confident helping to set targets/goals in my work area)
	我相信自己能够与公司外部的人(比如客户)联系,并讨论问题 (I feel confident contacting people outside my hotel(e. g. , customers) to discuss problems)
	我可以很自信地在同事面前陈述信息 (I feel confident presenting information to a group of colleagues)
希望 (hope)	如果我在工作中陷入困境,我能想出很多办法摆脱出来 (If I find myself in a jam at work,I can think of many ways to get out of it)
	目前,我在精力饱满地完成自己的工作目标 (At the present time, I am energetically pursuing my goals)
	无论任何问题,都有很多解决方法 (There are lots of ways around any problem that I am facing now)
	目前,我认为自己在工作上算得上成功 (Right now I see myself as being pretty successful at work)
	我能想出很多办法来实现我目前的工作目标 (I can think of many ways to reach my current goals)
	目前,我正在实现我为自己设定的工作目标 (At this time, I am meeting the work goals I have set for myself)

表 2-3(续)

维度	测量题项
乐观主义(optimism)	在工作中,当遇到不确定的事情时,我通常期盼好的结果 (When things are uncertain for me at work I usually expect the best)
	对于工作中发生不利的事情,认为是暂时的和有办法解决的 (If something can go wrong for me work-wise,it will)
	对于自己的业务,我常常看到事情积极的一面 (I always look on the bright side of things regarding my job)
	对于我的工作,无论未来会发生什么,我都乐观看待 (I'm optimistic about what will happen to me in the future as it pertains to work)
	在我目前的工作中,事情正在像我期望的那样发展 (In my job, things never work out the way I want them to)
	工作时,我总相信"黑暗的背后就是光明,不用悲观" (I approach my job as if every cloud has a silver lining)
韧性(resilience)	在工作中遇到挫折时,我能很快从中恢复过来,并继续前进 (When I have a setback at work, I have trouble recovering from it and moving on)
	在工作中,我无论如何都会去解决遇到的难题 (I usually manage difficulties one way or another at work)
	在工作中,如果有某项工作不得不去做,我也能独立应战 (I can be on my own,so to speak, at work if I have to)
	我通常对工作中的压力能泰然处之,冷静对待 (I usually take stressful things at work in my stride)
	因为以前经历过很多磨难,所以我现在能挺过工作上的困难时期 (I can get through difficult times at work because I've experienced difficulties before)
	在我目前的工作中,我感觉自己能同时处理很多事情 (I feel I can handle many things at a time at my job)

资料来源:LUTHANS F,AVOLIO B J,AVEY J B,et al. Positive psychological capital:Measurement and relationship with performance and satisfaction[J]. Personnel psychology,2007,60(3):541-572.

另外,用自我报告的方法测量心理资本,虽然易于实施,但存在共同方法偏差的问题(common method variance),即共线性问题。因此,还可以通过他评法进行测量,即通过第三方评价获得个体心理资本的信息。

2.2.4 心理资本的影响效应

心理资本的概念被提出后,经历了从积极心理学到积极组织行为学的发展过程,被众多国内外学者所关注。学者们分别从不同领域和不同调查主体,探讨了心理资本的概念和维度结构,并通过大量实证研究证明了心理资本与积极结果变量的关系,为拓展心理资本理论奠定了良好基础。通过文献梳理发现,关于心理资本的作用结果的研究主要通过以下方面开展。

首先，早期研究，学者们主要关注心理资本对个体、团体和组织层面的结果变量的直接效应研究，认为心理资本有助于提升结果变量的积极性，缓解消极变量的负面效应（王雁飞等，2007）。个体层面，主要考察了心理资本与个体态度（Larson et al.，2006）、行为（Luthans & Jensen，2005；Avey et al.，2008；Avey et al.，2010；Norman et al.，2010；Jafri，2012）、绩效（Luthans，Avolio，et al.，2005；Clapp-Smith et al.，2009；Peterson et al.，2011）以及幸福感（Luthans et al.，2013）之间的关系。

心理资本与个人态度方面，大量学者分析了心理资本与员工的组织承诺（Luthans & Jensen，2005；Larson et al.，2006）、满意度（Larson et al.，2006；Luthans，Avolio，et al.，2007）、信任（Clapp-Smith et al.，2009）、缺勤（Avey et al.，2006）及留职意愿（Avey et al.，2006；Avey et al.，2009；Karatepe et al.，2014）之间的关系。Luthans 和 Jensen（2005）研究认为，心理资本水平高的员工对未来充满期望，勇于挑战各种任务，有助于提升自己的组织承诺（Larson et al.，2006），提高自己对工作的满意度（Luthans，Avolio，et al.，2007）。Aevry 等（2006）研究发现，心理资本水平高的员工可以缓解自己的工作压力（Avey et al.，2009），减少缺勤率（Avey et al.，2006），降低离职意愿（Karatepe et al.，2014），提高工作满意度（Avey et al.，2009）。Clapp-Smith 等（2009）认为心理资本水平高的下属更容易得到上级领导的信任，从而提高个人成果。

心理资本与个体行为方面，学者们研究了心理资本与员工在工作中的各种行为之间的关系。Norman 等（2010）研究认为高水平的心理资本有助于员工提升组织公民行为。Avey 等（2010）研究发现员工的高水平心理资本，可以使员工产生积极的工作情绪，不仅对组织公民行为产生积极的影响，而且还能降低离职意图，减少负面行为，如工作过程中的反生产行为（Luthans & Jensen，2005）。另外，心理资本水平高的员工受到积极情绪的影响，有助于拓宽视野，激发创新行为（Jafri，2012），提高创造力（Rego et al.，2012）。

心理资本与个人绩效之间的关系方面，大量研究表明，高水平的心理资本使个体拥有更多的资源，赢得同事和领导信任，获得更高的个人绩效。Clapp-Smith 等（2009）以销售行业的下属员工为调研对象，发现心理资本水平高的员工更容易赢得领导信任，从而提高自身的销售成果。Luthans 和 Avolio 等（2005）以中国工人为研究对象，研究发现员工的心理资本对个人绩效提升有积极的正向影响。Peterson 等（2011）研究表明员工心理资本能促进个人销售数据的财务绩效提升。

心理资本与个人幸福感之间的关系方面，高水平心理资本的员工还能有效提高工作质量和生活质量，提升自身幸福感（Luthans et al.，2013）。Luthans 等（2013）研究认为心理资本可以使员工工作满意度提升，进而提高个人绩效，最终促进个人幸福感。Baron 等(2016)研究企业家的心理资本,发现心理资本可以通过缓解压力提高他们的幸福感。

心理资本不仅可以提升个人层面的成果,还能提升团队、组织层面的结果。Walumbwa 等(2011)以团队心理资本为研究对象,研究发现团队心理资本能提高组织信任,促进员工组织公民行为,进而影响团队绩效。McKenny 等(2013)研究主张,组织层面的心理资本可以提高组织财务绩效。Luthans 和 Youssef(2007)认为心理资本是组织创造价值的重要来源,能为组织带来持续竞争优势。

其次,随着研究的深入,学者们从研究心理资本对结果变量的直接效应,转向关注心理资本的缓冲效应的研究,探索心理资本的作用机理研究。Avey 等(2008)以积极的情绪为中介变量,研究心理资本和组织冷嘲热讽、组织公民行为之间的关系。研究发现,员工心理资本在影响组织公民行为中,必须要经过员工的积极情绪才能对公民行为产生影响。员工心理资本促进员工的积极情绪提升,进而减少组织冷嘲热讽行为,提高组织公民行为。Clapp-Smith 等(2009)研究发现,员工心理资本需要通过领导信任才能对个人绩效产生影响。Avey 等(2009)研究认为员工心理资本只有通过缓解工作压力才能降低员工离职意愿。王雁飞等(2019)基于资源保存理论,探讨了心理资本对创新行为的作用机理,发现心理资本不仅可以直接影响员工的创新行为,还间接地通过员工的变革开放性影响员工创新行为。周小曼等(2019)以酒店员工师徒关系为调研对象,研究发现,师傅的心理资本和敬业度对新员工有积极的传递作用。

最后,心理资本作为中介变量的研究。Luthans 等(2008)以服务行业和计算机行业的员工为调研对象,研究发现,心理资本完全中介了组织氛围与员工成果、满意度及组织承诺之间的关系。Gooty 等(2009)研究发现,变革型领导促进组织公民行为的过程中,心理资本起完全中介作用。唐辉等(2013)研究表明,心理资本在组织支持对知识转移的影响中起完全中介作用。田喜洲等(2010)通过对全国不同地区的调查样本的分析发现,心理资本在组织支持对员工角色内行为和缺勤行为的影响中起部分中介作用,心理资本在组织支持对员工组织公民行为的影响中起完全中介作用。赵娅(2020)以知识型员工为调研对象,研究发现工作重塑影响知识员工创新行为的过程中需要经过心理资本,即员工的工作重塑可以促进员工心理资本提升,进而增加员工创新行为。林原等(2021)以外卖骑手为调研对象,研究发现心理资本在职业紧张与过度劳动之间的关系中起部分中介作用。

心理资本是积极组织行为学领域内的人力资源管理研究的新兴领域,随着心理资本理论研究的完善及拓展,大量实证研究表明,心理资本不仅可以提高员工工作绩效,还能促进员工的智力资本发展,有利于稳定组织专业人才建设,提高组织的可持续竞争力,防止员工出现职业倦怠等。具体研究成果详见表 2-4。

表 2-4　心理资本的作用结果

学者	文献	研究对象	独立变量	中介变量	因变量
Luthans 和 Avolio 等(2005)	"The Psychological Capital of Chinese Workers: Exploring theRelationship with performance. Management and Organization Review"	中国工人	心理资本		工作成果
Luthans 和 Jensen(2005)	"The Linkage Between Psychological Capital and Commitment to Organizational Mission: A Study of Nurses"	护士	心理资本		组织承诺；留职意愿
Larson 等(2006)	"Potential Added of Psychological Capital in Predicting Work Attitudes"	制造业员工	心理资本		工作态度满意度和组织承诺)
Avey 等(2006)	"The Implications of Positive Psychological Capital on Employee Absenteesim"	风险企业员工	心理资本		工作缺勤
Luthans 和 Avolio 等(2007)	"The Psychological Capital: Measurement and Relationship with Performance and Satisfaction"	服务和高新技术产业员工	心理资本		工作成果；工作满意
Avey 等(2008)	"Can postive Employees Help Postive Organizational Change?"	民间部门员工	心理资本	积极情绪	组织冷嘲热讽；组织公民行为
Luthan 等(2008)	"The Mediating Role of Psychological Capital in the Supportive Organizational Climate: Employee Performance Relationship"	服务和 IT 行业员工	组织支持氛围	心理资本	工作成果；工作满意；组织承诺
Avey、Luthans 和 Youssef(2009)	"The Additive Value of Positive Psychological Capital in Predicting Work Attitudes and Behaviors"	民间部门员工	心理资本		组织公民行为；离职意图；组织冷嘲热讽；反生产行为
Gooty 等(2009)	"In the Eyes of the Beholder: Transformational Leadership, Positive Psychological Capital, and Performance"	制造业员工	变革型领导	心理资本	组织公民行为
Clapp-Smith 等(2009)	"Authentic Leadership and Positive Psychological Capital: The Mediating Role of Trust at the Group Level of Analysis"	销售行业员工	心理资本	信任	销售成果

表 2-4(续)

学者	文献	研究对象	独立变量	中介变量	因变量
Avey、Luthans 和 Jensen(2009)	"Psychological Capital: A positive resource for combating employee stress and turnover"	不同行业员工	心理资本	工作压力	离职意图;求职行为
Norman 等(2010)	" The interactive effects of psychological capital and organizational identity on employee organizational citizenship and deviance behaviors"	各种组织员工	心理资本		越轨行为;组织公民行为
Avey 等(2011)	"Meta-Analysis of the Impact of Positive Psychological Capital on Employee Attitudes, Behaviors, and Performance"	服务行业	心理资本		正面工作态度(满意;承诺;幸福感);组织公民行为;员工绩效;负面工作态度(紧张;压力;离职意图);负面行为
Peterson 等(2011)	"Psychological capital andemployee performance: A latent growth modeling approach"	金融机构	心理资本		主管评定绩效;销售绩效
Walumbwa 等(2011)	"Retracted: Authentically leading groups: The mediating role of collecitive psychological capital and trust"	金融机构	真实型领导	团队心理资本	团队公民行为;团队绩效
Rego 等(2012)	"Authentic leadership promoting employees' psychological capital and creativity"	葡萄牙零售商	真实型领导	心理资本	创造力
Jafri(2012)	"Psychological capital and innovative behavior: an empirical study on apparel fashion industry"	印度服装行业	心理资本		创新行为;创造力
Luthans 等(2013)	"Meeting the leadership challenge of employee well-being through relationship PsyCap and health PsyCap"	跨行业成年人	心理资本		工作满意;幸福感

表 2-4(续)

学者	文献	研究对象	独立变量	中介变量	因变量
McKenny 等(2013)	"Using computer-aided text analysis to elevate constructs: An Illustration using psychological capital"	文本内容分析	心理资本		财务绩效
Karatepe 等(2014)	"The effect of psychological capital on conflicts in The work-family interface, turnover and absence intentions"	酒店员工	心理资本	心理契约	工作—家庭冲突;离职意愿;缺勤
Paek 等(2015)	" Why is hospitality employees ' psychological capital important? The effects of psychological capital on work engagement and employeemorale"	韩国酒店员工	心理资本	工作投入	员工士气;工作满意;组织承诺
Baron 等(2016)	"Why entrepreneurs often experience low, not high, levels of stress: The Joint Effects of Selection and Psychological Capital"	创业企业家	心理资本	感知压力	幸福感
田喜洲等(2010)	《组织支持感对员工工作行为的影响:心理资本中介作用的实证研究》	企业员工	组织支持	心理资本	工作行为(角色内行为;缺勤行为;组织公民行为)
唐辉、赵富强、陈耕(2013)	《基于心理资本中介效应的组织支持与知识转移影响机理研究》	跨行业员工	组织文化	心理资本	知识转移
王雁飞等(2019)	《基于资源保存理论视角的心理资本与员工创新行为关系研究》	企业领导和员工	心理资本	变革开放性	创新行为
周小曼等(2019)	《酒店员工正面心理资本、敬业度与工作绩效的关系研究:基于师徒制的视角》	酒店员工	心理资本	敬业度	工作绩效
赵娅(2020)	《工作重塑、心理资本对知识员工创新行为的影响》	知识型员工	工作重塑	心理资本	创新行为
林原、李玉珠(2021)	《心理资本、组织支持感在职业紧张与过度劳动关系中的作用》	外卖骑手	职业紧张	心理资本	过度劳动

2.3 社会资本理论相关研究进展

2.3.1 社会资本理论的概念和内涵

2.3.1.1 社会资本理论的主要观点

资本是经济学中重要的概念，随着社会和经济的发展，资本的内在含义也得到扩展和丰富。物质资本是企业得以生产的前提，包括生产机器设备、工具及产品等，体现了人的自然性对物的自然依赖（袁家三，2020）。人力资本不仅包含单纯的体力劳动能力，而且包括人所具有的知识、技能、时间、健康等因素，通过对人的投资可以获取更多的物质资本，人力资本具有物质资本不具有的排他性特点（舒尔茨，2017）。人力资本的提出使人的价值得到了提升，提高了劳动的地位，深刻影响了劳资关系。然而，人是具有社会性特征的，人所依存的社会关系也会对社会、经济带来影响。因此，在物质资本和人力资本提出之后，社会学家们将人的社会关系和社会结构作为“第三生产要素”，纳入资本分析中，提出社会资本的概念。社会资本是人的社会性的经济化体现（袁家三，2020）。

为表达某个人具有很好的社交性，人们经常会用“人缘好”“人脉广”等惯用语，社会学家们对人际关系的研究不仅仅分析单纯的人际关系好坏，更要探究人际关系背后的本质性理论。亚里士多德曾描述“人是社会性动物”，虽然不同的社区或集体里面的个体有所差异，但是他们都参与社会性交往活动，在社会交往中形成关系结构，在关系结构中承载各种资源（袁家三，2020），这些资源的结合体即是社会资本。社会资本概念首次被 Hanifan 等（1920）提出以后，一直到 20 世纪 80 年代，对社会资本理论的研究都处于萌芽状态。在 20 世纪 80 年代以后，众多学者从不同行业背景、不同学科、不同分析层次及不同研究视角分析了社会资本的概念、维度及分类等。其中对社会资本理论发展贡献较大的有布迪厄、科尔曼（Coleman）、博特（Burt）、普特南（Putnam）、福山（Fukuyama）、波茨（Portes）、林南（Lin）等学者。

法国社会学家 Bourdieu（1986）从资源角度首次系统地阐述了社会资本的概念，认为社会资本是个人或群体在一个相对稳定的、持久的、制度化的关系网络中，通过相互交往、相互熟悉，从关系网中获取实际或潜在资源的总和。布迪厄对社会资本的定义包含两个部分，一是个人或群体实际可以利用的社会关系本身，强调社会关系；二是个人或群体可以利用的资源的数量和质量，社会资本的多少取决于关系网络的规模和数量，强调资源可以通过关系网络获取（Portes，1998）。为了获得社会资本，主体需要长期地、持续地投资社会关系的建立、维护与资源交换。布迪厄（Bourdieu）的社会资本概念具有开创性，将社会资本看作一种资源，资源通过发展社会网络获取，开启了社会网络的研究大门，为后续社会资本的研究奠定了基础。

美国社会学家 Coleman(1988,1990)继承和吸收了布迪厄的观点，扩展了社会资本的概念，从理性选择理论（rational choice theory）出发，认为社会资本是个人拥有的社会结构资源，存在于人际关系的结构当中，具有生产性特点，不仅可以促进个体的某些行动，还是解决集体行动问题的重要资源（Coleman，1990）。从定义不难看出，社会资本的概念有助于实现个体到集体的过渡，对集体行动理论有着积极的推动作用。另外，科尔曼认为组织网络的封闭性和社会组织结构的稳定性影响社会资本的形成和维持。社会组织内的网络封闭性保证了成员之间的信任、规范、权威以及制裁等的建立和维持，有助于有效动员网络资源；社会组织结构的稳定性有助于社会资本的形成和维持，组织的瓦解会使社会资本消失。

Burt(1992)从社会网络结构角度分析社会资本，提出“结构洞”理论，认为在社会网络的结构中，并不是任何人都能互相直接联系，而网络结构中的节点位置出现关系间断时，这个节点便成为结构洞。因节点位置的结构洞掌握着控制信息和绝对资源，控制着其他节点的资源流动，所以，无论是个体还是组织，掌握更多的结构洞才能获取更多的资源，这个结构洞便是所谓的社会资本。企业获取资源的能力取决于其所处的社会网络节点位置，不同节点位置意味着资源大小不一样，社会资本也就不一样。博特的结构洞理论与科尔曼的社会网络结构闭合性观点相反。科尔曼认为社会网络结构的闭合性保证了网络内的信息和资源能及时得到传达，以信任为基础，从而产生了规范、规则；而博特认为社会网络的结构洞越多，企业获取资源能力的社会资本就越强大。

Putnam(1993)将社会资本理论引入到政治体系中，强调制度至上的宏观社会资本，认为社会资本是由信任、规范和社会网络组成的集合体，是社会组织的象征，通过一致的行动能促进社会效率的提升。普特南的社会资本分析层次更加宏观，以社区为单位，认为社会信任是最关键要素，互惠互利的规范可以有效限制机会主义行为的发生，社会网络中的公民互动能促进信任水平提升，从而提升整体的社会资本水平。

Fukuyama(1995)的社会资本理论继承和发展了普特南的观点，认为社会资本的形成要重视社会规范，强调社会信任和公民参与社会网络的重要作用。福山的社会资本理论主要从文化角度解读社会资本，认为社会信任、社会规范以及公民的网络参与是形成社会资本的重要因素，而社会文化才是社会资本的最深层基础。

Portes(1998)从能力角度定义了社会资本，认为社会资本是个体在社会网络结构中获取异质性资源的能力。社会资本的获取能力不是固定的，是嵌入性结果，可以通过彼此之间的互动增加信任，从而获取异质性资源（Portes，1995）。

Lin（2001）从社会资源的角度阐述社会资本，认为社会资本是从镶嵌于社会关系网络的资源中获取的，社会资本根植于社会关系网络结构中，个人可以有目的性地动员网络结构中的资源。从定义不难看出，社会资本是嵌入网络关系中的一种资源；社会资本还是个人主动获取资源的能力，体现了能动性；社会资本可以通过行动者的不断投资获取更多资源，从而获得相应报酬（Lin，1999）。

社会资本的概念和内涵已经在很多研究领域和分析视角得到拓展和延伸，依据社会资本的分析层次和研究目的，其主要内容也有所差异。按照社会资本的主要内容和社会功能，可以将社会资本分为三种类型（表 2-5）。第一类将社会资本看成社会关系网络中可以使用的资源（Bourdieu，1986；Coleman，1990；Lin，2001）。依据资源保存理论，无论是个人还是群体组织，获取更多的资源可以保证占据更有利的位置，提高自己的竞争优势。第二类将社会资本看作社会关系中的机会、利益以及能力（Portes，1995；Burt，1997），认为通过获取稀有的信息资源和机会，个人能力能得到强化。第三类认为社会资本是维护共同体的机制（Putnam，1993；Fukuyama，1995）。

表 2-5　社会资本的定义

类型	作者	定义
社会关系网络中可以使用的资源	Coleman（1990）	社会资本是个人拥有的社会结构资源，存在于人际关系的结构当中，具有生产性特点，不仅可以促进个体的某些行动，还是解决集体行动问题的重要资源
	Baker（1990）	社会资本是促进个体或企业能力的生产性资源
	Bourdieu（1986）	社会资本是个人或群体在一个相对稳定的、持久的、制度化的关系网络中，通过相互交往、相互熟悉，从关系网中获取实际或潜在资源的总和
	Nahapiet 等（1998）	社会资本是个人或社会组织从社会关系网络中可以使用的直接或间接资源的总和
	Lin（2001）	社会资本是从镶嵌于社会关系网络的资源中获取的，社会资本根植于社会关系网络结构中，个人可以有目的性地动员网络结构中的资源

表 2-5(续)

类型	作者	定义
社会关系中的机会、利益以及能力	Portes(1995)	社会资本是个体在社会网络结构中获取异质性资源的能力
	Beliveau 等(1996)	社会资本是存在于社会关系网络中的可以提升个人地位的可用资源
	Burt(1997)	企业获取资源的能力取决于其所处的社会网络节点位置,不同节点位置意味着资源大小不一样,社会资本也就不一样
维护共同体的机制	Putnam(1993)	强调制度至上的宏观社会资本,认为社会资本是由信任、规范和社会网络组成的集合体,是社会组织的象征,通过一致的行动能促进社会效率的提升
	Fukuyama(1995)	从文化角度解读社会资本,认为社会信任、社会规范以及公民的网络参与是形成社会资本的重要因素,而社会文化才是社会资本的最深层基础

2.3.1.2　社会资本的研究层次

国内外学者对社会资本的研究涉及社会学、经济学、政治学、教育学以及管理学等多学科,虽然从不同角度定义了社会资本,但大多学者认同社会资本存在于社会关系的网络中,只是在研究视角和层次上存在差异。Kannadhasan 等(2018)认为社会资本存在于不同层面,共同决定了资源利用的效果差异,社会资本之间的差异不仅取决于资源存量,而且受网络结构影响,受行为主体的影响。因此,将社会资本按照不同角度进行归纳、分类。

第一个角度按照社会资本的受益主体不同,将社会资本分为"私有财产"属性的社会资本和"公共财产"属性的社会资本。Putnam(1993)和 Fukuyama(1995)把社会资本看成是维护共同体的机制,认为社会资本属于公共财产资源,强调制度至上的宏观社会资本,认为社会资本是由信任、规范和社会网络组成的集合体。社会资本为整个团体所拥有,是社会组织的象征,通过一致的行动可以促进组织成员之间的互动,提高凝聚力,减少机会主义行为发生,进而推动社会效率提升。私有财产属性的社会资本强调以个人利益为中心的社会资源,以实现个体行动为主。Bourdieu(1986)认为社会资本是个人或群体在一个相对稳定的、持久的、制度化的关系网络中,通过相互交往、相互熟悉,从关系网中获取实际或潜在资源的总和。Lin(2001)认为社会资本是从镶嵌于社会关系网络的资源中获取的,社会资本根植于社会关系网络结构中,个人可以有目的性的动员网络结构中的资源。不难看出,社会资本具有公共属性和私有属性的特点,私有属性强调团体内个人可获得利益和价值的总和;公共属性以彼此信任为基础,强调组织成员的相互合作,强调维护共同体的利益为核心的整体机制。Leana 等(1999)根据研究目的和分析层次,将社会资本分为私有财产属性和公共财产属性,具体区别如表 2-6 所示。

表 2-6 社会资本的私有财产和公共财产属性的区别

因素	区别	
	公共财产	私有财产
研究层次	宏观或者中观层次	微观层次
个人利益	间接	直接
集体利益	直接	间接
凝聚力	需求强	需求弱
个人激励	弱,间接调节	需求强

资料来源:LEANA C,VAN BUREN H J. Organizational social capital and employment practices[J]. Academy of management review,1999,24(3):538-555.

第二个角度是根据社会资本的作用主体不同以及受益主体区别,将社会资本分为宏观社会资本(Putnam,1993;Fukuyama,1995)、中观社会资本(Burt,1992;Gabbay et al.,1998)以及微观社会资本(Bourdieu,1986;Portes,1995;Brown,1997;Lin,2001)。宏观社会资本主要关注共同体的维持和发展等问题;中观社会资本强调社会资本对企业组织的目标实现问题;微观社会资本主要研究个体在社会网络结构中对资源的调动能力,关注个人的地位、名声以及成果等相关问题。

首先,宏观层面。社会资本关注宏观政治、经济系统、文化系统以及制度规范系统的社会资本形成,以宏观社会网络结构的构建、变化和展开过程为研究对象,分析团体、组织、社会或者国家等的社会资本状况。Putnam(1993)和 Fukuyama(1995)是宏观层面社会资本的代表。Putnam(1993)最早将社会资本理论引入到政治体系中,认为社会资本的形成需要分析社会的文化和组织性特点,认为社会资本是由信任、互惠互助和规范为基础的社会网络集合体,关注整个共同体的利益。Fukuyama(1995)研究特定文化、组织层面上的社会资本对社会民主、经济发展的积极作用或负面作用。另外,宏观社会资本的存量取决于社会文化、规范制度等宏观环境因素。

其次,中观层面。社会资本主要以特定组织的社会网络结构、网络结构行为主体之间的纽带模式以及网络结构内资源流动方式为研究对象,关注网络结构的展开过程和分布意义等问题，对个人行为主体构成的网络结构不感兴趣。因这类研究对象是企业组织层面的社会资本，与讨论国家和社会问题的宏观层面社会资本相比更加微观，但又比个人层面的社会资本对象较大，故称为中观层面社会资本。中观层面的社会资本主要来源是不同组织的社会网络关系，因而组织网络的规模大小、结构强度对于社会资本的行动主体具有特殊影响(Kleinbaum et al.,2014)。Burt(1992)认为企业的内外部关系网络形成了企业的社会资本。Gabbay 等(1998)认为企业组织内的社会资本是企业的一种资源，有助于企业连接各种社会关系，实现企业目标。Nahapiet 等(1998)认为企业组织的社会资本对企业的智力资本创造有积极的影响关系。Oh 等(2006)认为集团组织内的社会资本与集体成果呈正相关关系。

最后，微观层面。社会资本是个人在社会网络中可使用的资源，对个人在社会网络中的资源动员能力感兴趣，关注社会资本对个人的成果和利益的影响。Burt(2001)是以微观层面为中心的社会资本研究代表性学者，认为个人的社会资本存量取决于个人可以动员的社会网络的大小、范围或网络结构的位置等。Portes(1995)认为社会资本是个体在社会网络结构中获取异质性资源的能力。Lin(2001)认为社会资本根植于社会关系网络结构中，个人可以有目的性地动员网络结构中的资源，个人权利地位越高，拥有稀缺资源的能力就越强，社会资本存量就越高。Granovetter(1973)、Baker(1990)、Bian(1997)等学者研究发现，个人通过社会网络中的关系可以获得信息、就业机会、知识、影响力、社会支持以及长期合作关系等。

社会资本水平并不是一成不变的，有高水平社会资本，也有低水平社会资本，且不同水平之间的社会资本还可以互相转换。具体关于社会资本的研究层次分类如表 2-7 所示。

表 2-7 社会资本的不同研究层次

层次	作者	定义
宏观层面	Putnam(1993)	促进相互利益的协作的社会网络、规范和社会信任等社会特征
	Fukuyama(1995)	促进两两之间合作的非正式的规范
中观层面	Nahapiet 等(1998)	社会资本是个人或社会组织从社会关系网络中可以使用的直接或间接资源的总和
	Leana 等(1999)	为达成组织目标，通过组织成员之间的相互信任及互动形成的社会关系资源
	Oh 等(2006)	组织结构、正式或非正式社会关系网络内的可用资源

表 2-7(续)

层次	作者	定义
微观层面	Bourdieu(1986)	社会资本是个人或群体在一个相对稳定的、持久的、制度化的关系网络中，通过相互交往、相互熟悉，从关系网中获取实际或潜在资源的总和
	Portes(1995)	社会网络中个人支配稀缺资源的能力
	Lin(2001)	个人有目的性的动员网络结构中的资源

东方国家和西方国家的不同之处在于东方国家更重视人格伦理，强调个人在社会生活中的人情、义气、面子、人际关系以及和谐气氛等。相比个人意识，我国更重视集体的一致性和纽带维持，个人遵从集体的同质性，在血缘关系、亲缘关系、地缘关系、朋友同事、同学关系等关系网中享受其关系资本所带来的资源。这种利用个人的社会关系获得有价值的资源即是社会资本。因此，在我国研究社会资本需要考虑传统文化背景的特殊性，思考“关系本位”“差序格局”等观念对社会结构的影响。边燕杰等(2013)认为我的特殊“关系”是带有情感色彩的人情交换，具有特殊的社会纽带作用。关系需要不断投入时间和资源来建立、维持，而这种社会关系理念已经渗透到人们的日常生活中。因此，我国人际社会关系网络的形成应该有别于西方社会，社会资本的形成过程也会有所不同。

本研究关注组织层面的社会资本，研究组织内成员之间的社会关系，关注组织内社会资本对个人态度和适应性绩效的积极影响，将社会资本定义为在组织社会网络中，同事之间相互信任，为了达成组织目标，通过正式或非正式的关系，向他人或组织获取信息、调动资源的能力。

2.3.2 社会资本的特征

2.3.2.1 社会资本与物质资本、人力资本的区别

首先，社会资本具有社会性特点。社会资本存在于社会网络结构或者社会关系中，使参与网络关系的行为主体在完成特定目标时得以实现。比如规范、组织、权威关系以及权利和义务等都是社会结构的一个方面。因此，社会资本不同于其他资本形式，存在于社会关系当中。物质资本和人力资本关注个人的“属性”特征，而社会资本强调个人之间的“关系”特征。如图 2-2 所示，人力资本更多地关注 A、B、C 三个点的个人属性特征，即他们拥有什么教育、知识和技术等；相反，社会资本关心 A 和 B，B 和 C，A 和 C 之间的线条即社会关系，三角关系的网络即是一个社会网络结构。

其次，物质资本相比较其他两个资本而言，是实实在在的具体实物，具有可

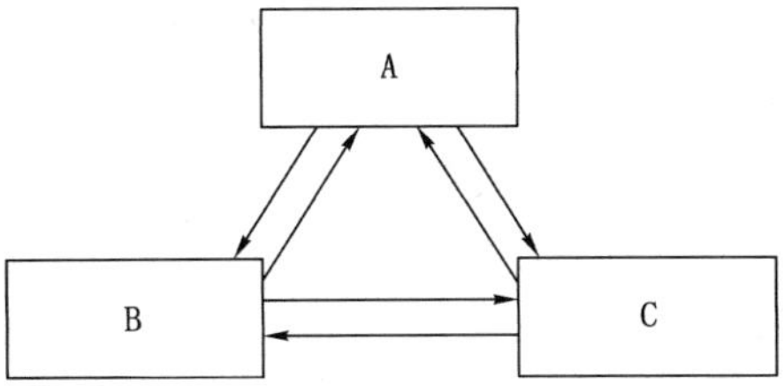

图 2-2　人力资本与社会资本的区别

观察性的特点，而人力资本和社会资本的可观察性较低，尤其是社会资本，无法直接了解。社会资本具有针对性的可转换功能，社会资本可以促进特定行为主体的目标实现，同时也可能阻碍另一种行为的发展。比如，纪律严明的等级次序规范在军队组织中能有效提升社会资本，但在朋友关系当中就有可能阻碍关系发展。

最后，社会资本属于一种道德性资源（Hirschman，1984），使用的次数越多，社会资源也就越多。比如，互相协作的规范对于很多人来说，使用的次数越多越受益。因此，社会资本具有随使用时长而增长的特点。另外，如何判断个人成功，人力资本更多的是依靠个人能力突破不均衡的局面，而社会资本更多依赖机会的差异性打破局面。

2.3.2.2　社会交换关系

社会资本最大的特征就是属于一种社会交换关系（Coleman，1988）。社会交换是指社会中人与人、人与组织等之间的利益的提供与接受的关系，主要在友情、亲情、爱情等社会关系中实现。经济交换多发生在市场或企业之间的社会网络中，而社会交换多在家庭、同学会、企业内部同事之间等非正式的社会网络中发生。另外，经济交换的主体双方交换的物品及目的明确，强调主体的独立性、平等性、自由性，交换主体在发生交换前和结束后都不存在互动与联系，交换行为在钱货两清时即终止；社会交换偏重于人情交换，交换的内容、方式和对方的回应未被明确规定，交换主体间基于信任形成长期的稳定关系，这也是社会交换理论研究的重点。经济交换偏重一对一等价交换，即一方的付出必须得到符合双方协商的交换价格的回报，交换结果是双方受益；而社会资本的受益方有可能是社会关系网中的第三者，以信任为基础，社会网络成员之间相互协助，遵守规范，长此以往就会形成社会资本（Putnam，1993；Fukuyama，1995），共同抵制机会主义行为发生，通过网络成员之间的共享信息使价值和利益最大化。

组织内的社会交换为了激发组织员工动机，发挥其能动性，除了应有的经济性补偿之外，还会给予员工更多期待、权利、利益等心理补偿，即社会交换。换句话说，组织员工的契约合同内的角色内行为属于经济交换，而员工的组织公民行为等角色外行为属于社会交换。社会关系是信息和资源流动的渠道。通过社会互动，参与者可以获得其他参与者的资源。Kanter(1988)认为社会互动允许创新者跨越组织中的界限和层次，找到他们需要的东西。在企业内部，不同业务部门之间的社会互动模糊了这些部门之间的边界，刺激了共同利益的形成。因此，单个部门就有更多机会与其他部门交换或合并其资源。研究表明，部门之间的互动对于复杂且较多部门的组织创新具有重要作用(Ibarra,1993;Powell et al.,1996)。一个在社会互动网络中处于中心地位的参与者，因为其在网络中的区位优势，与其他参与者结合和交换资源的潜力就较大。

2.3.2.3 社会资本的形成条件

Coleman(1988)认为实现组织目标，需要组织成员之间的信任、组织网络的稳定性以及纪律严明的规范等条件，这些条件是形成社会资本的有效条件内容。

首先，社会关系网络结构的闭合性特征，要求组织成员之间的互动互助需要以信任为基础，信任是形成社会资本最核心的要素。信任是组织成员的社会关系网络扩大的基石，信任水平越高，社会关系网络规模就越大。一方有难八方支援的网络结构，其前提是网络结构的闭合性，基础是信任。在网络闭合的组织内，成员之间相互了解才能增进信任、互帮互助，进而形成社会资本。Nahapiet等(1998)认为组织网络的闭合性使组织成员的自由交流成为可能，并可以在网络内共享信息，促进企业创新发展。信任已被视为组织环境的一个方面(Ghoshal et al.,1994)，是企业合作的前提条件(Gambetta,1988;Gulati,1995)。Bradach等(1989)认为信任是一种期望，可以减少经济交换时机会主义行为的发生。当双方开始相互信任时，他们更愿意分享资源，而不用担心被对方利用。因此，当信任存在时，可能会出现合作行为，这意味着资源的交换或组合。

其次，社会网络结构的稳定性也是形成社会资本的必要条件之一。如果组织成员内的人员调动、人事变动等现象过于频繁，那么成员之间的相互作用机会就会减少，成员之间缺乏信任感，进而很难形成社会资本。Zucker(1986)认为信任是由个人与组织之间经过反复的相互作用、彼此了解，产生亲密感和良好的评判后形成的。频繁的社会性移动会使个人或集体对其了解、掌握的时间和机会减少，进而很难增进了解、相互信任，社会资本也很难形成。稳定的社会网络结构能促进资源流通，加快信息传递速度，有助于组织获得更有价值的信息。

最后，维持共同体的制度规范也是形成社会资本的重要条件之一。规范是组织成员共同认同的价值观念、共识、惯例等，可以促进集体行动、信息共享、互帮互助，进而促使社会资本形成。规范是一种非正式的道德约束制度，能维系组织成员网络的稳定，提高合作效率，减少个人机会主义行为的发生(Coleman,

1988)。在特定社会网络结构中,如果个人主义意识过于强烈,以个人利益得失为中心考虑事情,那么很难与其他成员展开良好互动,彼此之间的信任度也会下降,社会资本也会大大减弱。制度规范是减少个人机会主义,提高组织凝聚力,形成社会资本的重要条件。共同愿景体现了组织成员的集体目标和愿望。当组织成员对如何相互交流有着相同的看法时,他们可以避免沟通中可能出现的误解,并有更多的机会自由交流想法或资源。此外,组织成员的共同目标或兴趣有助于他们看到资源交换和组合的潜在价值。因此,拥有共同愿景的组织成员更有可能成为共享或交换资源的合作伙伴。研究表明,共同愿景(如目标一致性)能将松散耦合的系统结合在一起,促进整个组织的整合(Orton et al.,1990)。

2.3.2.4　社会资本的功能及效果

国内外学者对社会资本的功能及效果研究因研究内容和视角不同,也会呈现差别。通过文献梳理发现,社会资本的功能主要呈现在:① 减少交易成本(Coleman,1988;Putnam,1995;Fukuyama,1995);② 扩大信息知识(Coleman,1988;Granovetter,1985;Burt,1997);③ 有效维持共同体的道德约束和规范(Coleman,1988;Sandefur et al.,1998)

① 减少交易成本。个人或组织之间的重复性相互作用可以形成彼此的信任,减少经济上的交易成本,从而带来利益。若彼此之间的经济性交易缺少信任,将会额外支出不必要的监管费用,甚至遭遇欺骗,额外增加法律上、制度上的精力支出。信任度高的行为主体在交易时,可以减少不必要的程序,即便在情况恶劣的环境中,也能保持对对方的信任,相信对方会履行承诺,减少不信任而带来的额外费用,从而达成目标。

② 扩大信息知识。知识共享是组织成员之间交换、共享和转移知识(包括经验、信息、技能或专业知识)的活动。知识共享通过激烈的社会互动来调整组织成员的信念和行为。知识被视为创造和维持竞争优势的宝贵组织资源。社会性是创造有价值资源(知识)的关键和必要条件。社会资本是组织成员之间的密切人际关系(Kim et al.,2013;Van den Hooff et al.,2009)。基于资源的观点,社会资本是一种宝贵的组织资源,可以促进集体行动所需的个人互动(Leana et al.,1999)。知识是由社会建构的,而社会资本是实现知识流动的关键机制(Chow et al.,2008;Kim et al.,2013;Van den Hooff et al.,2009)。个人人际关系和群体关系所产生的社会动力是知识共享和知识创造的主要决定因素(Van den Hooff et al.,2009)。

③ 有效维持共同体的道德约束和规范。Coleman(1988)认为规范是个人或组织之间解决问题的标准框架,是组织成员之间的约定和合约,有助于统一组织成员的行为和态度。社会结构内的规范和惩戒是维护共同体的必要条件。规范

与共同目标、统一组织成员之间的共同认知有关系，是维持组织行为一惯性，促进组织文化、价值实现的基本框架（McFadyen et al.，2004）。规范通过统一组织成员之间的认识，共享信息资源，促进组织问题解决能力提升，是个人或者组成成员行动方式和解决问题的框架。

2.3.3　社会资本的维度结构

随着社会资本理论研究的深入发展，以社会关系网络为基础的社会资本呈现复杂和多维结构，学者们对社会资本的维度划分，因研究内容和研究视角不同也呈现多样性。通过文献梳理发现，受到广泛认可的划分方法有两种，一种是根据社会资本的网络结构性特征划分，一种是根据社会资本的形成条件划分。

首先，从社会资本的网络结构性特征分析社会资本的维度，将社会资本分为结构型社会资本、关系型社会资本以及认知型社会资本（Chow et al.，2008；Tsai et al.，1998；Van den Hooff et al.，2009）。结构型社会资本是为获取必要的知识或资源的可行性，组织内存在正式或非正式的社会网络连接模式、网络密度以及连通性等情况，描述的是组织联系的整体模式（Granovetter，1985），如表 2-8 所示。组织成员之间的网络密度越高，联系越频繁，组织结构交流越顺畅，社会资本则越高。关系型社会资本是指组织成员之间的相互作用形成的信任水平，关注利用关系可获得资源的程度（Chow et al.，2008）。信任、互动以及制度规范是衡量关系维度的重要因素（Tsai et al.，1998；Nahapiet et al.，1998）。信任能降低交易成本，增加对方对自身的亲密感，更容易互动，进而获得需要的资源，提高社会资本。认知型社会资本是指组织成员拥有的共同组织目标或愿景，相互共享的认知体系（Tsai et al.，1998）。组织成员之间拥有的共同愿景体现了组织成员的集体目标和愿望。当组织成员对如何相互交流有着相同的看法时，他们可以避免沟通中出现的误解，并有更多的机会自由交流想法或资源，有助于彼此之间的资源交换和组合，进而提升社会资本（Tsai et al.，1998）。

表 2-8　社会资本的组织结构模式

类型	组织结构模式	特点
Ⅰ型	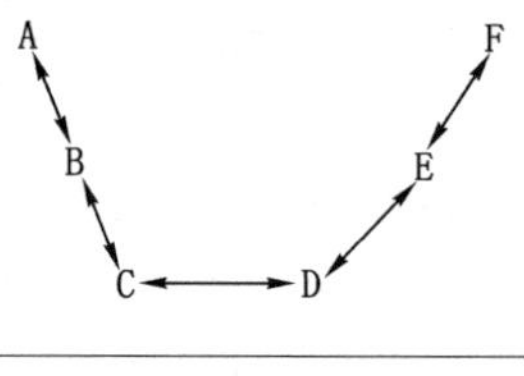	A 到 F 之间信息共享困难模式； A 和 F 的信息获取能力强； C 和 D 的信息获取能力相对较弱

表 2-8(续)

类型	组织结构模式	特点
Ⅱ型	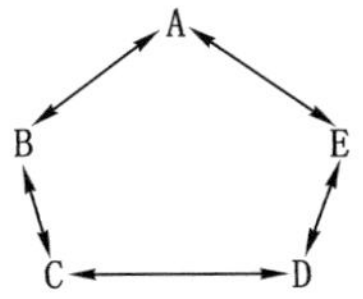	社会网络结构的闭合性,导致成员内的社会网络能力强,内部成员彼此信任,规范意识强,具有排外性特征;组织成员内的信息共享能力一致
Ⅲ型	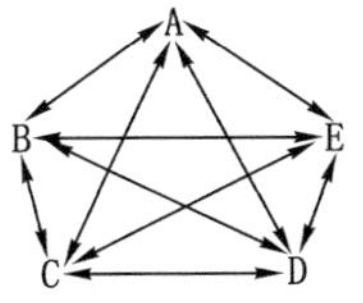	良好的组织结构模式,社会网络能力强,所有组织成员的等级和自律意识相似,相对比Ⅱ型组织结构,网络密度和显著性更强,信息获取能力也更强
Ⅳ型	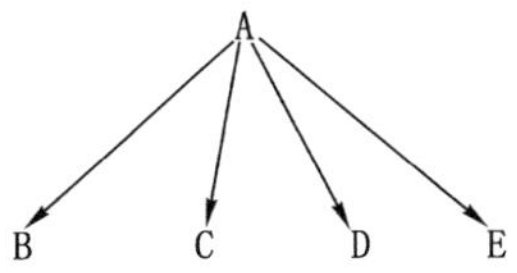	A 处于代理人位置,自律意识强,约束力弱,信息获取能力强; 其他位置的自律意识相似,约束力高

资料来源:PARK S. Influence of organizational social capital on the creation of new intellectual capital [D]. Gwangju:Chonnam National University.

其次,组织社会资本在一定条件下才能形成,是组织有意识的投资结果,目标是实现企业价值的最大化。随着当前社会的持续发展,企业作为社会的一个组织单位,为了实现企业价值的最大化,需要不断获取多样资源,跟其他企业进行资源交换,形成企业的社会关系网络。组织内,为了提升组织凝聚力,完成组织目标,需要以组织成员之间的信任为基础,互惠互利地协调,互通有无,资源共享,统一认知,才能形成社会资本。组织的发展不仅需要个人能力的提升,更需要组织成员之间关系网络资本的存在。根据社会资本的形成条件,可以将社会资本的维度分为信任、社会关系网络以及规范或共享愿景三个方面。

首先,信任是社会资本的最核心要素,是形成社会资本的基础。信任一般被定义为相信他人不会做出违背自己利益和期待行为的社会心理状态(Lewis et al.,1985),和对方一起做事,相信对方不会做出损害自己利益,至少不会给自己带来伤害的信念(Gambetta,1988)。高信任水平在社会交换关系过程中可以缓解不确定性,不需要付出额外的监视费用。尤其是在不确定性环境中,信任可以减少双方的交易成本，提高合作效率。依据社会交换理论，信任不是静态的状态下被赋予的，而是通过交易双方的相互作用形成的人际关系行为。信任的形成得益于双方都能较好履行约定，保证互惠互利，随着履行约定的次数增多，双方便会形成一种信任感，并在每一次交易互动中强化。而对组织成员来说，遵守约定程度越高，彼此之间的信任程度就越深，越有可能形成社会资本。Cohen 等(2001)认为信任可以减少与他人不必要的摩擦和矛盾。如果信任出现问题，可能会引起不公正和公平性的是非问题，助长机会主义行为发生，造成信息流动不顺畅，协商费用增加和道德败坏的问题。Pagden(1988)认为信任促使组织社会资本的形成，不应以个别成员获取利益或机会为前提，而应该以追求组织目标为根本条件，满足组织共同利益，具有公共财产属性的特征。

Zucker(1986)将信任的产生源泉归为三类。第一，基于个人特征的信任，信任水平依赖于个人的特征，比如亲戚关系或地缘、学缘等情况。第二，信任是在动态的互动过程中形成的。信任是通过对个人的过去行为评判以及每次交互的相互作用感知形成的。第三，制度为基础的信任。信任依赖于制度、组织规范等媒介得以实施。本书认为信任是通过组织成员之间的相互作用形成的人际关系，即动态过程中形成的信任。

社会关系网络是组织社会资本存在的载体。Granovetter(1985)将社会关系网络定义为组织成员之间网络关系的属性特征，个人与部门之间的网络连接密度以及行为者之间的网络关系模式。社会关系网络的形成通过组织成员之间或部门之间的信息知识的传递与共享、积极参与以及沟通的流畅性，形成特殊的信任关系，并逐渐构建社会关系网络。社会关系网络的形成能有效地影响组织的发展，促进制度规范的建立，方便组织成员之间的相互协作。个人的关系网络连接能力意味着跟自己或组织有利的人快速建立关系的可能性。Coleman(1988)认为社会关系网络是形成社会资本的最直接、最具体的条件，通过关系网络的信息共享、义务以及规范，可以减少不确定性风险。网络关系不属于某个人的社会资本，而是通过个人之间的相互关系形成的公共财产。网络关系通过成员之间反复性的相互协作，彼此信任得以加强，网络结构逐渐稳定，组织内信息沟通更加流畅，最终减少了交易成本和监控费用，加强了社会规范，社会资本也更加稳固。Shen 等(2010)认为处于网络结构中心位置的强连接网络在信息分享和资源聚集上更具有优势，能够有效地进行资源调动，关系网络结构模式对社会资本的形成和扩散具有很重要的影响。在组织成员需要帮助时，强连接的网络结构会迅速给予支持，但较弱的网络结构会首先计算成本。

规范是组织成员长期互动而形成的共同价值观念、认知等非正式的认知体系。组织具有认知体系，认知体系是维持组织行为的连贯性，约束组织行为，保护组织行为规范、价值及组织文化的机制，与组织成员的流入或流出无关(Hedberg，1981)。McFadyen等(2004)认为规范是组织成员之间达成共识的一种认知框架，在框架内共享信息、互换资源、统一认识，提升组织解决问题的能力，为组织信息积累做出贡献。Boland等(1995)认为规范个人或组织成员共享的行动方式或解决组织问题的标准框架，是组织成员之间的约定，如果不遵守，会受到一定的惩罚。共同愿景是理解和履行组织认知体系的能力。组织认知体系是组织内的规范，是解决个人或组织之间问题的标准框架，使组织成员遵守集体目标和秩序，是组织成员之间的约定(Coleman，1988)。共同愿景体现了组织成员的集体目标和愿望。当组织成员对如何相互交流有着相同的看法时，他们可以避免沟通中可能出现的误解，并有更多的机会自由交流想法或资源。此外，组织成员的共同目标或兴趣有助于他们看到资源交换和组合的潜在价值。因此，拥有共同愿景的组织成员更有可能成为共享或更换资源的合作伙伴。研究表明，共同愿景(如目标一致性)能将松散耦合的系统结合在一起，促进整个组织的整合(Orton et al.，1990)。

2.3.4　社会资本的作用结果

关于社会资本的实证研究，首先在一般社会学和应用社会学领域引起了众多学者的关注，随着社会资本理论的发展，政治学、经济学、管理学以及教育学等领域的学者都对社会资本开展了深入研究。根据学者们的研究领域和研究目的，关于社会资本的作用结果可以从个人、组织以及社会或国家三个层面进行分析，具体如下。

从个人的角度来看，社会资本是个人可以使用的重要资源(Pedersen et al.，2011)，社会资本的研究重点以个人的社会网络为基础，探究个人的资源调动能力，分析社会资本对个人成果的效果。其中，社会资本对个人态度、行为及个人成果的作用是研究的焦点。比如，社会资本可以提升个人的工作满意度和组织承诺(Jutengren et al.，2020)；社会资本对个人成果(Brass，1981)、权力(Brass，1984)、职业帮助(Ibarra，1993)、职业成功(Gabbay et al.，1998)、晋升(Burt，1997)等行为都有积极的正向影响；社会资本还能减少员工的离职意愿(Iida et al.，2020)，促进员工创新行为(Mura et al.，2013；曹勇等，2014；杨德祥等，2017)，推动员工之间的知识共享(Yen et al.，2015；张生太等，2018)，进而提高个人的绩效(唐朝永等，2014；刘学元等，2016)。

从组织的角度来看，先前研究主要以社会资本的特殊网络结构、网络中行为主体的组带关系模式、网络结构中的资源流动方式等为主要研究对象，分析网络结构的过程以及网络分布的意义。这一层面关注的重点放在小范围内的社会单位如企业组织，探究组织社会资本对集体的成果影响，对于个人行为主体构成网络关系不太关注。组织社会资本的提高，可以增强组织成员的凝聚力，促进知识共享和信息整合（Van Dijk et al. ，2016），统一观念认知，进而提高组织绩效（Oh et al. ，2004；Kim et al. ，2013）。另外，组织社会资本还能促进知识共享（Wu，2008）、知识转移（Filieri et al. ，2014）、知识获取（Ortiz et al. ，2018）；组织社会资本还能积极影响企业的创新绩效（Martínez-cañas et al. ，2012）、创新行为（陈劲等，2001；Mura et al. ，2013）；组织社会资本有利于企业动态能力提升（刘力钢等，2017），推动组织学习（邱伟年，2012），增强企业吸收和转化能力（Greve et al. ，2011；张洪兴等，2011），提高企业竞争优势（Kim et al. ，2013），进而提高企业绩效（边燕杰等，2000）。

从社会或国家角度来看，社会资本以社会网络的构建、网络结构的变化以及网络开展过程为研究对象，探究社会资本对该地区或社会发展的影响（Putnam，1993；Fukuyama，1995；Adler et al. ，2002；Harpham，2002；桂勇等，2008）。Putnam（1993）最早将社会资本理论引入到政治体系中，认为社会资本的形成需要分析社会的文化和组织性特点，认为社会资本是以信任、互惠互助和规范为基础的社会网络集合体，关注整个共同体的利益。Fukuyama（1995）研究特定文化、组织层面上的社会资本对社会民主、经济发展的积极作用或负面作用。另外，宏观社会资本的存量取决于社会文化、规范制度等宏观环境因素。

2.4 变革准备性相关研究进展

2.4.1 变革准备性的概念和内涵

2.4.1.1 变革准备性的起源与发展

酒店快速的变革既创造了机遇，也带来了挑战。酒店的技术应用和创新是提高运营效率、降低企业成本、提升服务质量、实现可持续竞争优势的有效手段。然而，酒店的服务质量取决于员工有效使用此类技术的熟练度，需要员工利用最新技术为客户服务并满足客户期望。因此，酒店员工是否接受并准备好技术采纳是酒店变革是否成功的关键。换句话说，技术变化扰乱了组织环境，也改变了组织现状。酒店需要根据环境变化确定新的平衡点，更新资源。

由于组织变化的非线性和无形性的特点，许多变革措施并没有实现预期目标。比如，越来越多的酒店正在将机器人技术应用到客房服务运营中，为客人创造更加个性化的和难忘的入住体验，然而，人工智能住宿系统的引入可能对已建立的工作关系产生潜在影响，会在无意中对员工造成心理伤害。组织无法成功实现变革预期目标的原因往往不是变革方案本身固有的缺陷，而是忽视了变革过程的重要性。变革本身所具有的属性会给组织成员带来不安、负面情绪、不确定性以及模糊感等心理问题。为了成功实现组织变革，组织需要在变革方案实施之前对组织成员进行有效解冻，而解冻过程是对组织成员的信念和态度的预调查，提前了解组织成员对变革的心理问题。

Jundt 等(2015)认为在不确定和模糊环境中，员工工作绩效并不仅仅是完成角色内的工作任务，更需要深入了解其本质问题。因为动态的外部环境变化和不确定性会扰乱组织现状，挑战员工的知识和技能，导致高度的工作不安全感，使员工对未来的职业发展产生模糊性。Brougham 等(2018)同样认为技术的不断进步改变了原有的工作管理方式和执行方式，破坏了原有的工作平衡，而组织结构调整、技术和制度创新等措施往往会打破原有的竞争基础和组织环境，侵蚀员工的专业知识，使员工感受到威胁，引起员工对变化的抵制，导致员工无法快速适应新环境。因此，组织要成功实施变革，必须提前考虑员工应对内外环境变化的态度，深度了解组织成员对变革的心理反应，这是组织变革成功的关键因素。

最初，关于个人变革准备性的研究主要在健康、心理学和医学领域涉及(Block et al.，1998；Joe et al.，1998；Morera et al.，1998；Prochaska et al.，1997)，关注有损健康害的行为，如吸烟，认为准备程度与个人认为需要进行变革的程度以及是否具备能力进行变革有关。最近，学者们开始关注组织变革背景下的个人准备程度。在不断变化的内外环境下，员工积极参与信息寻求、意义归属，寻求对变化过程的期待，并尝试理解新环境，从而对自己能否适应新环境做出评判(Ford et al.，2008)。因此，员工对组织变革的需求、期待以及变革带来的积极影响构成了组织变革背景下的个人准备性。

2.4.1.2　变革准备性的概念

Backer(1995)认为变革准备性是对变化的准备性程度以及为实现变化提供的信息决策过程。若组织系统的物质性准备不到位，则可能会引起组织成员对即将实施变化的信心不足，进而无法成功完成变革。因此，变革的成功与否以组织成员的心理同意为前提(Armenakis et al.，1993)。

依据 Backer(1995)的研究，变革准备性是可以预测、衡量的变量，能根据情况适时调整。变革准备性的提高或降低意味着变革准备性并不是固定不变的，而是一个具备动态性的状态特质变量，可以通过适当的组织介入来提高或者降低。因此，通过对变革准备性的测定、衡量，可以正确诊断组织现状，并可以进行适当的介入。对于组织变革的管理者来说,变革准备性的可塑性特征有助于合理的变革措施的实施。目前关于变革准备性的研究主要集中在影响组织层面以及个人层面的变革准备性的前因变量的研究,以及如何提高变革准备性的方案研究。

变革准备性是员工对内外环境变化及对组织应对变化能力的认知、情感态度和行为意图(Choi et al.,2011),从研究范围来看可以分为组织变革准备性和个人变革准备性。组织变革准备性以组织结构优化为出发点,侧重于组织是否具备应对环境变化的能力及资源准备情况;个人变革准备性以员工对变化的反应为基点,侧重于员工看待内外环境变化的认知、情感和意图,如表 2-9 所示。Weiner 等(2008)研究认为,变革准备性包含:① 组织是否具备应对变革的能力和资源为焦点的组织结构性角度;② 组织成员应对组织变革的信任、态度、行为意图,关注组成成员的心理变化。

表 2-9 变革准备性的类型

类型	角度	内容
组织变革准备性	组织结构	关注组织能力和组织资源
个人变革准备性	个人心理	关注组织成员应对变革的心理变化

无论是组织层面还是个人层面的准备性研究,根据学者的研究视角和研究目的不同,对变革准备性的定义也有所不同,在学术上并没有达成一致的观点(Clark,2003;Walinga,2008;Weiner,2009)。Devos 等(2007)认为组织变革准备性是"为了提高成果,组织实施计划变革的能力",将准备性视为一种能够应对变化的组织能力。从先行研究中出现的组织变革准备性的共同点来看,包含个人或组织应对变革的动机(Holt,Bartczak,Clark,& Trent,2007),投入程度(Meyer et al.,2007),对成功变革必要性的积极意图、态度、信念(Rafferty et al.,2006),以及接受变革的程度(Walinga,2008)等。

如表 2-10 所示,学者以不同的方式定义了个人对组织变革的准备程度。Armenakis 等(1993)将个人变革准备性定义为组织成员对组织变革的必要性,如何改变、怎么改变以及是否有能力改变现状的整体信任、态度及意图。换句话说,个人变革准备性层面关注组织成员需要什么样的变化以及组织是否有能力改变现状、成功实现改革的问题。如果组织成员认为组织需要变化,相信组织拥有变革执行能力,对变革持有积极心态,决心为了成功实现变革而行动,那么变革准备性程度充分,可以成功推进变革。

表 2-10　个人变革准备性的定义

序号	作者	定义
1	Armenakis 等(1993)	个人对组织如何变革、是否具备能力变革的信任、态度、意图
2	Backer(1995)	接受或抵抗所需的实际行动的心理状态
3	Armenakis 等(2002)	变革准备性是指一种个人的心理状态，涉及员工对变革计划方案的准备行为和支持行为
4	Chonko 等(2002)	作为支持或抵抗变革的认知前兆，对组织如何变革、是否具备能力变革的信任、态度、意图
5	Cunningham 等(2002)	组织是否需要变革，组织能否具备成功应对变革的能力以及参与变革过程的机会
6	Jones 等(2005)	员工对组织变革持有积极看法的程度，以及组织变革对自己或组织产生积极影响的程度
7	Madsen 等(2005)	因认知要求而去理解变革、相信变革、注意变革时，个人会为变革做好准备
8	Rafferty 等(2006)	组织成员认为需要变革的程度以及组织应对变革的能力的信念、情感和意图
9	Holt 和 Armenakis 等(2007)	组织成员同时受到多方面因素影响的整体态度，影响因素包括对变革计划方案的认同程度、变革计划是否适合组织、领导的贡献行为以及是否有利于组织成员受益等多方面因素
10	Bouckenooghe 等(2009)	变革准备性反映了信任、情感、参与的程度以及个人或组织是否具有成功完成变革的能力的认识

另外，从变革准备性的属性和功能角度来看，Backer(1995)将个人变革准备性定义为接受或抵抗所需的实际行动的心理状态；Holt 和 Armenakis 等(2007)认为个人变革准备性是指组织成员同时受到多方面因素影响的整体态度，影响因素包括对变革计划方案的认同程度、变革计划是否适合组织、领导的贡献行为以及是否有利于组织成员受益等多方面因素；Armenakis 等(2002)指出组织成员的心理状态不同，对变革的准备性或者支持度也会不同。也就是说，变革准备性是指一种个人的心理状态，涉及员工对变革计划方案的准备行为和支持行为。基于功能属性定义的变革准备性主要关注可预见性的功能属性，强调个人对变革的认知程度以及变革准备性对发生行为的预见性。

个人变革准备性的另一个特点是个人对组织变革的心理态度，表现为信任、态度、意图等心理状态。许多学者将心理状态的态度结构分为认知因素、情感因素、意图因素，三个因素相互作用，具有一定的组织结构。依据Fishbein等（1975）的态度理论，个人变革准备性是对变革的信念、态度及意图要素，可以看作个人心理态度结构的认知、情感和意图。信念指个人主观可能性的一种认知判断，受到其他对象、价值、概念及特性因素的影响。态度指个人对某个对象所持有的积极的或者消极的感情，一旦形成对变革的信任，便会伴随着“好”或“讨厌”的情感态度。意图指今后是否采取行动的主观判断。因此，个人变革准备性是以Fishbein等（1975）的研究为基础，表现为个人对变革的信任、态度（情感）、意图的心理过程（Armenakis et al.，1993；Bouckenooghe et al.，2009）。

Bouckenooghe等（2009）根据态度理论模型将个人层面的变革准备性分为认知、情感以及行为意图三个维度。认知准备性是个体对变革态度的认知维度，侧重对变化本身的看法，即个人对内外环境变化的看法和信念。情感准备性是个体对变革态度的情感维度，如何感受变化，侧重自己对变化是积极的还是消极的感受，即个人对内外环境变化认知之后的一种“好”或“坏”的评判。参与准备性是个体对变革态度的行为意图维度，有无参与变革的意向，即个人对内外环境变化是否要采取行动、参与变革的意图。本研究借鉴Bouckenooghe等（2009）的研究成果，关注个人层面变革准备性，将变革准备性定义为员工对内外环境变化的认知、态度及行为意向。

2.4.1.3　相关概念辨析

通过文献梳理发现，员工对组织变革态度研究包含变革准备、变革承诺、变革开放性以及变革抵制等概念。这些概念在结构上存在相似之处，都反映了个体对特定变革的积极或消极评价的判断。但是，这些概念在起源、内涵和逻辑关系上存在差异（刘冰等，2020），具体区别如下。

变革承诺被认为是解释员工行为和理想工作结果的最重要的方面之一（Meyer et al.，2002）。变革承诺通常被概念化为组织承诺，这是心理学和管理学文献中公认的结构。虽然组织承诺的定义多种多样，但人们广为接受的定义是“个人与组织联系的相对强度”（Mowday et al.，1979）。组织承诺中的情感承诺维度已被很多学者研究证明可以带来积极的成果，缓解消极行为的发生，如对离职意图、出勤率、组织公民行为、个人绩效以及员工健康和福利都有影响（Meyer et al.，2002）。

Meyer等（2001）提出了一个更为普遍接受的概念，将变革承诺定义为“个人与一个或多个目标相关的行动过程联系在一起的力量”。Meyer等（2001）对变革承诺进行了更广泛的定义，使其适用于不同领域，并在不同领域得到了大量实证论证(Meyer et al. ,2002)，为变革承诺的后续研究提供了框架。

Herscovitch 等(2002)在 Meyer 等(2001)研究基础上提出了一个新模型，将变革承诺定义为“一种力量(思维定式)，将个人约束在成功实施变革计划所需的行动方针上”，即将个人与成功实施变革计划所需行动过程结合的力量。与先前关于组织承诺的研究一致(Meyer et al. , 1997; Meyer et al. , 1993)，Herscovitch 等(2002)将变革承诺分为三种类型：情感承诺、规范承诺和持续承诺。变革的情感承诺是指基于对变革带来好处的信念，为变革行为提供支持；变革的规范承诺反映了为变革提供支持的义务感；变革的持续性承诺涉及支持变革行为(Cunningham,2006;Herscovitch et al. ,2002)。大量实证研究证明，变革承诺在概念上不同于组织承诺，变革承诺的三个组成部分可以相互独立(Fedor et al. ,2006;Ford et al. ,2008;Herscovitch et al. ,2002)。另外，变革承诺可以更好地预测变革支持行为(Ford et al. ,2008;Herscovitch et al. ,2002;Meyer et al. ,2007)。

开放性长期以来被认为是灵活性的一个基本特征，与无法容忍、僵化、教条主义和闭关主义形成对比(McCartt et al. ,1995)。近年来，心理学家提出，个体在应对新情况时，表现在认知和行为上的灵活性是人格结构的关键因素之一(Digman,1990)。作为大五人格特征之一的个人经验开放性，是指一个人拥有广泛的兴趣和对新奇事物的迷恋(Robbins,2005)。拥有开放性特征的人往往具有创造性、好奇心和艺术敏感性。Miller 等(1994)对变革开放性概念化为支持变革的意愿，以及对变革潜在后果的积极影响。Wanberg 等(2000)认为变革开放性是适应和接受变化的意愿，而不是预期效果。另外，变革开放性还是员工准备好组织变革的一种条件(Axtell et al. ,2002;Devos et al. ,2007;Wanberg et al. ,2000)。

变革抵制是指组织成员拒绝变革、反对变化的负面倾向，拒绝当前状态下的改变，担心变化带来的威胁的负面倾向。如果说准备性是为了更好地应对变革，对变革保持积极的感情和积极的态度，那么变革抵制与变革准备完全相反，关注变革抵制的影响因素。Armenakis 等(1993)认为没有抵制变革，并不意味着已经准备好了变革。准备性是对计划好的变革的积极态度，并不是说否定态度不存在，减少对变革的抵抗并不是指提高了对变化的准备性程度。关于变革准备、变革承诺、变革开放性以及变革抵制的具体对照如表 2-11 所示。

表 2-11 相关概念比较

概念	定义	核心观点	参考文献
个人变革准备性	个人或组织成功应对变革的能力、变革的必要性以及组织及其成员能否从变革中获得利益	变革的特定功能； 改变的适当性； 管理层对变革的支持； 变革带来的个人利益	Armenakis 等(1993)； Armenakis 等(1999)； Holt 和 Armenakis 等(2007)
变革承诺	将个人与成功实施变革计划所需的行动过程联系起来的力量	对变革内在好处的信念(情感承诺)； 为变革提供支持的义务感(规范性承诺)； 确认与未能支持变革相关的成本(持续承诺)	Klein 等(1996)； Herscovitch 等(2002)； Meyer 等(2007)
变革开放性	愿意支持变革并对变革的潜在后果产生积极影响	个人是否期望改变工作角色； 改变是否会变得更好，特别是在相关自身工作利益方面	Miller 等(1994)； Wanberg 等(2000)
变革抵制	组成成员拒绝变革、反对变化的负面倾向，拒绝当前状态下的改变，担心变化带来的威胁的负面倾向	对未来变革成功或无效的悲观态度； 把自己的悲观情绪归咎于负责人—通常是管理层	Wanous 等(2000)； Bernerth 等(2007)

2.4.2 变革准备性的维度划分

虽然 Armenakis 等(1993)提出变革准备性概念，但并没有提出变革准备性的衡量维度，认为变革准备性在内容结构上是单维度(Vakola，2014)。后来 Armenakis 等(1999)基于组织变革接受开发了信念为中心的量表，提出矛盾感、适当性、效能感、原则性以及效价五要素模型，构成了认知型心理准备的五种信念。Holt 和 Armenakis 等(2007)率先在个人层面开发出变革准备性的量表，基于变革内容、过程及情境角度，将变革准备性分为适当性、管理支持、效能感以及个人利益四个维度。目前普遍接受的定义和维度便是 Bouckenooghe 等(2009)的观点，具体内容如表 2-12 所示。

表 2-12　变革准备性的构成因素

构成	内容
认知准备性	思考、顾虑什么内容？ 组织成员对变革的认知
情感准备性	对变革的感受如何？ 组织成员对变革的积极的和消极的看法
参与准备性	愿不愿意改变？ 在变革过程中是否愿意付出努力改变

认知准备性是个体对变革态度的认知维度，侧重对变化本身的看法，即个人对内外环境变化的看法和信念。认知维度涉及个人对自身和组织两者的价值评估，包含对变革必要性的认知、变革效果的认知、变革能力的认知以及变革是否受益的认知。比如，变革接受者对变革的积极看法（Wanberg et al.，2000）。Bartunek 等（2006）采用认知方法来看待组织变革，概念化了变革接受者对组织变革的反应，包括变革接受者对变革的必要性认知以及对变革的认知（Bartunek et al.，1999）。

情感准备性是个体对变革态度的情感维度，如何感受变化，侧重自己对变化是积极的还是消极的感受，即个人对内外环境变化认知之后的一种"好"或"坏"的评判。比如，组成成员会担心因变革而带来的压力（Martin et al.，2005）、焦虑（Oreg，2006）、疲劳（Pierce et al.，1992）以及消极情绪（Kiefer，2005）等。另外，还有学者探讨了因变革而带来的愉悦感（Bartunek et al.，2006；Mossholder et al.，2000）、满意度（Jones et al.，2005）和情感承诺（Walker et al.，2007）等。

参与准备性是个体对变革态度的行为意图维度，有无参与变革的意向，即个人对内外环境变化是否要采取行动、参与变革的意图。在先前文献中，有学者探讨了通过激励措施，组织成员积极参与变革的行为意向（Cunningham et al.，2002；Jones et al.，2005；Oreg，2003）；还有学者分析了组织成员放弃改变的行为意图（Martin et al.，2005）；变革抵制和变革支持的相关研究也很多（Madsen et al.，2005；Stanley et al.，2005；Oreg，2006）。

2.4.3　变革准备性的前因及后果

2.4.3.1　变革准备性的前因

有关影响变革准备性的前因变量研究中，虽然有概念重叠或类似概念重现，但对其分类，可以将影响变革准备性的因素分为个体特征、组织特征、情境特征以及变革内容四个方面，具体如表 2-13 所示。

表 2-13 变革准备性的前因变量

作者	个体特征	组织特征	情境特征	变革内容
Judge 等(1999)	经验的开放性			
Miller 等(1994)	成就欲望	信息的获取		
Clark(2003)	积极性 自我效能感	管理层支持 信息与沟通 信息的质量		个人效能 变革目标的匹配性
Wanberg 等(2000)	变革效能感 内在控制点 自我尊重	变革信息参与 变革过程参与		
Cunningham 等(2002)	业务能力 变革效能感		同事的心理支持	变革计划的 担心程度
Chawla 等(2004)	职务稳定性	程序的公正性 参与 有效沟通		
Rafferty 和 Simons(2006)	自我效能感	组织支援能力 制度和程序的融通性	管理层的信任 同事的信任	
Devos 等(2007)	内在控制点	参与	管理层的支持	变革经历 变革威胁
Holt 和 Armenakis 等(2007)	变革效能感	管理层支持		组织效能 个人效能 变革目标的匹配性
Bouckenooghe 等(2009)		信息质量 参与 管理层支持	领导信任 合作 政治性	

第一，个体特征是影响变革准备性的重要前因变量之一（Oreg et al.，2011；Vakola，2013；韩雪亮，2016；刘冰等，2020）。很多学者的研究都证明了个人特征可以很好地预测、解释组织成员的行为反应。个体特征一般包含个体的个性特征、业务能力、动机需求和人口统计学的差异（Cunningham et al.，2002；Judge et al.，1999）。Cunningham 等(2002)将影响变化准备性的变量分为组织环境变量和个人特征变量进行分析，组织环境变量强调同事之间的心理支持，个人特征变量关注变革的效能感和业务能力。变革的自我效能感是指个人相信自己有能

力处理组织给予的任务调整，能够快速适应环境变化，认为个人的自我效能感可以积极预测员工对组织变革的反应（Holt，Armenakis，et al.，2007）。关于自我效能感的概念，有些学者认为自我效能感是人格特征稳定方面（Judge et al.，1999），还有学者认为自我效能感更具可塑性特征（Herold et al.，2007；Hornung et al.，2007；Wanberg et al.，2000）。Wanberg 等（2000）认为高水平的自我效能感与更高的变革接受度相关，可以提升员工的变革准备性程度，使其积极参与变革（Cunningham et al.，2002）。业务能力是指能够将生活中的各种事情打理得井井有条的能力。McClusky（1990）形象地解释了生活的从容概念（margin in life，MIL），认为生活的闲暇时间越多，个人的业务能力高，也就越能得心应手地解决工作上的问题。因此，个人的业务能力越强，就越有能力应对组织变革，进而准备性程度就越高（Hanpacher et al.，1998）。

内在控制点是个人特征中经常提到的变量之一，是指在生活中或特定的情况下，个人控制局面的能力，对具有挑战性的事情能积极给予控制、解决的能力（Devos et al.，2007；Wanberg et al.，2000）。拥有内在控制点的人相信自己能够充分地处理各种变化的情况，进而提升对变革准备性的程度。Wanberg 等（2000）研究发现个人对变革的控制感提升可以改善对变革的反应，更大程度地接受变革。内在控制感更强的个体，具有更好的心理健康水平和工作满意度（Martin et al.，2005），抗压能力更强（Paulsen et al.，2005）。另外，大五人格中的个人经验开放性（Judge et al.，1999）、责任心（Rafferty et al.，2006）也能积极影响个体的变革准备性程度。

个人的动机需求也能影响个体对变革准备性的反应。个人成就欲望强烈的组织成员更愿意进行持续的组织改进，以参与组织变革（Miller et al.，1994）。个人主动性较高的变革接受者更倾向于积极地评估组织变革结果（Hornung et al.，2007）。Caldwell 等（2004）研究发现学习取向的动机水平可以调节变革过程中个人与工作环境的适应水平。

第二，组织特征因素。组织效能感是组织成功完成变革的能力，尤其指组织成功应对变革而带来变化的能力，是快速适应组织实施新政策或结构性调整的灵活性程度。因此，组织成员如果认为组织具备能力可以充分成功地进行变革，就意味着更能接受变化。另外，对管理层的高度信任，获得管理层的支持使个体获得尊重，更容易接受变革，进而提升个体的变革准备性程度（Clark，2003；Kiefer，2005；Bouckenooghe et al.，2007）。相反，认为自己无法获得组织支持的成员更有可能产生愤世嫉俗的负面情绪，进而拒绝改变（Kiefer，2005；Martin et al.，2005；Stanley et al.，2005）。同事之间的信任关系同样重要，尤其是团队成员之间的支持程度，可以提高组织成员的变革支持意愿，减少变革产生的负面情绪(Cunningham et al.,2002;Madsen et al.,2005)。

组织成员对组织变革采取的方式和程序上的公平性认知程度即程序公正性,尤其是组织决策过程的合理性和公正性对员工反应存在积极的影响。组织在变革过程中若存在程序上不公平的情况,会对成员们的态度和行为产生负面影响。Korsgaard 等(2002)研究认为程序公正性可以提高组织成员对变革的接受程度,积极影响个人变革准备性。Chawla 等(2004)同样认为组织程序的公正性会对变革的准备性产生积极影响,可以提升个人的变革准备性程度。

信息与沟通因素。关于组织变革的信息是否很好地传达给成员,直接影响个体认知,进而对变革准备产生影响(Miller et al.,1994;Wanberg et al.,2000;Clark,2003)。变革信息的数量、质量和有效的沟通能提高员工的心理契约和参与程度,使员工更容易接受组织变革(Van den Heuvel et al.,2016;Giauque,2015)。杜旌等(2019)研究发现变革信息的非正式性和消极性影响员工的负面情绪,进而阻碍变革。变革过程中缺乏沟通会导致不确定性因素发生,进而影响组织变革(Schweiger et al.,1991)。

第三,情境特征因素。变革准备是组织成员与组织变革策略相互作用的结果,因此,组织文化、组织氛围和相互合作等因素会直接影响个人的变革准备(邓今朝等,2017)。组织文化氛围可以潜移默化地影响员工认知,进而影响个人变革准备性程度。组织成员之间信任和相互合作水平可以很好地反映组织文化。Folger 等(1989)表示组织变革是以员工的信任为前提进行的,信任水平越高,变革抵抗越少,进而接受变革。因此,组织中的信任水平对变革准备性产生积极影响(Jones et al.,2005)。合作是指组织成员以信任为纽带,共享组织氛围,支持彼此业务(Bouckenooghe et al.,2009),相互协作完成任务的组织文化。组织之间的合作水平越高,组织成员就越能积极地达成组织目标,积极参与各项组织活动(Cartwrigh et al.,1968)。换言之,组织成员为了工作或共同目标,合作越顺利,就越能接受组织变革(Bouckenooghe et al.,2009)。

积极的工作环境氛围可以提高组织成员对变革的准备性程度,增强变革开放性以及变革适应能力(Miller et al.,1994)。Armenakis 等(2007)认为积极的沟通环境氛围能提高组织成员的变革接受意愿。组织文化价值观、变革愿景和组织成员的变革意愿呈正相关关系(Jones et al.,2005)。Cartwright 等(1993)研究两个公司合并的组织文化匹配程度与变革压力之间的关系,发现二者呈负相关关系。组织结构、战略和技术之间的匹配程度与变革有效性和组织绩效呈正相关关系(Lok et al.,2005)。

第四,变革内容特征。变革内容是指变革本身的属性,是否可以促进组织效率提升,带来组织成功,其中,组织效能是衡量变革内容的重要变量(Holt,

Armenakis et al.,2007)。组织效能是指变革能否使组织获益的程度,包括目标达成、利润提升以及竞争力增强等;而个人效能是指变革使个人获益的程度。组织成员是否接受或抵制变革的一个关键性因素便是变革给个人或组织带来效能的程度。当变革被认为对个人有益时,组织成员会对变革表现出更积极的反应。大量研究表明,对变革后积极成果的预期可以提高个人对变革的准备度和变革接受度,促进变革承诺和变革意愿提升(Van Dam,2005)。变革感知收益与组织成员在变革后的工作态度有关,即与组织承诺和工作满意度正相关,与离职意图负相关(Fedor et al.,2006;Herold et al.,2007;Rafferty et al.,2006;Wanberg et al.,2000)。相反,组织成员对变革后带来负面结果,如裁员、工作量增加、工作复杂性加重以及无法掌控控制点等的预测会给个人带来更多压力和心理退缩(Axtell et al.,2002),进而可能拒绝接受变革(Cunningham et al.,2002),工作满意度和参与度也会较低(Hall et al.,1978)。

2.4.3.2 变革准备性的后果

通过对先前文献的整理,发现变革准备性的后果研究多集中在个体和组织两个层面。个体层面一般包含个体的支持行为、组织承诺、满意度、离职意向以及组织公民行为等;组织层面的变革准备性包含组织绩效、组织学习和组织成果等(刘冰等,2020)。

员工的变革准备性高低可以预测个人对变革的支持行为(Oreg et al.,2018),对变革持积极态度的员工通常积极参与变革过程,表现出更好的合作行为,从而有利于组织成果的产出(Weiner et al.,2009)。王雁飞等(2016)认为积极的心理状态促使员工的行为意向转变为实际的变革支持行为。相反,变革准备不足时,很容易导致员工的变革抵制现象发生(Shea et al.,2014)。另外,较高的变革准备性会影响员工的工作态度,积极寻求新知识,努力适应新环境(Rafferty et al.,2013),进而影响组织承诺和工作满意度(Fedor et al.,2006;Oreg,2006)。另外,组织变革带来的不确定性和模糊性会增加员工的焦虑和离职倾向,而具有积极倾向的员工能扩大视野,降低离职意图(Shin et al.,2012;Jensen et al.,2019)。员工的变革效能感可以激发员工在变革过程中的组织公民行为(Shapiro et al.,1999)、合作行为(王雁飞等,2016)以及创新行为(Chang et al.,2018)。

组织层面的变革准备性影响后果更注重行为的工作相关结果,包括工作绩效和适应新工作环境的指数(Judge et al.,1999;Lok et al.,2005)。Weiner等(2009)认为较高水平的变革准备性有利于提升变革的整体效果。员工的变革准备性与组织变革目标匹配一致时,员工更愿意支持组织变革,进而成功实现组织变革,影响组织绩效(Logan et al.,2007)。

2.5 离职意图相关研究进展

离职意图是想离开自己所属的组织，转移到其他组织的心理态度，是组织成员放弃现在组织成员身份，打算离开现在工作岗位的意向程度（Mobley，1982；Meyer et al.，1991）。Griffeth 等（2000）认为离职意图指为了离开组织，经过深思熟虑、慎重考虑后，感觉在所属领域很难实现继续履行职务的目标，想要离开现职务的心理状态。离职意图是人力资源管理的重要因素，因为离职意图是可以预测实际发生行为的决定因素，已在先前文献中得到很多论证（Thatcher et al.，2002；Tett et al.，1993）。不仅如此，离职意图对组织的稳定性和持续性发展有重要影响，尤其是依赖人力资源行业的服务业，有必要对离职意图进行科学管理。

酒店行业的产品具有无形性、异质性、同时性和不可储存性的特点，产品的输出及服务质量的好坏离不开员工的情感劳动付出，离职意图在酒店行业尤为重要。如果有经验、能力的人才离开，不仅会造成酒店服务质量的下降，为了招聘新人才，还会发生因选拔、教育、训练等高昂的离职费用。Griffeth 等（2000）研究认为离职意图不仅会给组织带来因员工士气低下发生的训练及教育等附加费用负担，而且会对组织服务质量的提升和目标实现造成巨大损失。Rose 等（1991）同样认为组织成员离职对组织来说是巨大的经济和心理挑战，当组织成员离职时，会产生对选拔、培训等方面的投资，属于资源浪费。

另外，酒店产品服务质量的高低取决于员工经验，员工离职行为会导致信息传达中断、服务质量下降等负面结果。特别是酒店行业竞争加剧，为了满足不同顾客需求，对服务的要求更加严格，不熟练的员工接待顾客会导致顾客不满，甚至造成顾客流失，进而影响酒店品牌形象和可持续发展。而且，酒店对人力服务的依赖度高，会使员工付出很多情感劳动，产生情感疲惫，进而发生因职务压力而离职的情况。因此，在离职率相对较高的酒店业中，更应该关注离职意图。研究发现，当组织成员因工资、升职、角色矛盾、超负荷工作、职务不稳定、组织不公正性感知、对管理层和上司的信任和期待不满时，就会失望，思考对比自己的贡献水平和不公平待遇，进而形成离职意向的想法（Meyer et al.，1991；Wanberg et al，2000；Oreg，2006）。

从离职相关的先前文献来看，诱发离职行为的影响因素大概可以分为个人层面和组织层面。在个人层面的研究中，主要由个人性格、特征及人口统计差异导致的诱发因素组成；而组织层面的研究中，主要由社会环境、人际关系以及企业状况等因素组成。离职类型可以根据标准进行多种分类。Jang 等（2007）根据离职决策主体，将离职分为自发离职和非自愿离职。自发离职是组织成员根据自己的意愿离职，意味着对现在的职务工作不满或与个人特性不符，离开现在的组织，转移到其他企业；非自愿离职是指因公司规定、组织结构调整而被解雇、退休、生育、死亡等不得已的原因离开组织。根据 Wanberg 等(2000)的研究，依据离职是否可控，分为回避可行性离职和无法回避性离职；根据离职结果对组织的影响，分为纯功能性离职和逆向功能性离职。

为减少组织内的离职意图，从组织介入的角度有三种方法。第一，可以通过对个人层面的人事选拔、入职教育、培养个人心理资本来减少离职意图。第二，在组织层面上修改或改变规范(Allen et al.，1973)。从这一方面来看，组织通过形成许多社会支持、信任关系、沟通、修改规范等社会资本来减少离职意图。第三，在企业整体层面上实施新的运营系统(Rhoton，1980；Wanberg et al.，2000)。在现有的文献研究中，关于离职意图的研究多以个人性格特征、病理现象为主，被动地解释了离职意图现象。但是，在组织管理方面，员工陷入困境或压力时，在特定的组织环境下，与其他员工沟通互助，获取上司的信任和组织认可，增强自身使命感，提高自身的心理资本和社会资本存量，可以预防离职行为发生。

第3章 员工心理资本提升适应性绩效的研究模型与理论假设

3.1 研究模型的构建

3.1.1 理论基础

3.1.1.1 资源保存理论

资源保存理论认为人们拥有很多各种各样的资源，并努力维护、保持以及建立新的资源（Hobfoll，1989，2001）。资源保存理论是将组织视为与环境相互作用的主体，有效的资源管理以更好地实现组织目标为前提，进而分析组织行为，设计组织结构的一种组织—环境匹配理论。依据资源保存理论，资源被视为个人有价值的个人特征、物质条件、能源等资源或者获取这些资源的手段，具体分为个人所重视的物质资源（汽车、住宅）、可获得其他资源的条件资源（朋友、社会地位）、积极的个人特征（自我效能感、自尊感）以及获得其他资源所需的能量资源（时间、金钱、知识）四种形态（Hobfoll，1989），即社会关系、组织支持、积极的个人特征等都可以成为有价值的资源。

依据资源保存理论，个人努力获取、维护和保存他们所珍视的某些资源（Hobfoll，1989，2001）。这些资源可以被定义为“个人所重视的或为实现目标的个人特征、条件或能量的手段”（Hobfoll，1989）。与物质商品一样，个人也努力寻求获取、维护、保存和积累非物质或无形资源（Bakker et al.，2010）。Hobfoll（2001）认为资源的收益和损失是不对称的，因为损失比资源收益更显著，资源可能会耗尽，必须进行必要的投资以防止损失，从损失中恢复或获得收益。拥有较多资源的个人对损失的恐惧少，更有能力管理收益（Hobfoll，2001）。Hobfoll（2001）提出资源往往会相互生成，因为个人可能拥有某种主要类型的资源，这种资源与其他资源相关联，或者可以替代其他资源。当角色要求很高时，社会支持工作资源与自我效能感或乐观等个人资源相关联，甚至可能取代这些资源。Hobfoll（2001）将这种联系和相互作用称为“资源商队”。

资源保存理论的基本假设是人们会为了维持、保护和构建资源而努力，并将这些有价值的资源的潜在或实际损失视为威胁。因此，个人被赋予维持、保护和获取资源的动机，使人们为了获取更丰富的资源而去努力投资其他资源(Hobfoll,1989)。袁凌等(2014)认为资源保存是一个阶段性的动态过程，大约可以分为三个阶段。第一阶段是个人对资源丧失的认知和保护阶段。人们对自己所拥有的资源丧失的反应比获得更为敏感。因此，人们努力防止自己所拥有的资源丧失。第二阶段是个人投资获取其他资源。个人拥有的资源水平不同，资源获取能力也会不同。拥有大量资源的员工可以积极主动投资其他资源来获取更多资源。相反，资源相对稀缺的员工为了防止拥有的资源流失，会优先采取措施去保护资源。第三阶段是资源的螺旋效应。拥有很多资源的个人较少受到资源丧失的威胁(压力)。相反，资源不足的个人容易受到资源丧失的压力。如果这种现象持续下去，就会出现两极化现象即螺旋效应。总而言之，个人具有维持和获取资源的动机，如果个人资源受到损失或威胁，就会产生压力；为了减少资源的损失或威胁，就要努力扩大资源，投资其他资源(Hobfoll,1989,2001)。

Hobfoll(1988,1989)首次从"资源"角度解释压力产生的原因。压力对人的生活和工作有很大的影响，在学术领域受到了很多关注，之前文献对压力产生原因的研究主要从外部环境视角、认知角度进行研究，而资源保存理论则是从"资源"的视角出发，以新的研究视角，将外部环境和认知视角的要素联系起来，共同解释压力产生的原因。资源保存理论最初主要解释压力产生的原因，后来应用于组织政治、职务成果等组织行为学领域。近来，通过资源保存理论研究职场—家庭之间的矛盾和员工—顾客之间的关系的研究逐渐增多。然而，以资源保存理论为中心，研究心理资本、社会资本、适应性绩效以及离职意图之间关系的较少。

Hobfoll(2002)研究认为企业员工工作投入所需的基础资源分为个人资源和关系资源。个人资源是个人所拥有的资源，是组织能够识别的个人品质，可以给员工带来积极的自我评价。个人资源主要包括乐观、自尊心、自我效能感等因素，对员工积极的自我评价使员工对未来充满希望，增强适应性能力，进而提高工作满意度，降低离职意图。相反，关系资源是存在于社会关系网络之中，通过沟通、交流以及合作获取的资源。而个人资源可以影响员工对关系资源的认知(高中华等,2012)，充足的个人资源对关系资源的形成总是保持积极的态度，期待好的结果，而个人资源不足的人则对关系资源的形成持消极态度。心理资本是心理资源资本化的形式，是一种积极的个人资源，而社会资本是在社会关系网络中发现的一种关系资源。

根据资源保存理论，人们会维持、保护和投资其他资源以获取更多的资源。资源的损失是一种威胁，可能来自动态环境中的不确定性、危机、压力或困难。因此，面临不确定性、问题和压力时，员工往往利用个人资源(心理资本)和关系资源(社会资本)来保护其他资源,拥有大量社会资本的员工将调动资源,探索解决方案,并提高他们的适应性绩效。当员工面临不可预测的情况时,使用关系资源是一种典型的反应。社会资本是员工建立个人资源网络的关系资源。社会资本可以促进员工的社会互动和信任,从而提高他们的适应性。根据资源保存理论,拥有大量心理资本的员工可以在面临危机或不确定性时投资社会资本,借助关系资源解决危机,以创造性的方式解决问题,从而提高他们的自适应性能;拥有丰富的心理资本和社会资本的员工可以与其他团队成员互动、共享信息、增加信任和凝聚力、分享公司目标、抑制不满、减轻压力,从而共同解决危机并适应新环境和新任务。

资源保存理论认为,个人为了预防资源的流失或压力,会提前获得大量资源或投资其他资源(高中华等,2012)。心理资本高的人为了预防资源流失,积极投资关系资源,获取上司和同事的信任,长此以往会得到更多资源。拥有大量积极心理资本的个人在积累组织内稀缺资源、维护和利用个人资源中处于有利地位。高水平的心理资本往往具有积极的心态,通过内在动机激发,积极解决工作中的问题,适应环境,减少对组织的投入,缓解离职意图。不仅如此,心理资本高的人会通过对组织内的上司和同事们的善意帮助或积极的关系互动,帮助自己获得更有价值的资源。

Bakker 等(2007,2008)提出 JD-R 模型(Job demands-resources model),将工作特征分为两大类,即工作相关的需求和资源(Bakker et al.,2007,2008;Bakker et al.,2010)。工作相关的需求是指工作物质、心理、社会或组织方面需要持续的物质、认知和情感努力或技能,包括工作压力和情感、精神或物质需求。工作相关的资源可分为物质、心理、社会或组织方面的自主性、绩效反馈或社会支持。心理资本是一种积极的个人资源,包含自我效能感、乐观、希望或韧性的心理状态(Bakker et al.,2007,2008)。

JD-R 模型表明,员工拥有越多的资源越能激发员工斗志,从而使员工工作更加投入,降低离职倾向。员工工作资源可以分为内在激励资源和外在激励资源。内在激励资源,如同事或领导的支持,不仅可以缓解企业的人力资源问题,还能促进员工的成长和发展。外在激励资源,如物质奖励,可以提升员工的幸福获得感,使其努力满足工作要求。该模型强调,员工资源的获得可以促进个体对工作态度的增益,提升个体工作动机和效能感,缓解工作能量的消耗,使员工适应环境变化,增强自身的适应性行为。因此,员工有内在和外在的动机来专注于目标,并推动工作提升到更高水平(Xanthopoulou et al.,2009)。反过来,更高的工作投入会产生积极的组织成果,减少离职意图。JD-R 模型的激励过程表明,工作投入在工作资源和组织成果(如组织承诺)之间的关系中起着中介作用。

综上所述，人们拥有多种资源，并努力维持、保护和获取其他资源。资源的流失被认为是威胁或压力的挑战。从本研究主题内容来看，工作中各种不确定性问题、压力、新环境的挑战、离职意图等可以看为资源的流失或威胁挑战。而心理资本和社会资本是一种积极的个人资源和关系资源。

3.1.1.2　自我决定理论

自我决定理论（self-determination theory，SDT）研究个体的自我激励或自我决定程度，关注促进人体最佳功能和健康的心理过程（Deci et al.，2000；Ryan et al.，2000）。自我决定理论认为，人们天生活跃、自我激励、好奇、感兴趣、充满活力、渴望成功，人们都需要满足三个基本心理需求，即胜任（competence）、自主性（autonomy）和关系（relatedness），以达到最佳的机能水平，不断体验个人的成长与幸福感（Ryan et al.，2000）。

自我决定理论认为，理解人类动机需要考虑能力、自主性和关系的基本心理需求。在适当的条件下，这三种基本心理需求有助于引导人们走向更有能力、更有活力和更具社会整合性的行为方式。人们对基本需求的满足若受阻，必然会对心理健康产生负面的功能性后果，影响持续的坚持和表现能力。简言之，需求规定了人们能够最充分地实现其人类潜能的条件。

自主性需求是人们相信自己可以自主选择自己行动的需求。作为人类的一种特征，自主性是生命深刻进化趋势的延伸，描述了生物体行为目标中自我调节和连贯性的倾向。从现象学角度分析，人类自主性反映了自我调节行为的完整性、意志力和活力（Ryan，1993）。自主性在自我决定理论中意为自我组织、自我调节和维持自己的行为，在适应性方面具有很大优势。Maturana 等（1992）指出个人行为越是自主，在处理个人需求时，就越不受约束，越能体验到个体自由。当个体处于自主状态时，个体的行为会根据其内部和外部环境进行自我组织。另外，通过自主性，个人可以更好地根据自己的需求和能力来规范自己的行为，从而协调和优先考虑实现更有效的自我维护过程。从广义上讲，自主性传递了适应性优势，是跨领域和发展阶段有效行为调节的基础。自我决定理论将自主性动机（包括内在动机和内化良好的外在动机）与受控动机（包括外部调节和内化调节）区分开来。研究发现，自主性动机在提升绩效成果方面具有多种优势，特别是在启发式任务、心理健康方面。自主性动机可以促进更深入的概念理解（Grolnick et al.，1987）、更高的创造力（Koestner et al.，1984），自主性动机还能提高生产效率、减少工作倦怠（Fernet et al.，2004）以及促进其他积极的结果的产生。

胜任需求是指人们希望完成具有挑战性的任务，以获得所期望结果的需求。胜任需求表现为内在动机活动，当需求得到满足时，人们会体验到满足感和成就感。在进化适应时代,胜任性需求对挑战和探索新任务具有积极的优势,胜任性需求代表了一种跨领域行为趋势,这种趋势在与环境的互动中变得更加集中和专业化,可以促进个体的适应性能力提升。

关系需求是指人们与他人建立相互尊重和联系的需求,当这种需求得到满足时,人们就会感受到社会支持。关系需求倾向于团队合作,感受到群体联系和关怀,将群体需求和价值观内部化,协调群体社会网络关系的一致性,组织内交流互助,资源共享,彼此信任,进而提高组织的凝聚力。关系需求是人类生命活动中更具普遍性的组织特征,作为社会环境的有机体,人类心理的许多结构是建立在自主性(个体整合)和关系性(个体融入更大的社会整体)深层适应趋势的相互作用之上的(Ryan et al.,1997)。这三种基本心理需求是个体心理健康的基本"营养",其满足程度决定了个体的幸福感和更高水平的绩效。

这三种需求被认为是人类与生俱来的,三种需求获得满足的程度对个体行为的内在动机产生重要影响。当个体所处的社会环境对基本心理需求的满足起到支持和促进作用时,个体的自我决定潜能将得到更好的激发,从而产生更加积极的行为,进而获得幸福感。然而,随着时间的变化和人们需求的不断改变,这三种基本心理需求的重要性和个人的需求差异性会有所改变。个体所处的文化环境也会影响个体对三种基本需求的关注程度(Ryan et al.,2000)。另外,个体的内部动机受到三种基本心理需求的共同影响,若仅仅胜任需求得到满足而自主需求未得到满足,则很难维持个体的内部动机,只有个体的自主需求和胜任需求同时得到满足,才能维持其内部动机。同时,这三种基本心理需求的满足程度还决定了个体动机的内化程度,当个体行为完全受外在因素所激发时,就会缺乏对行为的内在兴趣;如果个体在行为中体会到自主性、感知自己能够胜任并得到他人的赞赏和支持,行为的外部动机就会逐渐向内部动机转化。

3.1.1.3 计划行为理论

计划行为理论(planned bebavior theory,TPB)认为行为意图是预测和解释个体行为的最接近的方式,是预测和解释特定环境下人类行为的理论,行为意图越强,采取行动的可能性就越大(Ajzen,1991)。该理论指出人类行为最接近的决定因素是一个人执行特定行为的行为意图(Ajzen,1988),行为意图表明了个人的动机,反映了人们是否执行某种行为的程度以及他们愿意付出的努力程度(Ajzen,1991)。

计划行为理论的基本前提是认为人们是理性行动的,并通过获得的复杂信息,系统、理性地做出决策是否采取行动(Ajzen,1991),认为人的行为都是有意识的动机引导的,在做出决策之前会考虑行为的意义,而不是无意识的自发行为(Ajzen et al.,1980;Fishbein et al.,1975)。因此,该理论最初被称为理性行为理论(Ajzen et al.,1980)。计划行为理论的模型图如图 3-1 所示。

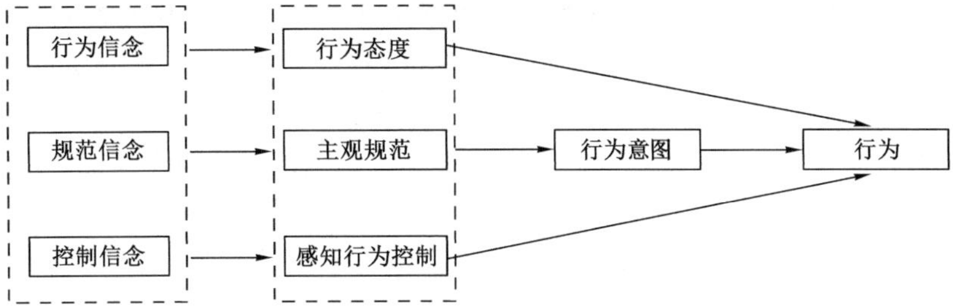

图 3-1　计划行为理论模型图

行为意图是决定行为的最直接因素,而决定行为意图的因素包括行为态度、主观规范和感知行为控制。行为态度是指个人对实施某行为的总体评价,无论是积极的还是消极的,喜爱或是不喜爱。组织变革领域的学者提出,当员工对自身或组织变革持有积极的信念,并做出积极评价时,他们可能会表现出支持变革的行为(Armenakis et al.,1993;Neves,2009;Oreg,2006)。

主观规范是指个人在执行某行为决策时,感知到的执行或不执行的社会压力。人际关系和社会动力学对于组织变革过程中事件解释的重要作用(Armenakis,et al.,1993)验证了主观规范的影响。同事、主管和高层管理人员的态度可以直接影响员工的变革反应和行为(Armenakis et al.,1999;Neves,2011)。Jimmieson 等(2008)在组织变革背景下认为主观规范对员工变革反应有积极影响。

另外,行为意图还受感知行为控制因素的影响,反映了行为被感知、受意志控制的程度。感知行为控制被认为通过行为意图间接影响行为或直接对行为产生影响(Ajzen,1991;Ajzen et al.,1986)。在组织环境中,员工的控制感有助于员工适应组织变化(Herold et al.,2007;Jimmieson et al.,2004)。Conner(1992)提出对自我改变能力的自信心是影响实际行为的一个重要决定因素。计划行为理论关于感知行为控制的假设与班杜拉(Bandura)的自我效能感的工作行为密切相关(Bandura,1991)。在特定层面上,自我效能感和感知行为控制有些相似之处(Ajzen,2002)。

计划行为理论是一种被广泛接受的态度—行为关系模型(Conner et al.,1998),广泛应用于各研究领域的预测行为意向研究中(Armitage et al.,2001)。在组织环境中,计划行为理论被用于技术采纳(Rei et al.,2002)、员工参与计划意愿(Dawkins et al.,2005)、离职意图(van Breukelen et al.,2004)以及预测管理者提高自身技能的意图(Maurer et al.,1999)等。然而,计划行为理论尚未在组织变革背景下得到实践运用，这种应用与组织变革研究的最新理论有相似之处。Piderit(2000)提出对组织变革反应的研究可以借鉴认知、情感和行为理论。Chawla 等(2004)认为对变革抵制既有态度，也有行为成分，抵制态度先于不支持行为。Holt 和 Armenakis 等(2007)提出准备变革是一种态度，是支持变革意图的前兆。综上，计划行为理论提供了一个具有预测能力的组织框架，可以解释员工对即将到来的变革信念如何转化为行为反应。在组织变革的背景下，Jimmieson 等(2008)运用计划行为理论预测员工对变革的反应。Jimmieson 等(2009)使用计划行为理论分析了员工支持品牌重塑过程的意图如何受到态度、主观规范和感知行为控制的影响。

鉴于组织变革过程和环境的多样性，关于员工如何形成支持变革的意图，还有很多需要了解的地方。Porras 等(1991)将组织工作环境的变化分为四类：技术变化（工具、设备、技术系统）、组织安排的变化（正式奖励系统、战略、目标）、社会因素的变化（组织文化、互动过程、管理风格）和物理环境的变化（物理环境、建筑设计）。显然，不能同等对待这些类别的变化，不同类别的变化对员工日常工作的影响以及对员工支持变革因素的影响不同(Self et al.，2007)。物理环境的变化，如办公室搬迁，通常不会对内部工作流程和工作行为产生什么影响，除非它们与其他干预措施相结合。从这个角度来看，当发生变化时，了解员工支持组织变革的意图可能更为关键，主要涉及工作流程、常规、组织安排和社会因素等。

因此，员工需要以各种方式适应，而参与度对变革过程的成功至关重要。根据计划行为理论，员工参与变革支持行为的意图取决于他们对这些行为相关结果的评估、对实施行为的社会影响的感知以及对这些行为的感知控制。因此，在本研究中，计划行为理论可以用来预测员工行为意图。

3.1.1.4 积极情绪的拓展—建构理论

情绪是一种短暂的经历，是使人们的思维、行为和心理反应发生协调变化的体验。积极情绪是指由于内外环境刺激，事件满足个体需要程度而产生的愉悦感和满足感（郭小艳等，2007）。积极情绪的行为倾向是模糊的(Fredrickson et al.，1998)，是自主反应的积极反应(Levenson et al.，1990)。

情绪和情感是两个不同的概念。情感是有意识的获得感的感觉，存在于情绪中。但情感也同时存在于其他情感现象中，包括身体感觉、态度、心情以及情感特征。情绪通常是关于个人意义的情况，有针对性对象，而情感通常是自由浮动或无针对性对象的(Russell et al.，1999)。另外，情绪通常是短暂的，而情感更持久，在主观体验层面上更显著(Rosenberg，1998；Russell et al.，1999)。最后，情绪属于离散型类别变量，如包含恐惧、愤怒、快乐和兴趣等；而情感通常被划分为两个维度的变化，如积极和消极情绪(Tellegen et al.，1999)。

积极情绪的拓宽和构建理论认为，积极情绪的体验可以拓宽人的瞬间思维能力和注意力，提高了人的认知范围，扩展知觉、思维以及行为活动范畴，进而有助于构建持久的个人资源，包括物质资源（如物理技能和健康）、智力资源（如知识、技能、智力和执行控制）、社会资源（如友谊和社会支持网络）和心理资源（抵抗力、乐观主义和创造力）（Fredrickson，2001；Fredrickson et al.，2005）。在积极情绪状态下积累的个人资源比获得这些资源所需的短暂情绪状态更持久，可以作为储备资源，提高应对能力，用于管理未来遇到的威胁。以玩耍游戏为例，青少年通过游戏可以建立持久的身体资源，游戏通过共享娱乐、兴奋和微笑可以建立持久的社会资源，进而成为后续社会支持的力量。儿童游戏还能提高创造力（Sherrod et al.，1989），促进大脑发育（Panksepp，1998），进而建立持久的智力资源 Fredrickson，2001；Fredrickson et al.，2005）。其他积极情绪，如兴趣、满足感、自豪感还会增加个人心理资源（Fredrickson，2001；Fredrickson et al.，2005）。

拓宽和构建理论描述了积极情绪的拓宽思维功能以及在构建持久的个人资源方面的功能，为积极情绪的进化适应意义提供了一个新的视角。积极情绪有助于接近行为（Watson et al.，1999）和持续行动（Carver et al.，1990），促使个体积极融入环境并参与其中。积极情绪的拓展和建构理论对人的认知范围、注意力抵制消极情绪以及促进人的韧性增长的影响如下分析。

首先，积极情绪可以提高人的认知范围。Isen（2000）研究证明了积极情绪能拓宽人们的瞬间思维和行为。具体而言，受积极情绪影响的人会表现出思维模式的与众不同和灵活性，并具有创造力和包容性特征，对信息开放，能有效处理各种事情。Kahn 等（1993）研究表明受积极情绪影响的人更加偏爱多样性，愿意接受更多的行为选择。Isen（1990）认为积极的情绪会产生一种“更广泛、灵活的认知组织和整合不同材料的能力”，证明积极情绪可以提高人的认知能力。Fredrickson 等（2005）研究表明积极情绪，如快乐和满足，可以拓宽人的思维活动范围，进而提高认知能力。

其次，积极情绪可以拓展人的注意力和关注范围，开阔人的视野。Easterbrook（1959）最早提出消极状态下，尤其是焦虑和恐惧，会唤醒人们的消极情绪，缩小人们的注意力范围，使人们只见树木不见森林。Derryberry 等（1994）提出积极状态下，积极情绪的高觉醒状态有助于拓宽人的注意力范围。Basso 等（1996）研究发现消极情绪（焦虑和抑郁）相关的个性特征与局部偏见和注意力范围缩小一致；而积极情绪相关的特质（主观幸福感和乐观主义）与整体格局和注意力范围扩大一致。Fredrickson 等（2005）的实验测试表明，积极情绪可以拓展人的注意力范围。

再次,积极情绪可以调节消极情绪和压力,抵消消极情绪的增长。从现象学角度来看,积极情绪可以帮助人们将生活中的事件放在更广阔的背景下思考,减少消极事件的影响。Fredrickson(2001)通过积极情绪抵制消极情绪的实验证据表明,人们可以在适当的时机培养积极情绪来应对消极情绪,从而改善自身的心理健康和身体健康。Folkman 等(2000)研究表明积极情绪体验有助于缓解社会环境中的压力。Aspinwall(2001)研究发现积极情绪和积极信念是人们应对逆境挑战的积极心理资源。Fredrickson 等(2002)的研究进一步发现,积极情绪和开阔的思维会相互影响,随着时间的推移,会产生一种积极向上的精神,使人们能够更好地应对各种环境压力,体验到自我价值的提升。

最后,积极的情绪有助于增长个人的韧性。韧性是一种持久的个人资源,积极情绪拓宽了人们的注意力和认知范围,提高了灵活和创造性的思维,进而会增加人们应对逆境环境的持久性资源,如韧性(Aspinwall,1998,2001;Isen,1990)。通过心理资源的积累,反向促进积极情绪效应的提升,进而提高人们的问题解决能力。积极意义和积极情绪之间的关系是相互的,积极意义会引发积极情绪,积极情绪也会引发积极情感,发现事件背后的积极意义(Fredrickson,2001)。另外,积极情绪和包容性的应对方式不仅让人们感觉状态良好,而且通过拓展思维,还能增加人们对未来美好生活的向往。换句话说,瞬间的积极情绪体验可以构建持久的心理资源,并触发向上的螺旋效应,进而增强情绪的幸福感。

从拓宽和构建理论的角度来看,积极情绪是个人成长和社会联系的载体,通过构建个人和社会资源,积极情绪使人们体验快乐、兴趣、满足和感受到爱的力量,进而产生多重、相互关联的利益(Fredrickson,2001),使人们变得更好。具体而言,积极情绪拓宽了人们的思维和行动技能(Fredrickson et al.,2005),缓解了挥之不去的消极情绪(Fredrickson et al.,1998;Fredrickson et al.,2005),促进个人韧性能力提升,积累更多心理资源,并触发向上的螺旋效应,增强情绪幸福感(Fredrickson et al.,2002)。最终,积极情绪还促进了社会效益提升(McCullough et al.,2001;Haidt,2000)。

3.1.2 研究模型的提出

在全球经济仍然不确定的情况下,酒店业正面临一个日益活跃、复杂和不可预测的环境。新型冠状病毒的全球流行加剧了国际经济的不确定性,酒店业因其高度依赖人力资源的特殊性,所以是受疫情影响程度最为严重的行业之一,数百万员工面临失业风险。全球竞争的加剧、工作重组以及更加扁平化的组织方式致使员工需要快速适应多变的环境,酒店迅速掌握并应对环境变化的能力成为提高酒店竞争力的决定性因素。在酒店服务环境中,顾客参与是服务生产不可缺少的环节。员工必须根据不同客户的不同需求,灵活调整服务提供和沟通方式,以满足客户需求。因此,如何激发员工的灵活工作行为,提高员工对环境变化的适应性,是酒店业实现可持续发展的关键因素。

员工灵活处理人际关系,主动获取新知识和技能,以适应内外环境变化和任务要求,沉着冷静地应对危机,并创造性地解决问题的能力被称为适应性绩效(Pulakos et al.,2000,2002)。适应性绩效是针对传统绩效管理的静态性特点,对传统任务绩效和情境绩效的补充和扩展,以解决动态环境中静态绩效管理出现的问题,强调人、角色、组织和环境的协调(Shoss et al.,2012)。

为了探究个体特征与适应性绩效之间的关系,学者们对个体特征影响适应性绩效的变量进行了大量的研究,其中包括大五人格、自我效能感、认知能力以及经验和知识等。以往的研究大多使用静态的、难以被开发的特质变量来探讨个人特质对适应性绩效的影响(Kirrane et al.,2016)。然而,在动态的变革环境中,使用静态变量来描述具有动态特性的适应性绩效有一定的局限性。Choi(2011)研究认为,目前研究太过强调个性-特质变量,而具有动态性、可塑性特征的状态类变量具有更强的延展性。

依据 Luthans 和 Youssef(2007)以及 Kirrane 等(2016)对心理资本的定义,心理资本是指一种状态类变量,可以随着时间和环境的变化而增加或减少,也可以对其进行有效干预,激发员工充分发挥其潜力。状态型变量可以通过积极的知识、经验培训,塑造员工强大的心理资本能力,进而转化为一种积极的内生心理资源(Luthans & Youssef, 2007)。依据资源保存理论(Hobfoll,1989;Shin et al.,2012),拥有丰富的个人资源的员工可以在不断变化的环境中缓解压力,帮助其他员工及时调整状态,防止资源流失。由此推断,心理资本水平高的员工依托强大的个人心理资源优势,激发个人最大潜力,解决各种问题,进而提高自身适应性绩效。自我决定理论认为个体会努力追求对自主性、胜任力和关系的基本需要。拥有高水平心理资本的员工将发挥他们的潜力,促进自我决定能力提升,努力探索解决方案,提高自身的适应性绩效。

关系是两个或两个以上人之间的联系,由亲情、人情和信任组成。关系是东方文化中“社交情感哲学”的一种反映,可以被理解为不同版本的社会资本、社会交换的先决条件以及社会网络构建的基础。关系具有工具性属性,随着交往次数的增加,彼此之间会产生情感,进而增进信任,完成社会交换。在关系文化情境下,关系通常被视为组织生存发展不可或缺的因素,组织沉浸在关系文化中。鉴于关系文化的特殊性,个人更注重在关系中实现自我,以获得同伴的支持、信任和个人认同。尤其新冠疫情的常态化加剧了酒店行业的员工流失率,有必要讨论组织成员之间的关系资源对适应性绩效的影响。

社会资本是指一种有助于个人在社群中发展的关系性资源，能有效促进酒店内部成员之间的社会性互动，增进员工之间的信任水平，进而提升适应性绩效。当员工面临不确定性问题和压力时，社会资本存量高的员工往往会动员拥有的关系资源来解决面临的危机情境，创造性地化解困境，进而提升适应性绩效。然而，国内外文献少有关于适应性绩效形成过程中社会资本的作用研究。

心理资本是管理其他资源的重要心理资源。Hobfoll(2002)指出心理资源直接影响个人对关系资源的认知，影响社会资本的形成。社会资本形成的前提和基础受积极的心理资本水平的影响。拥有高水平心理资本的员工，自我效能感强，能主动与同事交流，更容易增进组织和同事的信任，获取更多的社会资源，进而促进社会资本的形成。根据自我决定理论和资源保存理论，拥有大量心理资本的员工在面临危机情境或不确定性因素时，可以通过社会资本，借助关系资源解决危机，以创造性的方式解决问题，从而提高自身的适应性绩效。因此，本研究探讨社会资本是否在员工心理资本与适应性绩效之间起中介作用，弥补以往对适应性绩效机制形成研究的不足。

另外，Jundt 等(2015)研究认为，在不确定、模糊的工作环境中，全面了解和掌握提升员工工作绩效的因素至关重要。外部环境的动态变化可以颠覆组织现状，挑战员工的知识和能力，迫使员工对变化迅速做出反应或调整。当酒店通过结构调整、技术创新等自我强化措施来增强动态能力时，往往会破坏原有的竞争基础和组织环境，导致员工抵制变革、不能快速适应新环境。因此，酒店管理者必须根据内外环境变化及时调整组织资源和能力，了解员工对内外环境变化的态度，以适应新环境。为了应对不断变化的环境，酒店应该在组织变革的实施过程中事先多与员工接触，密切关注员工对变革的态度即变革准备性。员工的变革准备性程度是决定变革成功或失败的关键因素。

变革准备性从个体心理出发，围绕员工如何解释和看待内外环境变化，关注员工对内外环境变化的整体感知、情感态度和行为意图。根据计划行为理论，员工个体行为的产生直接取决于行为意向，接受组织变革的员工将积极参与到变革过程中，形成与动态环境相适应的行为。因此，酒店只有事先了解员工对内外环境变化的认知、情感态度和意图，才能预测、解释和调节员工的适应性行为。然而，先前研究很少有证据表明员工的个人变革准备性程度会干预自身的适应性绩效。

员工对变革的反应态度受其个人心理资源和对工作环境感知的影响，这意味着培养员工的心理资本可以提高员工对变革的准备性程度。拥有高水平心理资本的员工可以通过积极的情绪开阔个人视野，从积极的角度看待环境变化，乐于挑战组织变革带来的问题，进而影响其行为，从而适应内外环境变化，表现出较高的适应性绩效。因此，本研究以变革准备性作为中介变量，探讨心理资本影响员工适应性绩效的内在动机过程。

最后，酒店员工离职率相比其他行业更高，尤其新冠疫情的常态化加剧了员工的离职意向，为提高员工工作投入，降低离职意愿，进而更好地适应内外环境变化，应该关注酒店员工离职意图的研究。酒店产品具有无形性、生产和消费同时进行的特点，产品服务质量的高低取决于员工的经验和技术熟练度。不熟练的员工接待顾客会导致顾客不满，甚至造成顾客流失，进而影响酒店品牌形象和可持续发展。因此需要提升一线员工的工作满意度，降低离职意图。员工离职行为会导致信息传达中断、服务质量下降等负面结果。然而，随着人们对酒店服务水平要求更加多元，为了满足不同顾客需求，酒店对员工服务的要求也更加严格。长此以往，员工付出的情感劳动越来越多，往往会产生情感疲惫，进而发生因情感压力而离职的情况。因此，降低离职率一直是酒店难以解决的难题。

当前学者针对离职率也进行了大量研究，关于离职意图的研究多以个人性格特征、病理现象为主，被动地解释出现离职的原因和现象，较少从正面角度研究降低离职意愿的方法。在组织管理方面，酒店应主动采取有效措施预防减少员工离职意图的产生。高水平心理资本可以培养员工积极情绪，使员工乐观看待问题，激发员工潜能，积极主动地解决问题，进而提升自身的适应性能力，降低离职意图。尤其是在关系文化背景下，在心理资本对离职意图的影响过程中，社会资本是否起着中介作用，探索其过程机制是本书的研究内容之一。

本研究的提出主要基于五个方面。第一，本研究的目的是建立一个适应性绩效的干预模型，以检验酒店员工如何在面对内外环境障碍时变得更具适应性。快速的发展、技术的进步和激烈的竞争，使当今酒店行业的经营环境变得更加复杂，酒店的生存和竞争取决于对其适应性绩效的提升。然而，酒店行业很少有关于适应性绩效的研究，无论是心理资本对适应性绩效的有效性影响研究，还是关于酒店业适应性绩效的发展，都较少被探讨过。本研究对心理资本和适应性绩效协同作用的研究将使酒店受益。第二，在关系文化中，社会资本对适应性绩效形成的研究较少，本研究弥补了以往文献的研究不足，为该领域的进一步研究提供了方向。第三，酒店为应对内外环境变化会本能地采取自我强化措施，如组织结构调整、新技术应用和制度创新等措施，这些措施虽然整体方向上有利于组织发展，但也破坏了组织的竞争基础和环境，忽略了员工应对内外环境变化的变革准备性。面对动态的环境，酒店需要事先了解员工对变革的准备性程度，员工的变革准备性程度能否对其适应性产生干预效应，这是一个值得关注的话题。第四，本研究拓宽了影响适应性绩效的因素范围，并提出心理资本具有更强的可塑性，能够更有效地干预适应性绩效。第五，为降低酒店离职率，先前文献研究大多集中于员工病理现象，从员工出现的问题被动解释员工离职原因，较少从正面角度提出降低员工离职意图的方法，尤其是从培养员工优势、激发员工潜能角度可以有效提升员工适应性绩效，降低员工离职意图。

基于上述理论基础以及第 2 章介绍的相关理论，本研究以酒店员工为研究对象，构建员工心理资本提升适应性绩效的研究模型，探讨心理资本对适应性绩效的影响及其内在机制模型、员工的社会资本和变革准备性对其适应性绩效的影响以及社会资本和变革准备性的中介作用机制。另外，本研究还将探索心理资本影响离职意图的过程机制，分析社会资本在心理资本和离职意图之间的中介作用。本研究结果将为酒店和其他服务型企业提供理论建议，以最大限度地发挥员工的潜力和适应性绩效。本书研究模型如图 3-2 所示。

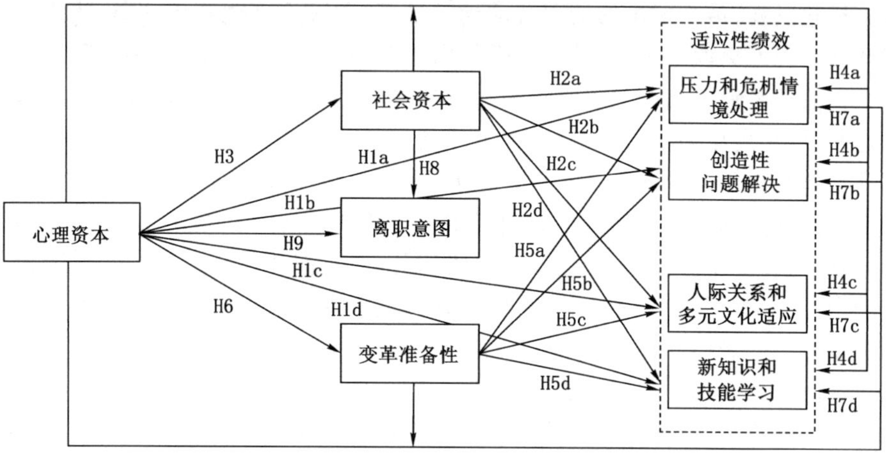

图 3-2　员工心理资本提升适应性绩效的研究模型

3.2　研究假设

3.2.1　心理资本、社会资本与适应性绩效之间的关系

3.2.1.1　心理资本与适应性绩效

工作绩效的概念随着时代变化而不断发展，早期的传统绩效研究中，一般可以把工作绩效分为任务绩效和周边绩效两种维度(Borman et al.，1993)。任务绩效局限于个人被赋予要完成的担当任务，而周边绩效与担当任务无直接性关系，是为促进组织有序进展，非正式的自发性的个人贡献行为或组织公民行为。

任务绩效强调个人和任务两者之间的关系，周边绩效强调个人、任务以及组织之间的协调性。然而，无论是任务绩效，还是周边绩效，全部适用于静态、相对稳定的工作环境，那么适应性绩效正是在动态变化的环境中，基于传统绩效的弊端应运而生的。

Allworth 等(1997)首次提出适应性绩效概念，即员工应对工作环境和工作需求变化的适应性行为。之后很多学者对适应性绩效的概念进行了扩展。London 等(1999)把适应性绩效定义为新知识学习或者经验管理的个人熟练程度。Murphy 等(1999)使用多种角色灵活性视角解释适应性行为。Hesketh 等(1999)将适应性绩效定义为个人从容应对变化的一种适应性行为，主张环境的变化可以通过学习和知识经验来解决，并将这些行为归类为能动性行为、反应性行为和忍耐性行为。Pulakos 等(2000)将 21 个不同岗位的数据进行关键事件分析(critical incident method)，把适应性绩效划分为人际关系适应、文化适应、身体适应性、学习新事物、危机情境管理、工作压力处理、创造性地问题解决、不确定性因素处理等 8 个维度。此后，适应性绩效的维度结构研究大多沿用 Pulakos 等(2000)提出的八维模型。陶祁等(2006)在 Pulakos 等(2000)的研究基础上，基于中国文化背景将适应性绩效分为人际与文化适应、创造性地解决问题、压力与危机处理、学习新事物等 4 个维度。Pulakos 等(2000)指出不同行业和职业所需的适应性绩效维度结构也会有差异。因此，鉴于酒店行业的特殊性，本研究借鉴 Pulakos 等(2000)、陶祁等(2006)相关研究成果，将适应性绩效定位为员工根据工作需要做出能动性适应环境的能力，具体表现为在工作中创造性地解决问题、学习新事物、人际交往、压力与危机处理等。

心理资本是引导、激发个人最大潜能的积极心理性状态，是社会科学中继经济资本、人力资本以及社会资本之后的第四大资本(Luthans & Youssef，2007)。心理资本从“你拥有什么”的经济资本观点、“你会什么”的人力资本观点和“你认识谁”的社会资本观点，发展为“我是谁，要变成什么”的开发个人积极心理价值的观点(Luthans et al，2007)。心理资本是积极心理学适用到组织行为学过程中产生的概念，是组织环境中个体维度的重要因素(Luthans et al，2007)。Luthans(2002b)为探究影响组织成员态度和行为的因素，通过分析积极心理学和动机等方面的文献，提出了由自我效能感、希望、乐观主义、韧性等 4 大因子构成的心理资本概念。即所谓的心理资本是指具备成功挑战新任务的自我效能感(Bandura，1997)，向着目标持之以恒努力并不畏挫折的希望(Snyder，2000)，对当前和未来的成功或者失败能够乐观地给予归因的乐观主义(Seligman，1998)，面对困难或者陷入困境时，能够积极克服困难挫折，迅速地给自己重新准确定位的韧性(Masten et al.，2002)等 4 大维度构成的可开发的积极心理状态。心理资本的维度因素不仅要具有积极、正面的特点，而且需要维度因素能正向提升绩效的理论依据，还需要满足组织的可控性条件，具备可衡量、可开发的状态类特征(Luthans, 2002a)。心理资本作为激发个体潜能的积极性心理资源，可以有效地引导员工发挥其才能，使其灵活应对突发事件，并最终形成适应性绩效。鉴于此，本研究借鉴 Luthans 和 Youssef(2007)以及 Paek 等(2015)相关研究成果，将心理资本定义为动员激发个体潜能，应对动态环境变化的内生性积极心理资源。

心理资本指个人资源，如自我效能感、希望、乐观和韧性(Luthans,2002a)。先前的研究已经证实心理资本可以改善传统的工作绩效(Luthans et al.,2006)。然而，在当今复杂多变、竞争激烈、不确定性日益增加的环境中，培养员工的主动性和适应能力以及提高员工的适应性绩效至关重要。心理资本是否有助于提高适应性绩效是一个值得研究的话题。

心理资本可以帮助个人培养应对困难的积极态度，克服障碍，展示积极的态度和行为(Boniwell et al.,2012)。自我效能感高的员工在遇到障碍或压力时，表现出更高的自信心，例如控制环境的信念(Schaubroeck et al.,1997)，愿意尝试新事物，激发主观能动性，积极寻求问题的解决方案(Sweetman et al.,2010)，进而解决危机情境。另外，先前研究已证实心理资本是员工积极态度和行为表现的重要预测因子(Tsaur et al.,2019;Safavi et al.,2019)。

依据积极情绪的拓展和建构理论，积极的情绪可以扩展员工的认知视野，并激发员工的创造性和探索性思维及行动(Fredrickson et al.,2005)；相反，负面情绪会干扰他们的注意力和努力，不利于他们做出适应性行为(Pan et al.,2018)。郑立勇等(2019)同样指出每个人的内心深处都存在积极与消极的力量，当积极力量获得培养和增长，人的消极方面就大大受到抑制，就能够成为一个自我实现的人。心理资本是引导和激发个人最大潜能的积极心理状态。拥有大量心理资本的员工往往具备自我提升和成长的内在动机(Luthans & Youssef,2004)，进而扩大注意力范围，更容易接受新思想及新鲜事物。自我效能感强的人倾向于积极学习，探索前沿知识，并根据组织的要求和环境变化不断调整和更新自己的知识技能(Luthans & Youssef,2007)。以往的研究表明，心理资本不仅影响员工态度(Tsaur et al.,2019)，促进工作绩效提升(Safavi et al.,2019)，而且激发员工创造力和创新行为(Paek et al.,2015)，有效将个人潜能转化为现实能力。

心理资本是拓宽个人思想的催化剂，以更加积极的方式显著影响个人的创造力和创新行为(Slåtten et al.,2019)。依据自我决定理论(Deci et al.,2000)，为了满足自主性、能力和关系的需求，具有大量心理资本的员工将激发他们的创造力和创新行为(Schuckert et al.,2018),增强自主动机并探索解决方案。高心理资本的员工以积极主动的方式来影响他人的看法,并通过积极的互动和同伴接触,建立良好的人际关系。心理资本水平高的员工在处理问题时,自我减压(Avey et al.,2009;Paek et al.,2015),能够灵活地动员他们的资源和能力来满足不断变化的工作需求,更好地适应组织环境(Safavi et al.,2019)。吴炜炯等(2012)根据JD-R模型提出心理资本通过动机激发和能量补充两种途径发挥作用,动机激发过程促进个体对工作态度的增益,提高个体的工作动机和效能感;能量补充过程缓解工作能量的消耗,使员工适应环境变化,增强自身的适应性行为。

心理资本水平高的员工具有自我完善和发展的目标,允许接触更多和更开放的新想法(Luthans & Youssef,2004)。当工作场所发生变化时,具有更高水平的心理资本员工会预期积极的结果,乐观地看待变化,积极学习新技能以适应新环境(Griffin et al.,2007)。自我效能感和希望水平较高的员工更有可能自我实现,积极与他人分享知识和经验,进而改善自己的不足,更有可能持续学习并不断更新自己的知识和技能(Luthans & Youssef,2007)。根据自我监控理论,心理资本水平高的员工更容易根据社交适宜性的情境线索,对自己的行为进行观察、调控,进而适应情境,融入组织团体。心理资本水平高的员工在处理问题时,自我减压(Avey et al.,2009),能够灵活地动员各种能力来满足工作的动态要求,更好地适应组织环境(Park et al.,2016)。心理资本水平高的人通常展现出积极的情绪来应对压力,遇到新事物时能诱发内在动机,不断开发新路径和加强自我学习,主观能动地应对困难。因此,在复杂多变的动态环境下,心理资本水平高的人遇到不确定性因素或者被赋予新任务时,能够充满自信心、不畏挫折,乐观冷静地分析形式,积极探索多种解决办法并最终能创造性地解决困难。

作为情感密集型服务行业的一部分,酒店产品服务由员工和客户之间的价值共创完成(Vargo et al.,2008),员工的心理状态和社会互动会显著影响酒店的感知服务质量、员工绩效和归属感(Luthans &Youssef,2004)。由于酒店行业消费主体的年轻化、员工和顾客参与价值共创理念的推行,酒店比以往更加注重与顾客的交互过程,响应顾客需求的灵活性。因此,在一个复杂而动态的环境中,酒店需要找到最佳的方法来利用员工的动态技能激发动机、开辟新的道路、增强自我学习和主动应对困难的能力。另外,在酒店行业,员工工作场所的动态性是典型的工作特征之一,员工不仅经常受到突发事件或超额任务的挑战(Kim et al.,2017),而且需要应对酒店技术更新、工作重组以及组织扁平化带来的工作不安全感(Li et al.,2019)。因此,培养员工主动性和灵活性,提升员工适应性绩效是迫切需要解决的问题,而心理资本作为一种内生的积极心理资源,可以激发个人潜能，调动和刺激个人及时响应环境变化，提高适应性绩效。从上述分析可以看出，心理资本水平越高，员工的适应性绩效程度就越高。据此，本研究提出研究假设 H1 及其 4 个子假设：

H1：心理资本对适应性绩效具有显著的正向影响。

H1a：心理资本对压力和危机情境处理有显著的正向影响。

H1b：心理资本对创造性问题解决有显著的正向影响。

H1c：心理资本对人际关系和多元文化适应有显著的正向影响。

H1d：心理资本对新知识和技能学习有显著的正向影响。

3.2.1.2　社会资本与适应性绩效

社会资本指个人在某一组织结构中，通过社会关系网络动员资源或者能力的总和。其概念最初是由海尼凡(Hanifan，1916)提出，但对社会资本理论发展贡献最大的当属布迪厄、科尔曼以及普特南。布迪厄是第一位在社会学领域对社会资本进行初步分析的学者，他从关系资源方面指出，所谓社会资本就是“实际的或潜在的资源的集合体，社会资本以关系网络的形式存在”。科尔曼运用理性选择理论对社会资本做了较系统的分析，他从社会资本的功能方面指出社会资本不仅是增加个人利益的手段，也是解决集体问题的重要资源(Coleman，1988)。普特南将社会资本从个人层面上升到整个社会层面，并将其引入政治学研究中，从制度主义和共同体的角度分析“社会资本是社会组织的特征，如信任、规范和网络，它们可以通过协调的行动来提高社会效率”(Putnam，1993)。

由于研究领域和研究目的不同，学者们对社会资本的定义也呈现出多样性。但是，社会资本存在于社会关系网络中，学者们已对此达成一致。本研究关注个体层面社会资本，即个人在内部组织中发展的人际关系性资源，个体可以能动地激活关系网络中的资源，将其转化为社会资本(李黎明等，2018)，具体包含信任、交际互动以及目标认知三个维度的社会资本构成因子。信任是坚信对方不会做不利于己的信念，对他人无须监视和管控的自发性的一种心理状态(Gambetta，1988)；交际互动是个人与他人的一种关系交际模式，迅速缔结关系的能力；目标认知是组织内解决问题的基准框架，实现组织目标和维持秩序的组织成员之间的一种约定。

依据资源保存理论，人们通常拥有很多资源，并对自己拥有的资源进行维持、保护以及投资来获取其他资源。资源的丧失意味着对自己会产生某种威胁，这里所讲的威胁结合本研究内容，可以看成是动态环境下的不确定性因素、危机环境、压力或者各种困难等。因此，员工在面临危机环境或者困难时，为了防止自身的资源丧失，往往会通过已有的关系性资源即社会资本来阻止或者预防。具体而言，社会资本水平高的员工可以通过组织内积极的交际互动，及时分享信息,提高成员间的信任和凝聚力,共享公司目标,抑制不满情绪和压力,主动学习新知识和技能,从而齐心合力面对危机,创造性地解决问题,适应新环境和新任务。

社会资本是存在于社会关系网络中的一种关系性资源,员工通过相互信任、人际交往及工作关系网络获得有助于个人在群体中发展的无形资源(田喜洲等,2013)。社会资本存在于社会关系网络中。一个人在压力和危机面前拥有的人际关系越少,他拥有的社会资本就越少,解决问题的机会就越低。拥有更多社会资本的人彼此关系密切,信任他人,有共同的语言和价值观(Nahapiet et al.,1998)。因此,他们更容易融入组织,建立良好的人际关系,适应多元文化,促进人与组织的契合。

通过先前文献研究发现,社会资本的提高对绩效提升(Nahapiet et al.,1998;Leana et al.,1999;顾琴轩等,2015)、知识创造(Chow et al.,2008)、创新性(Kim et al.,2010)、学习行为(Lee et al.,2010)等有直接的正向影响,并能降低工作压力(黄维德等,2017),提高社会文化适应性(Huang et al.,2013)。Madjar(2005)认为创造力是员工与其他组织成员互动和沟通而受到激发产生的结果。为了创造性地解决问题,拥有更多社会资本的人更有可能与组织成员沟通和合作,产生创新的想法和行动。Kim 等(2013)研究表明组织成员之间的社会互动、社会信任以及共享的目标和愿景是关键的组织资源,可以促进酒店员工知识产出,并形成知识流动的关键机制(Chow et al.,2008)。员工之间的知识共享可以促进员工之间的彼此学习。

另外,根据工作要求—资源模型,资源的获得会激发员工的工作动机,引发增益过程并导致工作效能提升(Demerouti et al.,2001)。员工通过相互信任、人际沟通和关系网络资源获取,形成自身的无形资源(Chow et al.,2008)。丰富的社会资本有助于员工提高协作能力。为了完成一项任务,员工通常需要与多个部门进行沟通和合作,这种协作可以提高员工适应性绩效。从上述分析可以看出,社会资本水平越强,员工的适应性绩效程度越高。综上所述,社会资本和适应性绩效的关系可以假设为:

H2:社会资本对适应性绩效有直接的正向影响。

H2a:社会资本对压力和危机情境处理有显著的正向影响。

H2b:社会资本对创造性问题解决有显著的正向影响。

H2c:社会资本对人际关系和多元文化适应有显著的正向影响。

H2d:社会资本对新知识和技能学习有显著的正向影响。

3.2.1.3　心理资本与社会资本

Hobfoll(2002)研究指出,员工的工作投入需要两种资源:个人资源主要指个体所具备的个人特质如乐观、自信心、坚韧等优秀品质，而这些资源在组织内可以受到积极肯定；关系性资源是指通过交际互动而获取的资源。心理资本是一种积极的个人资源，而社会资本是在社会关系网络中形成的关系资源。

Luthans 和 Youssef(2004)研究发现心理资本和社会资本是组织的主要竞争资源。个人资源直接影响对关系资源的感知（Hobfoll，2002）。Tamer 等(2014)指出心理资本是社会资本形成的前提和基础，决定了获得社会资本收益的程度。高水平的心理资本是个体积极的心理资源，社会资本是存在于社会关系网络中的一种关系型资源。高中华等(2012)研究表明，个人资源直接影响对关系型资源的认知。李黎明等(2018)从个体心理角度探讨了对社会资本动员影响机制的研究，实证结果表明，社会资本动员不仅受到个体资源限制，而且受到行动者内在心理特征的影响。具体而言，心理资本水平高的人自信心充沛，很容易获得组织和同事的信赖，为达到目标积极与同事交际互动，从而形成友好的待人关系网络；面对困难，乐观对待，为克服困难，百折不挠、积极与同事保持交流，寻找解决问题答案，从而能获得组织和同事认可，促进社会资本形成与提升。

心理资本特征影响个体的社会资本形成。拥有大量心理资本的员工具有更强的自我效能感，更有可能信任他人，与人积极沟通，获得组织和同事的信任，从而获得更多的社会资源（吴炜炯等，2012）。丰富的心理资本可以使员工实现目标，建立社交网络，与同事保持沟通和互动，从而形成友好的关系网(Thompson，2005)。员工的积极情绪也会影响其社会资源的积累（Newman et al.，2018）；面对困难时，他们以乐观的态度，寻求问题的解决方案，从而获得组织和同事的认可，促进社会资本形成与提升。工作要求—资源模型认为工作资源的获得会激发员工的工作动机，引发增益过程并导致工作效能提升（梁燕芳等，2021）。依据资源保存理论，为预防或者阻止个体的资源丧失，他们会积极获取、投资其他资源。即心理资本水平高的人在面临危机环境或者不确定性因素时，能积极主动地投资社会资本，以此来适应新环境；心理资本水平高的人在积累、维持以及运用组织内稀缺性资源的过程中占据有利位置，在面临危机困境和压力时，充分发挥自身潜能，激发内在动机，动用社会资本资源来创造性地解决工作中的挑战，进而增强适应性绩效。基于上述分析，心理资本和社会资本之间的关系假设如下：

H3：心理资本对社会资本有直接的正向影响。

3.2.1.4 社会资本在心理资本与适应性绩效之间的中介作用

自我决定理论认为，个体会主动追求自主需要、能力需要和关系需要等三种心理需求（Deci et al.，2000），而高心理资本水平的员工为了满足关系性资源需求，会激发个人潜力，增强自主性动机，面对危机情境，会积极探索各种解决办法，主动学习新知识和技能，最终影响自身适应性绩效。根据资源保存理论，为预防或者阻止资源丧失，个体往往会积极获取、投资其他资源。而心理资本水平高的人在面临危机环境或者不确定性因素时，能积极主动地投资社会资本，借助关系性资源，化解危机，创造性地解决问题，增强自身的适应性绩效；心理资本水平高的人在积累、维持以及运用组织内稀缺性资源的过程中占据有利位置，在面临危机困境和压力时，能充分发挥自身潜能，激发内在动机，主动学习新知识和技能，动用社会资本资源来创造性地解决工作中的挑战，进而增强适应性绩效。

社会资本的增加对绩效（Nahapiet et al.，1998；Leana et al.，1999；顾琴轩等，2015）、知识创造（Chow et al.，2008）、创新（Kim et al.，2010）和学习行为（Lee et al.，2010）、缓解工作压力（黄维德等，2017）以及社会和文化适应性（Huang et al.，2013）都有直接的正向影响。在危机中，拥有大量心理资本的员工将探索解决方案，获得新的知识和技能，并提高适应能力。他们还可以投资于社会资本，利用关系资源应对危机，解决问题，并提高他们的适应能力。拥有大量心理资本的员工有利于积累、维持和使用稀缺的组织资源。基于上述分析，本研究提出以下假设。

H4：社会资本在心理资本和适应性绩效之间起中介作用。

H4a：社会资本在心理资本与压力和危机情境处理之间起着中介作用。

H4b：社会资本在心理资本和创造性问题解决之间起着中介作用。

H4c：社会资本在心理资本与人际关系和多元文化适应之间起中介作用。

H4d：社会资本在心理资本与新知识和技能学习之间起中介作用。

心理资本、社会资本与适应性绩效之间的关系研究模型如图 3-3 所示。

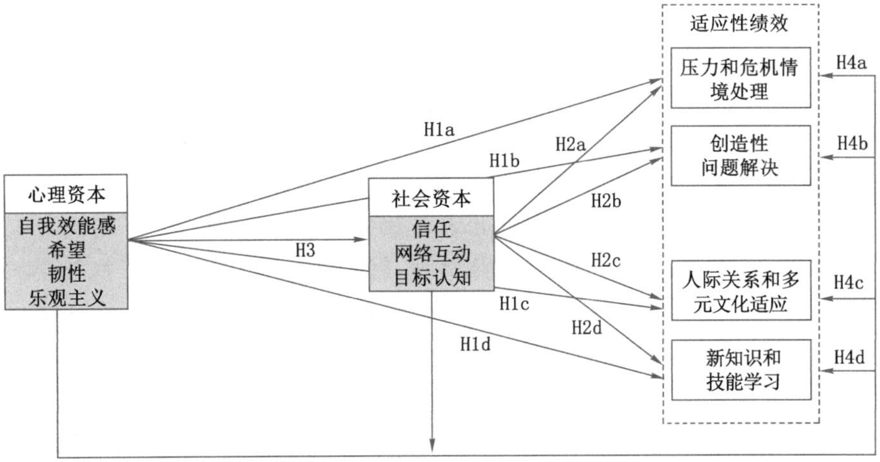

图 3-3　心理资本、社会资本与适应性绩效之间的关系研究模型

3.2.2 心理资本、变革准备性与适应性绩效之间的关系

3.2.2.1 变革准备性与适应性绩效

变革性和动态性已经成为当今企业管理的主要特征，当外部环境变化打破原有的竞争基础时，组织可以通过管理者刻意行为如组织变革（技术创新、制度创新、组织结构调整），重塑组织新能力，以适应动态的环境变化（Chung et al.，2014）。然而，在组织变革实施过程中，员工对变革的态度越来越成为企业变革成败的关键因素之一。

组织变化一般经过解冻、转型、再冻结三个阶段（Lewin，1947）。解冻指维持现有组织状态的力量被减弱，原有的知识、行为和信念开始发生改变的时期。Lewin（1958）认为只有更好地掌握解冻状态，才能了解是否可以进行转型。Armenakis 等（2002）在变化理论基础上补充并提出新的观点，即变化过程经历准备性、选择、制度化三个阶段。"选择"指变化已经发生，员工选择变化并积极适应的一个阶段。因而，变革准备性应该在变化之前考察。

酒店作为情感密集型服务业，服务价值多依赖员工与顾客接触，由两者的价值共创实现（Vargo et al.，2008）。独立性、协调性是酒店员工工作的主要特征，从而员工的心理状态和社会交往能力会显著影响酒店服务质量感知，进而影响员工的个人绩效以及归属感（Luthans & Youssef，2004）。在心理学与组织行为学中，"态度"通常被当作预测将要发生的"行动"的解释变量。因此，只有更好地掌握个人对改变的准备性程度，才能更好地预测、解释、调整员工适应性绩效。杜旌等（2019）研究认为在组织变革前，变革准备信息有助于员工提前适应，从而更好地应对变化。邓今朝等（2017）研究认为员工的变革准备性程度直接影响其行为，进而对组织效能产能影响。

依据计划行为理论（Ajzen，1991），利用员工变革准备性程度可以预测其行为意向（Oreg et al.，2018）。Wanberg 等（2000）研究认为在组织变革前，变革准备信息有助于提高员工变革的积极性，提前适应，更好地应对变化，收到关于组织变化的信息有助于减少员工的焦虑和不确定性。Oreg 等（2018）指出员工的变革准备性在较大程度上可以预测其行为，持积极变革态度的员工往往会积极参与变革过程，展示出额外的努力，形成对动态环境有效反应的适应性行为（Shin et al.，2012）。Chang 等（2018）以一线酒店员工为研究对象，认为员工感知的变革准备和吸收能力是酒店员工个人创新行为的两个关键近端决定因素（proximal determinants）。Rusly 等（2012）探究了组织变革意愿对激发员工知识获取、创造和分享的正向作用。

不难看出，组织可以根据个人对变革的准备性程度预测个体适应性行为。

如果个人对变革的准备不够,组织者可以重新调整变化,消除不利因素或者提高员工准备性程度,使其适应新变化。综上所述,变革准备性和适应性绩效的关系可以假设为:

H5:变革准备性对适应性绩效有显著的正向影响。

H5a:变革准备性对压力和危机情境处理有显著的正向影响。

H5b:变革准备性对创造性问题解决有显著的正向影响。

H5c:变革准备性对人际关系和多元文化适应有显著的正向影响。

H5d:变革准备性对新知识和技能学习的获得有显著的正向影响。

3.2.2.2 心理资本与变革准备性

韩雪亮(2016)系统总结了影响改变准备性的因素,包括组织特性、组织文化、个人特性,其中个人特性方面的肯定性、自我效能感、变化效能感、自我尊重、乐观主义等具有积极自我概念的个体更容易接受内外环境变化,从而具备高水平的改变准备性(Clark,2003;Wanberg et al.,2000;Oreg et al,2011;邓今朝等,2017)。认知行为理论认为,个体的认知与行为之间互相作用,认知结构与认知过程对其行为的发生具有影响作用。心理资本水平高的员工一般乐观、自信,拥有积极向上的心理资源,对待变化能够给予积极评价,并激发内在动机,提升个人的认知程度即改变准备性,积极参与变化,适应新环境,从而提升适应性绩效。具体而言:自我效能感水平高的个体能够自信地应对被赋予的任务,对待变化能激发自己的变化效能感,更容易接受环境变化,从而提升个人变革准备性程度;乐观主义者看待问题通常积极乐观,面对困难不会杞人忧天,能更好地看待环境变化,适应新环境;希望本身的含义就包括不达目标誓不罢休的韧劲,韧性强的人处于危机逆境时,具备百折不挠、顽强奋斗的精神,能主观能动、创造性解决问题,从而应新环境,增强适应性绩效。

心理资本可以拓宽个人的注意力范围,激发员工更具创造性和探索性的思维和行动(Fredrickson et al.,2005)。在充满不确定性的内外环境下,高心理资本的员工能够从积极的角度评估变革,促使变革积极态度产生,乐意接受变革,从容应对各种压力和危机,快速适应环境变化(Kirrane et al.,2016)。资源保存理论(Hobfoll,2002;Shin et al.,2012)指出资源在应对压力和危机事件中起到关键作用,通过调动额外的心理资源应对变革带来的各种危机,对员工的态度和行为产生积极影响,而心理资本是推动变革支持行为的关键资源。Choi(2011)总结了影响变革准备性因素的个人特征方面,自我效能感、自我尊重、乐观主义等具有积极自我概念的个体更容易接受内外环境变化,从而提升高水平的变革准备性(Clark,2003;Wanberg et al.,2000;Oreg et al.,2011;Kirrane et al.,2016)。基于上述分析,本研究提出以下假设:

H6:心理资本对变革准备性有直接的正向影响。

3.2.2.3　变革准备性在心理资本与适应性绩效之间的中介作用

变革准备性指员工对环境变化的认知、态度和行为意图,是预测未来行为的重要解释变量(Boucknooghe et al.,2009)。根据计划行为理论(Ajzen,1991),个人行为意图是决定实际行为的前提,员工的变革准备性可以预测变革行为(Oreg et al.,2018)。变革准备信息有助于降低员工的焦虑(Wanberg et al.,2000),并使他们为组织变革做好准备,包括建立人际关系、获得适应新环境所需的知识和技能。此外,员工对变革的情感承诺将激励员工贡献新的创新想法(Shin et al.,2012)。Chang 等(2018)的研究展示了员工的变革准备性如何通过创新决策过程模型影响创新决策和实施。

心理资本是影响员工积极态度和行为绩效的重要因素(Tsaur et al.,2019;Safavi et al.,2019),积极态度使员工更加乐于挑战危机,扩大个人的认知视野,以积极的心态看待问题并主动寻找解决方案。计划行为理论认为行为的产生由行为意图决定,而行为意图受内在心理认知因素决定。因此,要促进员工对变革准备的积极态度提升,需要着重提高员工的认知和心理状态,而心理资本则是挖掘个人潜能、提升个人认知水平的积极心理状态。因此,心理资本水平高的员工一般乐观、自信,拥有积极向上的心理资源,对待变化能够积极评价,并激发内在动机,提升个人的认知水平,进而产生积极的变革准备性,积极参与变化,适应新环境,提升适应性绩效。基于上述分析,本研究提出以下假设。

H7:变革准备性在心理资本和适应性绩效之间具备中介作用。

H7a:变革准备性在心理资本与压力和危机情境处理之间具备中介作用。

H7b:变革准备性在心理资本和创造性问题解决之间具备中介作用。

H7c:变革准备性在心理资本与人际关系和多元文化适应之间具备中介作用。

H7d:变革准备性在心理资本和新知识和技能学习之间具备中介作用。

心理资本、变革准备性与适应性绩效之间的关系的研究模型如图 3-4 所示。

3.2.3　心理资本、社会资本与离职意图之间的关系

3.2.3.1　心理资本与离职意图

通过前面心理资本理论部分的讨论可以看出,心理资本理论已在多个领域得到实证证明和理论拓展。很多先前文献也证明心理资本对离职意图具有负向影响关系(Avey et al.,2008;Avey et al.,2009)。然而,国内外较少涉及心理资本影响离职意图的过程中的社会资本的作用。本研究将从心理资本的下属维度

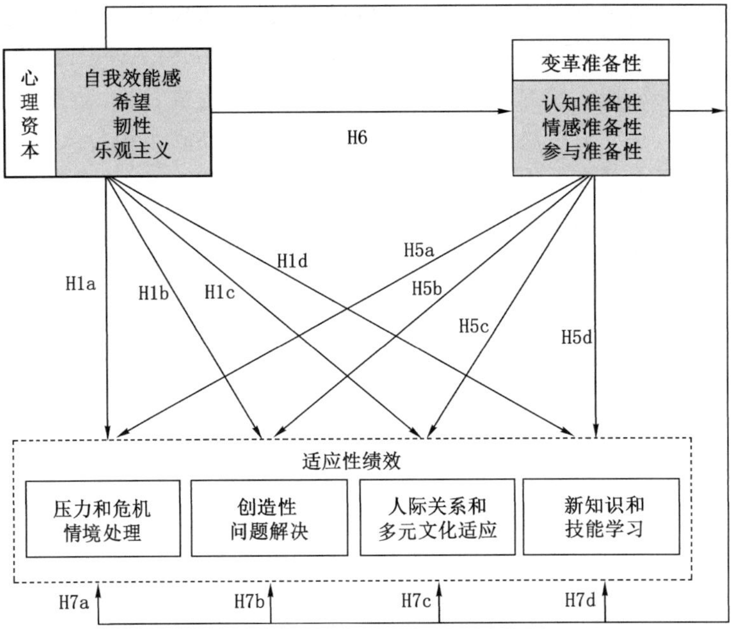

图 3-4　心理资本、变革准备性与适应性绩效之间的关系研究模型

分别说明其对离职意图的影响关系，确认各因素对离职意图的负向作用。另外，在强调同质性和协调一致性的东亚组织文化中，分析社会资本在心理资本和离职意图之间的缓冲作用。

第一，自我效能感水平高的个体对待自己的职务表现出高度关心、兴趣和热情，为了完成任务，激发个人内在动机，发挥主观能动性，积极努力去完成目标，将组织和有效的成员互动集中到组织关系网中，对组织保持高度承诺，减少离职倾向；相反，自我效能感低的人会减少自己的努力，更容易感受到外部压力，更易产生离职倾向或放弃的意图（Bandura，2015；Luthans et al.，2004；Larson et al.，2006；Avey et al.，2006；Avey et al.，2009；Avey et al.，2011）。不仅如此，自我效能感水平高的人在与他人的积极接触互动中，有助于形成自信心，在组织社会关系网中加强与同事的亲近能力。相反，自我效能感水平低的个人在同样任务的情况下，对人际关系缺乏自信心，与其他同事交流的机会越来越少，更容易感受到外部压力，进而想要离开组织的意向也就越来越高。Paek 等（2015）认为越是可以感知到自信心和希望的人，就越能得到社会支持，获得上司或同事的支持，进而导致组织投入，降低离职意图。

第二，希望一般跟学业、运动成就、身体和精神健康以及多种形态的适应性能力等其他积极状态的生活结果相关（Snyder，2000）。在组织层面上的实证研究中，组织成员的希望对成果及职务态度（组织投入和离职意图）等产生了显著的影响（Luthans & Youssef，2007；Avey et al.，2009；Avey et al.，2011）。Thompson(2005)研究结果表明，希望水平高的人为达成目标，会预测前进道路中的障碍因素，并寻求解决问题的方法，提高职务成果和组织投入，降低离职意图。另外，希望水平高的人会表现出较高的目标实现意志力，预测和减少前进中的危险因素，通过调动组织环境中的资源和动机来实现（Thompson，2005）。同时，希望水平高的人会积极努力与他人互动接触，形成强大的社会关系网络，以便达成自己的目标。希望水平高的人比起回避困难的应对方式，更愿意选择积极的应对方式，维持积极的心理状态（Snyder，2000），减少压力（Snyder et al.，2001），在人际关系中更加适应，得到更多社会支持，减少离职意图。

第三，乐观主义者对待压力给予外部归因，认为都是暂时的、外部原因导致的结果，不是个人能力不足产生的，总是期待积极的结果，保持心理上的从容状态。这种心理有用性水平的增加将促进乐观主义倾向，保持较高的热情水平，降低离职意图（Kahn，1990）。乐观主义对任务带来的压力起到缓冲作用，减少压力带来的负面影响，降低离职倾向（Avey et al.，2009）。乐观主义者对待他人总是从积极的角度，赋予亲和力与他人交流，可以毫不忌讳地付诸行动。而这种乐观主义倾向对社会资本形成起着重要作用。乐观主义者会在特定的组织环境中做出亲社会的行动，向其他同事提供帮助，进而形成社会资本。乐观主义越强，组织内就越善于利用人际关系，形成良好的社会资本，忠于组织，降低离职。

第四，韧性水平高的人不会只把困难因素视为造成负面结果或威胁的因素，可能会给困难因素赋予独特的积极价值（Masten，2001）。韧性水平高的人在面对负面问题时，积极寻找方法，努力恢复原状（Youssef & Luthans，2007），韧性水平低的人在困难的情况下会感到更多的压力，提高离职倾向（Avey et al.，2009）。具有高度韧性能力的人在复杂的组织环境中，接受现实问题，能够灵活应对预想不到的情况，提高适应能力（Coutu，2002），得到组织或上司的信任，强化组织投入，降低离职意图。相反，韧性水平低的人，会对组织或上司表现出被动的状态，信任度下降，更容易感受到压力，离职倾向也会增高。因此，韧性越高，自我尊重感就越高，进而形成社会关系的安全感，适应组织，缓解外来压力，离职意图也就越低。

综上所述，高水平的自我效能感充满热情和自信，不忌讳与同事共享知识，会受到很多尊重和信任，形成友好的人际关系。乐观主义者总是能够对结果进行积极的归因，对不好的事情通过自我调节很好地应对，认为是暂时的事情，以乐观的态度改善人际关系。希望强的人会努力与他人形成一个强大的网络，以便达成自己的目标。具有高度韧性的人在复杂的组织环境中，接受现实，能够灵活应对意外情况，提高适应能力，得到组织或上司的信任，通过升职或责任的增加降低离职意图。

Hobfoll(2002)研究认为企业员工工作投入所需的基础资源分为个人资源和关系资源。个人资源是个人所拥有的资源，是组织能够识别的个人品质，可以给员工带来积极的自我评价。个人资源主要包括乐观、自尊心、自我效能感等因素，通过对员工积极的自我评价，使员工对未来充满希望、增强适应性能力，进而提高工作满意度，降低离职意图。相反，关系资源是存在于社会关系网络中，通过沟通、交流以及合作获取的资源。个人资源可以影响员工对关系资源的认知(高中华等,2012)，充足的个人资源对关系资源的形成总是保持积极的态度，期待好的结果，而个人资源不足的人则对关系资源的形成持消极态度。心理资本是心理资源资本化的形式，是一种积极的个人资源，而社会资本是在社会关系网络中发现的一种关系资源。

根据资源保存理论，人们会维持、保护和投资其他资源以获取更多的资源。资源的损失是一种威胁，可能来自动态环境中的不确定性、危机、压力或困难。因此，面临不确定性、问题和压力时，员工往往利用个人资源(心理资本)和关系资源(社会资本)来保护其他资源，拥有大量社会资本的员工将调动资源，探索解决方案，并提高他们的适应性绩效。根据资源保存理论，拥有大量心理资本的员工可以在面临危机或不确定性时投资社会资本，借助关系资源解决危机，以创造性的方式解决问题，从而提高自适应性能；拥有丰富的心理资本和社会资本的员工可以与其他团队成员互动、共享信息、增加信任和凝聚力、分享公司目标、抑制不满、减轻压力，从而共同解决危机并适应新环境和新任务。

资源保存理论认为，个人为了预防资源的流失或压力，会提前获得大量资源或投资其他资源(高中华等,2012)。心理资本高的人为了预防资源流失，积极投资关系资源，获取上司和同事的信任，长此以往会得到更多资源。拥有大量积极心理资本的个人在积累组织内稀缺资源、维护和利用个人资源中处于有利地位。高水平的心理资本往往具有积极的心态，通过内在动机激发，积极解决工作中的问题，适应环境，减少对组织的投入，缓解离职意图。不仅如此，心理资本高的人会通过对组织内的上司和同事们的善意帮助或积极的关系互动，帮助自己获得更有价值的资源。基于上述分析，本研究提出以下假设。

H8：心理资本对离职意图有显著的负向影响。

H9：心理资本对社会资本有显著的正向影响。

H9a：心理资本对信任有显著的正向影响。

H9b：心理资本对网络互动有显著的正向影响。

H9c：心理资本对目标认知有显著的正向影响。

3.2.3.2 社会资本与离职意图

关于社会资本理论的研究如前面所论述的一样，学者们根据自身的研究目标和兴趣从个人（Burt，1997；Portes，1998；Lin，2001）、组织（Leana et al.，1999；Oh et al.，2004，2004）、社区（Putnam，1993）以及国家（Fukuyama，1995）等层面进行了大量研究。在组织管理层面，学者们主要探讨了社会资本对知识共享（Adler et al.，2002；Tsai et al.，1998）、创新（Tsai et al.，1998）、职业成功（Adler et al.，2002）等有积极的正向影响关系。关于工作态度方面，社会资本对工作满意度、组织投入具有正向影响关系，对离职意图具有负向影响关系。本研究在前人研究的基础上，分析社会资本的信任、网络互动以及目标认知对离职意图的影响。

首先，信任作为社会资本的构成要素，不仅可以提高组织成员之间的团结力，同时，还能减少因不信任造成的监管费用，降低离职意图。信任是以组织成员之间形成的友谊和相互尊敬关系进而对组织行为产生影响的。如果组织成员和组织之间的信任不足，信息交换和传达就不顺利，从而会发生因不确定性和风险因素导致的额外交易费用。个人交易成本上升会导致离职、退休和雇佣及培训费用等副作用。相反，如果相互之间的关系建立在信任的基础上，那么在组织活动中发生矛盾或压力时，通过成员之间的信任和纽带关系，可以缓和和容忍组织内的矛盾，互相理解，降低离职意图。Nahapiet 等（1998）以酒店企业为研究对象的研究结果显示，组织成员的合作和相互信任会提高成员的工作满意度，降低对组织的不信任和工作的不满，进而减少离职意图的动因。

其次，社会关系网络是组织社会资本存在的载体。Granovetter（1985）将社会关系网络定义为组织成员之间网络关系的属性特征，个人与部门之间的网络连接密度以及行为者之间的网络关系模式。社会关系网络的形成通过组织成员之间或部门之间的信息知识的传递与共享、积极参与以及沟通的流畅性，形成特殊的信任关系，并逐渐构建社会关系网络。组织成员之间的积极网络互动是缓解工作中产生压力等负面影响的主要因素。另外，网络互动水平较高的组织成员之间经常彼此接触交流，进而形成彼此的信任感，提高工作满意和组织投入，降低对工作的不满和对组织的不信任，减少想要跳槽到其他工作岗位的离职意图。Coleman（1988）认为社会关系网络是形成社会资本的最直接、最具体的条件，通过关系网络的信息共享、义务以及规范，可以减少不确定性风险。

最后，规范是组织成员长期互动而形成的共同价值观念、认知等非正式的认知体系。组织具有认知体系，认知体系是维持组织行为的连贯性，约束组织行为，保护组织行为规范、价值及组织文化的机制，与组织成员的流入或流出无关(Hedberg，1981)。McFadyen 等(2004)认为规范是组织成员之间达成共识的一种认知框架，在框架内共享信息，互换资源，统一认识，提升组织问题解决的能力，为组织信息积累做出贡献。Boland 等(1995)认为规范个人或组织成员共享的行动方式或解决组织问题的标准框架，是组织成员之间的约定，如果不遵守会受到一定的惩罚。组织内的成员可以通过遵守规范的规划来抑制组织内发生的不满或压力，为满足职务需求做出贡献。相反，好的认知体系或规范可以通过个人的规划来降低职务压力，预防离职意图。而且，认知体系或规范对组织文化的形成和工作环境的维护等产生积极影响，诱发共享意识，通过遵守规范形成彼此的信任，进而降低离职意图。

共同愿景是理解和履行组织认知体系的能力。组织认知体系是组织内的规范，解决个人或组织之间问题的标准框架，使组织成员遵守集体目标和秩序，是组织成员之间的约定(Coleman，1988)。共同愿景体现了组织成员的集体目标和愿望。当组织成员对如何相互交流有着相同的看法时，他们可以避免沟通中可能出现的误解，并有更多的机会自由交流想法或资源。此外，组织成员的共同目标或兴趣有助于他们看到资源交换和组合的潜在价值。因此，拥有共同愿景的组织成员更有可能成为共享或更换资源的合作伙伴。研究表明，共同愿景(如目标一致性)能将松散耦合的系统结合在一起，促进整个组织的整合(Orton et al.，1990)，降低离职意图。

依据 JD-R 模型，工作资源的获取可以更好激发员工工作投入，降低离职意图。员工工作资源不仅包含有形可见的物质资源，而且包含员工拥有的关系资源和个人强大的心理资源。当员工面临不可预测的情况时，使用关系资源解决危机情境是一种典型的反应。社会资本是员工建立个人资源网络的关系资源，可以促进员工之间的社会互动，增进彼此信任，从而缓解工作中的压力，提高满意度，降低离职意图。

综上所述，社会资本水平越高，就越能给上司或同事信任，通过信息交换减少不确定性，提高职务满足感，同时降低离职意图。不仅如此，拥有高水平的社会资本的个人，通过积极的网络互动寻求自己想要的资源和信息，使组织制定的规划或规范得到良好的认知，形成相互信任，对工作满意，降低离职意图。相反，拥有低水平社会资本的人，因为对上司或同事的不信任而感到压力更大，由于网络关系不稳定，彼此失去信任，无法认知组织规定的规划或规范，最终无法满足职务需求，离职倾向增加。由此可见，社会资本对离职意图具有负面影响。本研究提出以下假设：

H10：社会资本对离职意图有显著的负向影响。

H10a:信任对离职意图有显著的负向影响。

H10b:网络互动对离职意图有显著的负向影响。

H10c:目标认知对离职意图有显著的负向影响。

3.2.3.3 社会资本在心理资本与离职意图之间的中介作用

心理资本特征影响个体的社会资本形成。拥有大量心理资本的员工具有更强的自我效能感,更有可能信任他人,与人积极沟通,获得组织和同事的信任,从而获得更多的社会资源(吴炜炯等,2012)。丰富的心理资本可以使员工实现目标,建立社交网络,与同事保持沟通和互动,从而形成友好的关系网(Thompson,2005)。员工的积极情绪也会影响其社会资源的积累(Newman et al.,2018);面对困难时,他们以乐观的态度,寻求问题的解决方案,从而获得组织和同事的认可,促进社会资本形成与提升。工作要求—资源模型认为工作资源的获得会激发员工的工作动机,引发增益过程并导致工作效能提升(梁燕芳等,2021)。依据资源保存理论,为预防或者阻止个体的资源丧失,他们会积极获取、投资其他资源。即心理资本水平高的人在面临压力时,能积极主动地投资社会资本,以此减少离职意图;心理资本水平高的人在积累、维持以及运用组织内稀缺性资源的过程中占据有利位置,在面临危机困境和压力时,充分发挥自身潜能,激发内在动机,动用社会资本资源来创造性地解决工作中的挑战,进而增强适应性绩效就,减少离职意图。

心理资本水平高的人不仅可以在特定的组织环境中减少离职倾向,还可以加强组织内的社会资本。相反,拥有低水平的心理资本的人,无法自我控制,会受到相对的压力,离职意图会提高,会削弱组织内的社会资本。另外,Luthans 和 Youssef(2007)认为把自我效能感、希望、韧性、乐观主义看作一个整体,理解为综合的心理资源时,产生的整体作用比单个维度作用更显著,在个人的行动或动机上具有很高的解释力。因此,可以认为心理资本与离职意图和组织内的社会资本有关,社会资本可以中介心理资本和离职意图之间的作用。基于上述分析,假设如下。

H11:社会资本在心理资本与离职意图之间发挥中介作用。

H11a:信任在心理资本与离职意图之间发挥中介作用。

H11b:网络互动在心理资本与离职意图之间发挥中介作用。

H11c:目标认知在心理资本与离职意图之间发挥中介作用。

心理资本、社会资本与离职意图之间的关系研究模型如图 3-5 所示。

本研究的假设汇总详见表 3-1。本章内容是后续实证研究的基本依据,后面章节将围绕本章提出的概念模型和研究假设进行实证设计和检验。

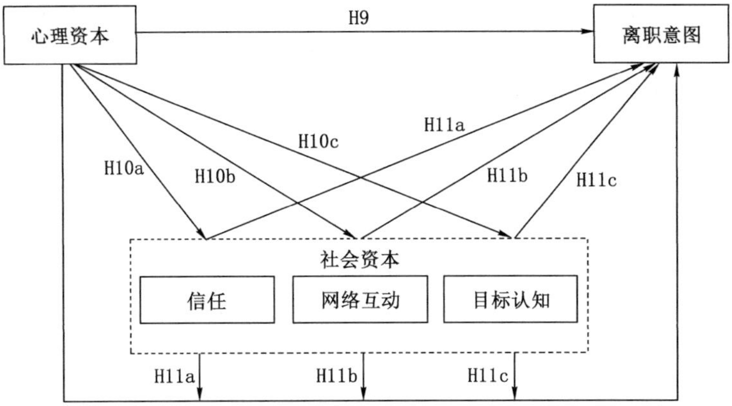

图 3-5　心理资本、社会资本与离职意图之间的关系研究模型

表 3-1　本研究的研究假设汇总

编号	研究假设
H1	心理资本对适应性绩效具有显著的正向影响
H1a	心理资本对压力和危机情境处理有显著的正向影响
H1b	心理资本对创造性问题解决有显著的正向影响
H1c	心理资本对人际关系和多元文化适应有显著的正向影响
H1d	心理资本对新知识和技能学习有显著的正向影响
H2	社会资本对适应性绩效有直接的正向影响
H2a	社会资本对压力和危机情境处理有显著的正向影响
H2b	社会资本对创造性问题解决有显著的正向影响
H2c	社会资本对人际关系和多元文化适应有显著的正向影响
H2d	社会资本对新知识和技能学习有显著的正向影响
H3	心理资本对社会资本有直接的正向影响
H4	社会资本在心理资本和适应性绩效之间起中介作用
H4a	社会资本在心理资本与压力和危机情境处理之间起着中介作用
H4b	社会资本在心理资本和创造性问题解决之间起着中介作用
H4c	社会资本在心理资本与人际关系和多元文化适应之间起中介作用
H4d	社会资本在心理资本与新知识和技能学习之间起中介作用
H5	变革准备性对适应性绩效有显著的正向影响
H5a	变革准备性对压力和危机情境处理有显著的正向影响
H5b	变革准备性对创造问题解决有显著的正向影响

表 3-1(续)

编号	研究假设
H5c	变革准备性对人际关系和多元文化适应有显著的正向影响
H5d	变革准备性对新知识和技能学习有显著的正向影响
H6	心理资本对变革准备性有直接的正向影响
H7	变革准备性在心理资本和适应性绩效之间具备中介作用
H7a	变革准备性在心理资本与压力和危机情境处理之间具备中介作用
H7b	变革准备性在心理资本和创造性问题解决之间具备中介作用
H7c	变革准备性在心理资本与人际关系和多元文化适应之间具备中介作用
H7d	变革准备性在心理资本和新知识和技能学习之间具备中介作用
H8	心理资本对离职意图有显著的负向影响
H9	心理资本对社会资本有显著的正向影响
H9a	心理资本对信任有显著的正向影响
H9b	心理资本对网络互动有显著的正向影响
H9c	心理资本对目标认知有显著的正向影响
H10	社会资本对离职意图有显著的负向影响
H10a	信任对离职意图有显著的负向影响
H10b	网络互动对离职意图有显著的负向影响
H10c	目标认知对离职意图有显著的负向影响
H11	社会资本在心理资本与离职意图之间发挥中介作用
H11a	信任在心理资本与离职意图之间发挥中介作用
H11b	网络互动在心理资本与离职意图之间发挥中介作用
H11c	目标认知在心理资本与离职意图之间发挥中介作用

第 4 章　员工心理资本提升适应性绩效的实证研究设计

本研究遵循 Churchill(1979)所建议的构念测量程序及原则,对初始量表进行设计和优化。首先,通过对现有文献的回顾与分析,明确构念的内容,阐释构念的可操作性定义,基于已有研究成果对相关变量进行操作化界定。其次,基于现有文献中已开发并经过检验的量表,依据研究目标和理论模型设计测量题项。再次,将本研究的研究目标、理论模型及变量测量题项交由本领域的专家学者,根据他们的意见改良量表,以确保测量题项能够准确、完整地反映调查内容。最后,利用定量分析方法对量表进一步提纯和精简,逐步剔除不合格的测量题项,形成最终测量量表。

4.1　变量的操作性定义与测量

4.1.1　适应性绩效的定义及测量

本研究借鉴 Pulakos 等(2000)、陶祎等(2006)相关研究成果,将适应性绩效定位为员工根据工作需要做出能动性适应环境的能力,具体表现为工作中压力与危机情境处理(5 项)、创造性问题解决(4 项)、人际交往和多元文化适应(6 项)、新知识和技能学习(6 项),详见表 4-1。

表 4-1　适应性绩效测量题项

变量	题项
压力与危机情境处理	ES1:在处理紧急问题时,我通常思维清晰且主次分明
	ES2:在处理紧急问题时,我能控制情绪,保持头脑冷静
	ES3:工作压力过高时,我能保持冷静
	ES4:我能够客观地处理紧急问题
	ES5:我能提出好几种备用方案解决工作中的应急问题

表 4-1(续)

变量	题项
创造性问题解决	CS1:出现复杂的问题时,我总是有创新的方法
	CS2:我善于从表面上无关的信息中找到新的解决方法
	CS3:我经常通过逆向思维想出解决问题的新方法
	CS4:我经常会找到别人没有发现的问题解决方法
人际关系和多元文化适应	IC1:我能与不同个性的人一起很好的工作
	IC2:在必要的时候我会调整自己的行为
	IC3:我愿意修正自己的行为,去适应其他文化和风俗习惯
	IC4:我愿意与不同文化背景的人维持良好关系
	IC5:我主动去理解公司的组织气氛、发展方向
	IC6:我主动了解其他部门的工作气氛、需要
新知识和技能学习	LE1:我有浓厚的兴趣学习与工作相关的新技术、新方法
	LE2:我学习新知识或新技能的速度很快
	LE3:我将学习到的新技术应用到工作中
	LE4:我采取必要方法使得知识和技能跟上潮流
	LE5:我能很快适应以前没有接触过的工作程序或工作内容
	LE6:我总是采取行动改正工作上发现的缺点

4.1.2 心理资本的定义及测量

本研究借鉴 Luthans 和 Youssef(2007)以及 Paek 等(2015)相关研究成果,将心理资本定义为动员激发个体潜能,应对动态环境变化的内生性积极心理资源。关于心理资本的量表采用 Luthans 和 Youssef(2007)开发的 Psychological Capital Questionnaire(PCQ)问卷,把心理资本分为自我效能感、希望、乐观主义和韧性共 4 个维度,每个维度分别有 6 个题项,共 24 道题。详见表 4-2。

表 4-2 心理资本测量题项

变量	题项
自我效能感	SC1:我相信自己能够分析长远的问题,并找到问题解决的方法
	SC2:与管理层开会时,在陈述自己工作业务时,我很自信
	SC3:讨论公司战略问题时,我能很自信地分享我的意见
	SC4:我相信自己能够帮助设定目标,在我的工作范围内
	SC5:我相信自己能够与公司外部的人(比如客户)联系,并讨论问题
	SC6:我可以很自信地在同事面前陈述信息

表 4-2(续)

变量	题项
希望	HO1：如果我在工作中陷入困境，我能想出很多办法摆脱出来
	HO2：目前，我在精力饱满地完成自己的工作目标
	HO3：无论任何问题，都有很多解决方法
	HO4：目前，我认为自己在工作上算得上成功
	HO5：我能想出很多办法来实现我目前的工作目标
	HO6：目前，我正在实现我为自己设定的工作目标
乐观主义	OP1：在工作中，当遇到不确定的事情时，我通常期盼好的结果
	OP2：对于工作中发生不利的事情，认为是暂时的和有办法解决的
	OP3：对于自己的业务，我常常看到事情积极的一面
	OP4：对于我的工作，无论未来会发生什么，我都乐观看待
	OP5：在我目前的工作中，事情正在像我期望的那样发展
	OP6：工作时，我总相信“黑暗的背后就是光明，不用悲观”
韧性	RE1：在工作中遇到挫折时，我能很快从中恢复过来，并继续前进
	RE2：在工作中，我无论如何都会去解决遇到的难题
	RE3：在工作中，如果有某项工作不得不去做，我也能独立应战
	RE4：我通常对工作中的压力能泰然处之，冷静对待
	RE5：因为以前经历过很多磨难，所以我现在能挺过工作上的困难时期
	RE6：在我目前的工作中，我感觉自己能同时处理很多事情

4.1.3　社会资本的定义及测量

关于社会资本的定义，由于研究对象、研究目标、研究内容以及研究层次的不同，尚未有一个统一的概念。但是，无论社会资本如何被定义，社会资本广泛存在于社会关系网络中，学者们已对此达成一致。本研究关注酒店员工个体层面的社会资本，将社会资本定义为员工个人在酒店组织内部中拥有的人际关系性资源，个人能有效调动、激活关系资源的能力，进而将其转化为社会资本，具体维度包含信任、交际互动以及目标认知。Chow 等(2008)认为员工通过频繁的人际互动接触、相互了解，能增进彼此之间的信任水平，共享组织内的信息，进而形成员工的无形资源即社会资本。组织内的信任是指个人坚信对方不会做伤害自己行为的信念，无须对他人进行监视和管控的自发性的一种内生性心理状态(Gambetta，1988)；组织内的交际互动是指个人与他人迅速缔结关系，获取有用信息的能力；目标认知是指组织内解决问题的基准框架，是实现组织目标和维持秩序的组织成员之间的一种约定，是员工认知、遵守共同约定的水平。本研究参照 Chow 等(2008)和 Nahapiet 等(1998)的量表，把社会资本分成信任(3 个题项)、网络互动(5 个题项)、目标认知(3 个题项)共 3 个维度，共 11 个题项。详见表 4-3.

表 4-3 社会资本测量题项

变量	题项
信任	ST1：工作上，当我陷入困境时，我觉得其他同事会帮助我
	ST2：假如我需要帮助时，我确信其他同事一定会帮助我
	ST3：为了更有效地处理业务，我常常很信任并委托其他同事
网络互动	SN1：业务上，我跟其他同事一直保持着紧密的沟通联系
	SN2：业务之外，我也跟其他同事保持着很好的关系，并好好相处着
	SN3：工作上，我能很容易地跟其他部门接触并沟通
	SN4：工作上的事情，我可以跟其他同事很自由地对话并讨论
	SN5：我能跟其他同事共享互相需要的信息
目标认知	SG1：关于公司内的重要事情，我跟其他同事往往保持着一致观点
	SG2：在公司里面，我和其他同事经常彼此共享公司的目标和希望
	SG3：对于公司的目标以及任务，我和其他同事总是很热诚地努力

4.1.4 变革准备性的定义及测量

本研究借鉴 Bouckenooghe 等(2009)的研究成果，关注个人层面变革准备性，将变革准备性定义为员工对内外环境变化的认知、态度及行为意向。本研究参照 Bouckenooghe 等(2009)、邓今朝等(2017)的量表，把变革准备性分成情感准备性(5 个题项)，认知准备性(5 个题项)，参与准备性(3 个题项)共 3 个维度，13 个题项。具体见表 4-4。

表 4-4 变革准备性测量题项

变量	题项
认知准备性	CR1：我认为大部分的变革都会对我们的顾客或者客户产生负面影响
	CR2：我认为未来改善的计划不会很多
	CR3：为了解决目前的一些问题，我认为大部分的变革项目都不会有太大的帮助
	CR4：我认为变革会推动公司的发展
	CR5：我认为变革会使业务简单化

表 4-4(续)

变量	题项
情感准备性	ER1:我对组织变革项目有很好的感觉
	ER2:我感觉变革将是一个积极的经历
	ER3:我觉得变革可以注入新鲜血液,恢复生机
	ER4:我对变革多少都会有些抵触
	ER5:我很忌讳或者抵触对我的业务有所变化
参与准备性	IR1:我想参与到公司变革的进程中
	IR2:我将决心奉献很多投入到变革当中
	IR3:对于公司的变革,我将投入更多的精力

4.1.5 离职意图的定义及测量

离职意图是想离开成员自己所属的组织,转移到其他组织的心理态度,是组织成员放弃现在组织成员身份,打算离开现在工作岗位的意向程度(Mobley,1982;Meyer et al.,1991;Avey et al.,2009)。本研究参照 Meyer 等(1991)和 Han 等(2012)的量表,采用 4 个题项进行测量,即 TI1"我最近一直在考虑离职问题",TI2"如果有其他用人单位聘请,我将跳槽离开这个工作",TI3"我经常考虑辞去目前的工作",TI4"我实际上现在一边工作,一边在寻找其他的工作"。

4.2 初始问卷的设计与修改

将上述研究模型中各变量的测量题项进行汇总,然后补充调查对象的人口统计信息,形成了本研究的初始调查问卷。调查问卷主要由 6 个部分组成:第一部分为酒店员工的心理资本测量,包括自我效能感(6 个题项)、希望(6 个题项)、乐观主义(6 个题项)、韧性(6 个题项)等 4 个变量。第二部分为员工的适应性绩效测量,包括压力和危机情境处理(5 个题项)、创造性问题解决(4 个题项)、人际关系和多元文化适应(6 个题项)、新知识和技能学习(6 个题项)等 4 个变量。第三部分为社会资本的测量,包括信任(3 个题项)、网络互动(5 个题项)、目标认知(3 个题项)等 3 个变量。第四部分为变革准备性的测量,包括认知准备性(5 个题项)、情感准备性(5 个题项)、参与准备性(3 个题项)等 3 个变量。第五部分为离职意图的测量,由 1 个变量、4 个题项组成。第六部分为个人的人口统计信息调查,包括性别、年龄、教育水平、酒店等级、工作年限和酒店位置等问题。本问卷的第 1~5 部分采用李克特 5 级量表对变量进行测量,其中,"1"表示"完全不同意”,“2”表示“不同意”,“3”表示“不确定”,“4”表示“有点同意”,“5”表示“非常同意”。问卷的第 6 部分则采用类别量表。

初始问卷形成之后,为确保其内容效度,邀请旅游管理专业博士 2 人、市场营销学博士 1 人、语言文字学博士 1 人以及英语专业硕士 2 人组成焦点小组,对初始问卷的测量题项进行逐一检查。检查内容包括:① 对于部分参考国外学者开发量表的题项,检查翻译的合理性;② 借鉴其他研究领域成熟量表的题项,检查其在酒店领域的适用性及表述的针对性;③ 每个变量的测量题项是否有重复,是否需要合并或精简;④ 每个测量题项的文字表达是否准确、精炼,是否易于调查对象理解或产生歧义。根据焦点小组讨论的结果,对初始问卷进行修正和完善,形成优化后的调查问卷。

4.3　预调查与正式问卷的确定

为进一步发现和解决调查问卷中可能存在的问题,提高测量量表的信度和效度,以确保大规模调查能够达到理想效果,本研究首先进行了小规模的预调查。预调查对 4 名酒店人力资源总监和 50 多名一线酒店员工进行了预测试。根据预测试的结果和建议,对问卷措辞进行了轻微修改,以确保调查对象对术语的理解。另外,请 10 位未参与本问卷设计及优化过程的朋友认真填写,统计完成问卷所需要的时间,发现 10 位调查对象耗用时间为 210～305 秒,平均耗时 260 秒,由此设定 200 秒为判断问卷填写是否认真的界线。此外,为了评估所采用的量表的可靠性,每个量表都独立地进行了 Cronbach's α 检验,0.70 或更高的值被认为是当前研究的可接受阈值(Cronbach,1951)。

4.4　正式调查问卷的发放与回收

本研究调研以国内四星级和五星级酒店内工作的一线员工为调查对象,采用非随机抽样的目的性抽样方法,在具有代表性的省市选取四星级或五星级酒店。样本来自北京、广东(深圳、广州)、江苏(南京、苏州、常州)、山东(济南、青岛、烟台)、上海、浙江(杭州、宁波)。这些城市经济发达,人均收入高,风景名胜较多,具有很好的代表性。向 6 个省市的四星级和五星级酒店共发放了 600 份问卷,所有受访者都在酒店工作至少 6 个月以上。数据收集时间为 2018 年 6 月至 2018 年 7 月,数据收集采用线上和线下相结合的方式,线下数据主要通过与各酒店人力资源部门联系收集,酒店人力资源部门给予许可,并帮助从参与者那里获取数据。所有纸质问卷都密封在信封里,以保护员工信息。如果受访者在工作中无法填写问卷，可以在微信平台上填写问卷。为了更准确地检验心理资本、社会资本、变革准备性和酒店一线员工适应性绩效之间的因果关系，降低共同方法偏差，每两周收集两次数据。第一次调查收集酒店一线员工的心理资本数据、社会资本和人口统计信息；第二次收集变革准备性和适应性绩效以及离职意图的数据。为了匹配两次调查的数据，用员工的身份号码进行了编号。

本次调查共发放 600 份问卷，回收 429 份，并按照如下规则对所获取的 429 份问卷进行筛选：① 完成问卷耗用时间为 200 秒以下的问卷，视为不认真填写，需剔除；② 所有题项选择同一答案或规律性选择答案的问卷，视为无效问卷，需剔除；③ 答题者来源于同一 IP 地址且大部分题项答案雷同的，只保留 1 份问卷，其他均删除。根据上述筛选规则，共获得有效问卷 304 份，有效问卷率为 70.86%。

4.5　样本数据分析方法

本研究对问卷调查资料结果采用如下方法进行分析：

① 为了验证测量尺度的内部一致性，使用 SPSS 19.0，通过 Cronbach's α 系数值检验其信度。

② 为了验证样本构成概念的基本拟合度，使用 AMOS 17.0 对此进行验证性因子分析。

③ 为了验证测量因素之间的内在拟合度，通过计算潜变量的组合信度(composite reliability，CR)和平均方差(average variance extracted，AVE)来判断其聚合效度(convergent validity)。

④ 为了验证测量因素之间的区别效度(discriminant validity)，通过计算[$\varnothing \pm 2 \times$S. E.](Woo，2012)是否包含 1 来判断其区别效度。

⑤ 为了验证整个模型的拟合度是否合适，通过 AMOS 17.0，使用协方差结构分析其结构模型。

⑥ 为了判断和确认中介变量的中介效应是否为完全中介或者部分中介，通过 Bootstrapping(Lee et al.，2015)方法进行验证。

第5章 心理资本提升适应性绩效的机理实证分析

本章基于正式调研收集到的样本对研究模型进行实证分析与检验，主要内容包括：① 对样本的人口统计变量进行描述性统计分析；② 为了验证测量尺度的内部一致性，对量表进行信度和效度分析；③ 对研究假设进行检验。研究过程中，采用探索性因子分析（EFA）检验各变量的单维性及共同方法偏差的影响，同时运用结构方程模型（SEM）的验证性因子分析（CFA）和潜变量路径分析方法检验测量工具的信度和效度，以及研究模型与样本数据的拟合程度，通过计算潜变量的组合信度和平均方差来判断其聚合效度，进而验证研究假设。

结构方程模型（SEM）是一种基于统计分析技术的研究方法，该方法有效整合了因子分析和路径分析这两种在社会与行为科学领域非常重要的统计技术，可用来处理复杂的多变量研究数据的探究与分析。其优势在于考量了多变量之间的真实关系，与传统的线性回归模型相较，所估计的参数更加准确，且无须特别考虑控制变量。不仅如此，该方法有别于回归方程那样将测量误差囊括到方程内部，能够有效地将测量误差排除在关系方程之外。基于此，本研究选择该研究方法进行本章的实证分析。

5.1 样本总体描述性统计分析

在有效问卷的样本分布中，从事酒店业工作的女性比例相对较高，女性比重为 62.5%，男性比重为 37.5%，符合我国酒店普遍特征。年龄分布上，主要集中在 20～29 岁，所占比重达 50.7%，其次是 30～39 岁的占 36.2%，40～49 岁的占 12.2%，50 岁以上的占 0.9%，说明调查对象偏年轻化，该类群体大都在大学毕业以后的工作上升期，与本研究的主要研究对象酒店一线员工较为吻合。教育程度分布上，拥有大专层次的受访者所占比例最高（74.3%），其次是拥有本科学位的受访者占 19.2%，硕士和高中分别占 3.6%和 2.9%，说明调查对象的学历层次基本是大专学历，符合当前酒店业一线员工的基本特征。酒店员工所在的酒店等级分布中，四星级和五星级分别占 47.4%和 52.6%，酒店等级数量分布均匀，样本具有普遍代表性。酒店员工的工作年限普遍在 3～5 年，占41.8%，其次是低于 3 年的，占 33.2%，大于 5 年的占 25%。酒店位置占比从高到低分别是广东(26.3%)、北京(18.1%)、上海(17.8%)、山东(16.8%)、江苏(10.5%)和浙江(10.5%),基本上与我国内陆省份经济发展水平相一致,样本较有代表性。具体样本的个人人口统计分析结果如表 5-1 所示。

表 5-1　样本人口统计信息统计(*N*=304)

统计变量		样本数/个	占比/%
性别	男	114	37.5
	女	190	62.5
年龄	20～29 岁	154	50.7
	30～39 岁	110	36.2
	40～49 岁	37	12.2
	50 岁以上	3	0.9
教育程度	高中	9	2.9
	大专	226	74.3
	本科	58	19.2
	硕士及以上	11	3.6
酒店等级	四星级	144	47.4
	五星级	160	52.6
工作年限	低于 3 年	127	41.8
	3～5 年	101	33.2
	高于 5 年	76	25
酒店位置	北京	55	18.1
	广东	80	26.3
	江苏	32	10.5
	山东	51	16.8
	上海	54	17.8
	浙江	32	10.5

5.2　信度与效度检验

第一,验证性因子分析。使用 AMOS 22.0 结构方程式软件检验样本构成因子的基本拟合度。第二,变量的聚合效度分析。计算潜在变量的组合信度和平均方差,以此判断聚合效度大小,以此检验变量之间的内在拟合度。第三,变量的区别效度分析。通过计算[∅±2×S. E.]的值,比较结果是否包含1,以此判断测量因子之间的差异性。第四,协方差结构分析。利用协方差结构分析整体研究结构模型,判断整体模型的拟合度。第五,中介作用检验。通过Bootstrapping算法检验中介变量的中介效应。

5.2.1 信度检验

信度是指测量结果的一致性与稳定性,即不同观测指标对同一变量进行测量的可靠性程度。信度检验方法通常包括重测信度、复本信度、内部一致性信度等,本章使用修正题项后总相关系数(corrected item-total correlation,CITC)和Cronbach's α系数来检验正式量表的信度。其中,CITC分析参照Churchill(1979)的观点,如果某个题项的CITC值小于0.4,则需重新分析确定该题项的保留或删除。对Cronbach's α系数的判断则依照Cronbach(1951)提出的观点,即α值低于0.65表明量表信度不可接受;α值在0.65~0.70之间时基本可以接受;α值在0.70~0.80之间表明量表信度良好;α值大于0.80说明量表具有非常好的信度。

各变量测量题项的CITC值介于0.567~0.892之间,全部高于0.4的最低标准,未发现需删除的题项,表明样本所有测量题项的可信程度较高。为了验证三个模型的测量尺度的内部一致性,使用SPSS 19.0,通过Cronbach's α系数值检验其信度。首先,心理资本的信度通过表5-2可以看出,心理资本的二级维度的信度分别是自我效能感0.76、希望0.73、乐观主义0.70、韧性0.71,全部高于标准的0.65门槛值,说明具有较高的信度。其次,变革准备性的信度通过表5-3可以看出,变革准备性的二级维度的信度分别是认知准备性0.726、情感准备性0.714以及参与准备性0.759,所有信度全部高于判断标准的0.65,说明具有较高的信度。再次,社会资本和离职意图的信度通过表5-4可以看出,信任、网络互动、目标认知以及离职意图的信度Cronbach's α值介于0.70~0.901之间,全部高于0.65的最低门槛值,说明具有较高的信度。最后,适应性绩效的信度通过表5-5可以看出,适应性绩效的二级维度的信度值分别是压力与危机情境处理0.789、创造性问题解决0.786、人际关系和多元文化适应0.772以及新知识和技能学习0.836,所有变量信度值全部高于判断标准的0.65。由此表明,本研究所用的测量工具表现出较高的信度。

表 5-2　心理资本的信度分析

变量	题项	标准化因子载荷	Cronbach' α
自我效能感	SC1	0.623	0.76
	SC2	0.877	
	SC3	0.838	
	SC4	0.704	
	SC5	0.824	
	SC6	0.762	
希望	HO1	0.845	0.73
	HO2	0.819	
	HO3	0.811	
	HO4	0.784	
	HO5	0.829	
	HO6	0.764	
乐观主义	OP1	0.842	0.70
	OP2	0.758	
	OP3	0.818	
	OP4	0.847	
	OP5	0.784	
	OP6	0.865	
韧性	RE1	0.850	0.71
	RE2	0.754	
	RE3	0.803	
	RE4	0.737	
	RE5	0.782	
	RE6	0.766	

表 5-3　变革准备性的信度分析

变量	题项	标准化因子载荷	Cronbach' α
认知准备性	CR1	0.706	0.726
	CR2	0.726	
	CR3	0.716	
	CR4	0.756	
	CR5	0.700	
情感准备性	ER1	0.700	0.714
	ER2	0.698	
	ER3	0.705	
	ER4	0.709	
	ER5	0.729	
参与准备性	IR1	0.706	0.759
	IR2	0.726	
	IR3	0.756	

表 5-4　社会资本和离职意图的信度分析

变量	题项	标准化因子载荷	Cronbach' α
信任	ST1	0.744	0.798
	ST2	0.845	
	ST3	0.836	
网络互动	SN1	0.746	0.760
	SN2	0.764	
	SN3	0.764	
	SN4	0.709	
	SN5	0.741	
目标认知	SG1	0.820	0.801
	SG2	0.886	
	SG3	0.749	
离职意图	TI1	0.915	0.901
	TI2	0.865	
	TI3	0.862	
	TI4	0.878	

表 5-5　适应性绩效的信度分析

变量	题项	标准化因子载荷	Cronbach' α
压力与危机情境处理	ES1	0.756	0.789
	ES2	0.798	
	ES3	0.859	
	ES4	0.856	
	ES5	0.826	
创造性问题解决	CS1	0.825	0.786
	CS2	0.756	
	CS3	0.789	
	CS4	0.769	
人际关系和多元文化适应	IC1	0.756	0.772
	IC2	0.726	
	IC3	0.789	
	IC4	0.728	
	IC5	0.756	
	IC6	0.739	
新知识和技能学习	LE1	0.708	0.836
	LE2	0.712	
	LE3	0.756	
	LE4	0.759	
	LE5	0.789	
	LE6	0.800	

5.2.2　效度检验

效度是指测量工具或方法能够准确测量出目标事物的程度，如果测量结果与真实值越接近，则效度越高。效度分析一般主要包括内容效度（content-related validity）、结构效度（construct-related validity）两方面。内容效度主要由专业领域的学者专家对测量题项与内容的准确性做出判断，而结构效度一般用聚合效度和区别效度来判断。首先，本研究所涉及变量的测量题项主要来源于国内外成熟的已有研究成果，其信效度已经过相关研究的检验。其次，本研究以先前学者开发的量表为基础，依据研究内容进行了适当调整，调整后的测量题项经多名旅游学、管理学领域的专家讨论，一致认为能够反映所测量的内容。再次，将英文翻译成中文过程中，由两位独立的双语专家将其翻译成英文，以确保翻译质量，并邀请汉语言文字学、英语专业的博士和硕士对测量题项的翻译和表述进行修正，确保文字表述的本土化和准确性。最后，在正式发放问卷之前对 4 名酒店人力资源主管和 50 多名一线员工进行了预测试。根据预测试的结果和建议，对问卷措辞进行了细微的修改，以确保员工能够高效、准确地理解说明和术语。通过以上努力，本研究所采用的量表应该体现了良好的内容效度。

Bagozzi 等(1988)认为，评估假设模型与观测数据的拟合程度需同时考虑以下三种指标：基本适配度、内在适配度以及整体适配度。基本适配度主要通过分析测量误差及因子载荷的数值来检验模型的系统误差和辨识问题等，通常通过以下方法判断：① 估计参数中不能出现负的误差方差；② 估计参数统计量彼此间相关的绝对值不能太接近于 1；③ 观测变量的因子载荷值介于 0.50～0.95 之间；④ 标准误不能过大。内在适配度方面：① 个别观测变量的项目信度需要在 0.50 以上；② 潜变量的组合信度应在 0.60 以上；③ 潜变量的平均方差抽取量在 0.50 以上；④ 所有参数的估计值达到显著水平(t 值绝对值大于 1.96)；⑤ 标准化残差的绝对值小于 2.58，修正指数小于 3.84。整体适配度指标包括绝对拟合指数、相对拟合指数和简约拟合指数。其中，常用的绝对拟合指数有卡方统计值(χ^2)、残差均方根(RMR)、标准化残差均方根(SRMR)、近似误差均方根(RMSEA)、拟合优度指数(GFI)和修正拟合优度指数(AGFI)等；相对拟合指数有比较拟合指数(CFI)、规范拟合指数(NFI)、非规范拟合指数(NNFI)、增量拟合指数(IFI)等；简约拟合指数有简约规范拟合指数(PNFI)和简约拟合优度指数(PGFI)等。

大多学者以 $\chi^2/df<3$ 作为可接受标准，但部分学者采用较为宽松的准则，如果 $\chi^2/df<5$ 即可接受。由于 RMR 指标受测量工具量尺单位的影响很大，学者们大多使用 SRMR 指标，其值介于 0～1 之间，可接受范围为小于 0.08。RMSEA 通常被看作最重要的适配度指标，其值介于 0～1 之间，值越小，表明模型的适配度越高。McDonald 等(2002)建议以 0.05 为良好模型拟合门槛，以 0.08 为可接受模型拟合门槛。

目前，大多学者接受的标准为：RMSEA＞0.10 时，模型适配度欠佳；RMSEA 介于 0.08～0.10 之间时，适配度尚可；RMSEA 介于 0.05～0.08 之间时，适配度良好；RMSEA 低于 0.05 则表明适配度非常好(Browne et al.，1992)。GFI、AGFI、CFI、NFI、NNFI、IFI 等指标的数值介于 0～1 之间，越接近于 1，表明模型的适配度越高，通常的建议判别标准为大于 0.90；PGFI 和 PNFI 的指标值同样介于 0～1 之间，其值越大越好，一般高于 0.50 为可接受标准。面对小样本与大自由度时，NFI 值在检验模型适配度中会有低估的现象，由于 NNFI 值考虑了自由度的影响，为更多的研究者所使用。依据上面的判断标准，本研究将报告 χ^2/df、RMSEA、GFI、AGFI、IFI，CFI 等拟合指数。需要说明的是，通常卡方值的显著性概率值（p 值）也可用于衡量模型的拟合程度。

为分析各因素之间的效度，使用 AMOS 22.0 对各因子进行验证性因子分析（confirmatory factor analysis，CFA），并以此验证测量模型的合理性。因为本书的研究模型的构念如心理资本、社会资本、变革准备性以及适应性绩效都是多层次组成的合成概念，所以在进行验证性因子分析时需要进行二阶因子分析。首先，针对心理资本、社会资本、变革准备性以及适应性绩效的二级维度进行平均计算转换为观测变量；其次，再根据二级维度分析上层维度的效度，验证测量模型的合理性。

在第一阶段验证性因子分析中，GFI 值低于判断标准值，因此使用修改指数（modification indices）去掉了部分题项。被去掉的题项是：心理资本 6 项（自我效能感 1 个，希望 1 个，乐观主义 2 个，韧性 2 个），社会资本 3 项（网络互动 2 个，目标认知 1 个），变革准备性 5 项（情绪 3 个，认知 2 个），适应性绩效 2 项（人际关系 2 个）。剩余题项的验证性因子拟合度指标良好，如表 5-6 所示。

第二阶段，对各个模型的整体拟合指数进行测量。酒店员工心理资本、社会资本以及适应性绩效之间的关系的整体验证性因子分析结果如表 5-7 所示。结果发现 χ^2/df＝1.784，RMSEA＝0.051，GFI＝0.960，AGFI＝0.930，IFI＝0.988，CFI＝0.987，各项拟合指标均达到可接受标准，说明测量模型能较好地拟合样本数据。根据 Gerbing 等（1988）的判断标准，组合信度和平均方差的系数值通过表 5-7 可以看出高于标准值（CR：0.7 以上；AVE：0.5 以上），由此可以判断测量因子之间拥有较好的聚合效度。陈晓萍等（2008）指出，作为检验构念效度的先决条件，假设的理论模型需要与抽样得到的数据很好地契合，测量指标在所要测量的构念上的因子载荷值应很高，而测量指标受到随机误差影响的程度应该很低。至于因子载荷应多高，Jöresko 等（1989）的观点是，标准化因子载荷值应大于 0.45，且 t 值显著，可说明测量模型的聚合效度良好。石贵成等（2005）的研究表明，可以通过标准化因子载荷值与标准误差的比值来判断聚合效度，如果前者比后者大 2 倍以上，则说明测量模型具有很高的聚合效度。

表 5-6　二阶因子的验证性因子分析

变量	题项	标准化因子载荷	Cronbach' α	拟合指数
自我效能感	SC1	0.623	0.83	χ^2=259.301 p=0.000 df=129 χ^2/df=2.010 GFI=0.913 AGFI=0.884 RMSEA=0.058
	SC2	0.877		
	SC3	0.838		
	SC4	0.704		
	SC5	—		
	SC6	0.762		
希望	HO1	0.845	0.73	
	HO2	0.819		
	HO3	—		
	HO4	0.784		
	HO5	0.829		
	HO6	0.764		
乐观主义	OP1	—	0.70	
	OP2	0.758		
	OP3	0.818		
	OP4	0.847		
	OP5	—		
	OP6	0.865		
韧性	RE1	0.850	0.71	
	RE2	0.754		
	RE3	—		
	RE4	0.737		
	RE5	0.782		
	RE6	—		

表 5-6(续)

变量	题项	标准化因子载荷	Cronbach' α	拟合指数
信任	ST1	0.744	0.798	$\chi^2=51.331$ $p=0.000$ df=17 $\chi^2/df=3.019$ GFI=0.960 AGFI=0.916 RMSEA=0.075
	ST2	0.845		
	ST3	0.836		
网络互动	SN1	0.746	0.760	
	SN2	—		
	SN3	—		
	SN4	0.709		
	SN5	0.741		
目标认知	SG1	—	0.801	
	SG2	0.886		
	SG3	0.749		
离职意图	TI1	0.915	0.901	$\chi^2=5.695$ $p=0.049$ df=2 $\chi^2/df=2.848$ GFI=0.991 AGFI=0.954 RMSEA=0.078
	TI2	0.865		
	TI3	0.862		
	TI4	0.878		
认知准备性	CR1	0.706	0.756	$\chi^2=41.331$ $p=0.000$ df=12 $\chi^2/df=3.444$ GFI=0.960 AGFI=0.916 RMSEA=0.075
	CR2	—		
	CR3	0.716		
	CR4	—		
	CR5	0.700		
情感准备性	ER1	0.700	0.734	
	ER2	—		
	ER3	—		
	ER4	0.709		
	ER5	0.729		
参与准备性	IR1	0.706	0.759	
	IR2	0.726		
	IR3	0.756		

表 5-6(续)

变量	题项	标准化因子载荷	Cronbach' α	拟合指数
压力和危机情境处理	ES1	0.756	0.821	χ^2=126.301 p=0.000 df=129 χ^2/df=0.979 GFI=0.923 AGFI=0.924 RMSEA=0.058
	ES2	0.798		
	ES3	0.859		
	ES4	0.856		
	ES5	0.826		
创造性问题解决	CS1	0.825	0.836	
	CS2	0.756		
	CS3	0.789		
	CS4	0.769		
人际关系和多元文化适应	IC1	0.756	0.826	
	IC2	0.726		
	IC3	—		
	IC4	—		
	IC5	0.756		
	IC6	0.739		
新知识和技能学习	LE1	0.708	0.826	
	LE2	0.712		
	LE3	0.756		
	LE4	0.759		
	LE5	0.789		
	LE6	0.800		

表 5-7　心理资本、社会资本以及适应性绩效的验证性因子分析结果

构成概念	测量因子	因子载荷量	标准误差	t	组合信度	AVE	拟合度指数
心理资本	自我效能感	0.834	0.007	10.015	0.879	0.646	χ^2=67.794 df=38 p=0.000 GFI=0.960 AGFI=0.930 CFI=0.987 IFI=0.988 RMSEA=0.051
	希望	0.813	0.009	10.592			
	乐观主义	0.780	0.008	10.468			
	韧性	0.789	0.007	10.433			
社会资本	信任	0.731	0.018	10.278	0.769	0.527	
	网络互动	0.744	0.010	9.245			
	目标认知	0.702	0.015	10.696			
适应性绩效	压力和危机情境处理	0.843	0.007	10.292	0.891	0.675	
	创造性问题解决	0.721	0.013	11.581			
	人际关系和多元文化适应	0.841	0.006	10.397			
	新知识和技能学习	0.872	0.006	9.453			

此外，Fornell 等(1981)提出通过计算平均方差(AVE)的方式来判断估计聚合效度大小，其中，AVE 越大，则随机测量误差越小，测量题项越能代表潜变量。Fornell 等(1981)认为 AVE 一般不能低于 0.5，否则该量表的聚合效度存在问题。如表 5-7 所示，心理资本、社会资本、适应性绩效等 3 个潜变量的 AVE 值分别为 0.646、0.527、0.675，均高于 0.5 的门槛值，说明测量模型中，观测变量被潜在变量所揭示的变异量远高于被测量误差所解释的变异量，说明测量模型具有较高的聚合效度。

酒店员工心理资本、变革准备性以及适应性绩效之间的关系测量模型的拟合指标如表 5-8 所示，$\chi^2/df=1.773$，RMSEA＝0.051，GFI＝0.962，AGFI＝0.933，IFI＝0.988，CFI＝0.988，各项拟合指标均达到可接受标准，说明测量模型能较好地拟合样本数据。从表 5-8 可以看出，各测量题项在所测变量上的因子载荷都在 0.002 的水平上显著，根据 Gerbin 等(1988)的判断标准，测量模型具有良好的聚合效度。此外，组合信度和平均方差均高于标准值，心理资本、变革准备性和适应性绩效等 3 个潜变量的 AVE 值分别为 0.679、0.569、0.675，均高于 0.5 的门槛值，说明测量模型中，观测变量被潜在变量所揭示的变异量远高于被测量误差所解释的变异量，测量模型具有较高的聚合效度。

表 5-8　心理资本、变革准备性以及适应性绩效的验证性因子分析结果

构成概念	测量因子	因子载荷量	标准误差	t	组合信度	AVE
心理资本	自我效能感	0.834	0.007	10.015	0.894	0.679
	希望	0.813	0.009	10.592		
	乐观主义	0.830	0.008	10.468		
	韧性	0.819	0.007	10.433		
变革准备性	认知准备性	0.810	0.018	7.746	0.798	0.569
	情感准备性	0.735	0.021	10.327		
	参与准备性	0.715	0.017	9.844		
适应性绩效	压力和危机情境处理	0.843	0.007	10.292	0.891	0.675
	创造性问题解决	0.721	0.013	11.581		
	人际关系和多元文化适应	0.841	0.006	10.397		
	新知识和技能学习	0.872	0.006	9.453		
拟合度指数	$\chi^2=67.387$　df＝38　p＝0.002.　GFI＝0.962 AGFI＝0.933　CFI＝0.988　IFI＝0.988　RMSEA＝0.051					

酒店员工心理资本、社会资本以及离职意图之间关系的测量模型的拟合指

标如表 5-9 所示，χ^2/df=1.655，RMSEA=0.053，GFI=0.965，AGFI=0.944，IFI=0.988，CFI=0.988，p=0.013 各项拟合指标均达到可接受标准，组合信度和平均方差均高于标准值说明测量模型能较好地拟合样本数据。从表 5-9 可以看出，各测量题项在所测变量上的因子载荷都在 0.013 的水平上显著，根据 Gerbing 等(1988)的判断标准，测量模型具有良好的聚合效度。另外，心理资本、社会资本和离职意图等 3 个潜变量的 AVE 值分别为 0.70、0.54、0.67，均高于 0.5 的门槛值，说明测量模型中观测变量被潜在变量所揭示的变异量远高于被测量误差所解释的变异量，测量模型具有较高的聚合效度。

表 5-9　心理资本、社会资本以及离职意图的验证性因子分析结果

构成概念	测量因子	因子载荷量	标准误差	t	组合信度	AVE
心理资本	自我效能感	0.86	0.008	9.133	0.80	0.70
	希望	0.80	0.010	10.342		
	乐观主义	0.84	0.008	9.505		
	韧性	0.83	0.007	9.768		
社会资本	信任	0.72	0.018	10.278	0.75	0.54
	网络互动	0.79	0.010	9.245		
	目标认知	0.69	0.015	10.696		
离职意图	TI1	0.85	0.027	8.352	0.80	0.67
	TI2	0.86	0.047	10.454		
	TI3	0.85	0.034	8.517		
	TI4	0.83	0.040	9.033		
拟合度指数	χ^2=67.857　df=41　p=0.013　GFI=0.965 AGFI=0.944　CFI=0.988　IFI=0.988　RMSEA=0.053					

区别效度是指在计算 AVE 值的基础上，Fornell 等(1981)提出可以进一步观测潜变量与其他相关变量之间的相关系数，将其绝对值与 AVE 的平方根进行比较，如果某潜变量 AVE 值的平方根大于其与其他潜变量之间相关系数的绝对值，则说明该潜变量的测量是与其他潜变量相区分的，潜变量之间具有较高的区分效度；反之，则说明变量之间的区分效度过低。另外，通过计算[∅±2×S.E.]值是否包含数字 1 也可以判断各因子之间的区别效度(Woo，2012)。具体而言，将两个潜在变量之间的相关指数“±”(加号和减号)乘标准误差，比较加上和减去的数值，两者相差指数如果不包含数字 1，说明具备区别效度，如果相差指数包含数字 1，说明各因素不具备区别效度。通过表 5-10、表 5-12、表 5-14

可以看出各因素之间具备一定的区别效度。此外，对三个模型的变量进一步进行了验证性因素分析表明，这 6 个变量是独立的，六因素模型比任何备选方案更适合，具有良好的区别效度，如表 5-11 和表 5-13 所示。

表 5-10　心理资本、社会资本以及适应性绩效的区别效度分析

变量	相关系数	S. E.	∅±2×S. E.
心理资本＜＝＞压力和危机情境处理	0.799	0.018	0.072
心理资本＜＝＞创造性问题解决	0.636	0.018	0.072
心理资本＜＝＞人际关系和多元文化适应	0.766	0.016	0.064
心理资本＜＝＞新知识和技能学习	0.809	0.018	0.072
心理资本＜＝＞社会资本	0.734	0.017	0.068
压力和危机情境处理＜＝＞创造性问题解决	0.631	0.020	0.080
压力和危机情境处理＜＝＞人际关系和多元文化适应	0.719	0.017	0.068
压力和危机情境处理＜＝＞新知识和技能学习	0.752	0.019	0.076
压力和危机情境处理＜＝＞社会资本	0.652	0.018	0.072
创造性问题解决＜＝＞人际关系和多元文化适应	0.570	0.018	0.072
创造性问题解决＜＝＞新知识和技能学习	0.616	0.019	0.076
创造性问题解决＜＝＞社会资本	0.499	0.018	0.072
人际关系和多元文化适应＜＝＞新知识和技能学习	0.779	0.018	0.072
人际关系和多元文化适应＜＝＞社会资本	0.743	0.017	0.068
新知识和技能学习＜＝＞社会资本	0.700	0.018	0.072

表 5-11　心理资本、社会资本以及适应性绩效的模型比较分析

模型	χ^2/df	RMSEA	GFI	CFI	IFI
六因子模型：PC，SC，CM，PS，CA，NL	1.784	0.051	0.960	0.987	0.988
三因子模型：PC，SC，CM＋PS＋CA＋NL	3.562	0.095	0.942	0.891	0.808
二因子模型：PC＋SC，CM＋PS＋CA＋NL	3.696	0.125	0.558	0.562	0.524
单因子模型：PC＋SC＋CM＋PS＋CA＋NL	4.592	0.147	0.388	0.393	0.342

注：PC＝心理资本；SC＝社会资本；CM＝压力和危机情境处理；PS＝创造性问题解决；CA＝人际关系和多元文化适应；NL＝新知识和技能学习。

表 5-12　心理资本、变革准备性以及适应性绩效的区别效度分析

变量	相关系数	S. E	∅±2×S. E
心理资本＜＝＞压力和危机情境处理	0.803	0.017	0.068
心理资本＜＝＞创造性问题解决	0.665	0.017	0.068
心理资本＜＝＞人际关系和多元文化适应	0.766	0.016	0.064
心理资本＜＝＞新知识和技能学习	0.815	0.017	0.068
心理资本＜＝＞变革准备性	0.634	0.016	0.064
压力和危机情境处理＜＝＞创造性问题解决	0.631	0.020	0.080
压力和危机情境处理＜＝＞人际关系和多元文化适应	0.719	0.017	0.068
压力和危机情境处理＜＝＞新知识和技能学习	0.752	0.019	0.076
压力和危机情境处理＜＝＞变革准备性	0.589	0.018	0.072
创造性问题解决＜＝＞人际关系和多元文化适应	0.570	0.018	0.072
创造性问题解决＜＝＞新知识和技能学习	0.616	0.019	0.076
创造性问题解决＜＝＞变革准备性	0.531	0.020	0.080
人际关系和多元文化适应性＜＝＞新知识和技能学习	0.779	0.018	0.072
人际关系和多元文化适应性＜＝＞变革准备性	0.645	0.017	0.068
新知识和技能学习＜＝＞变革准备性	0.639	0.018	0.072

表 5-13　心理资本、变革准备性以及适应性绩效的模型比较分析

模型	χ^2/df	RMSEA	GFI	CFI	IFI
六因子模型：PC，CR，CM，PS，CA，NL	1.773	0.051	0.962	0.988	0.988
三因子模型：PC，CR，CM＋PS＋CA＋NL	3.552	0.096	0.942	0.881	0.882
二因子模型：PC＋CR，CM＋PS＋CA＋NL	3.683	0.125	0.568	0.562	0.556
单因子模型：PC＋CR＋CM＋PS＋CA＋NL	4.592	0.147	0.398	0.393	0.382

注：PC＝心理资本；SC＝社会资本；CM＝压力和危机情境处理；PS＝创造性问题解决；CA＝人际关系和多元文化适应；NL＝新知识和技能学习。

表 5-14　心理资本、社会资本以及离职意图的区别效度分析

变量	相关系数	S. E.	∅±2×S. E.
心理资本＜＝＞社会资本	0.931	0.020	0.080
心理资本＜＝＞离职意图	－0.345	0.024	0.096
社会资本＜＝＞离职意图	－0.415	0.026	0.104

5.3　共同方法偏差检验

共同方法偏差(common method variance,CMV)是指因为同样的数据来源或自我评估、同样的测量环境、同样的语境以及项目本身特征所造成的预测变量与效标变量之间人为的共变原因引起的结论偏差(刘军,2008)。共同方法偏差的来源可能是社会称许性、宽大效应、情绪状态以及测量环境因素等因素(Ganster et al.,1983;Kane et al.,1995;Podsakoff et al.,2003),这种人为无意的干预共变可能在一定程度上遮盖变量间的真实关系,导致研究结论出现偏差。为了降低共同方法偏差,本研究在研究设计中采取了一些事前控制的方法,包括匿名填答、改进测量题项内容、测量题项优化布局以及"减少情境压力"等方法。但是,调查对象的同源性、项目语境以及测量环境等因素仍然有可能导致一定程度的共同方法偏差。因此,有必要进行共同方法偏差检验。本研究借鉴周浩等(2004)的研究,利用 Harman 单因素检验和非可观测潜在方法因子的影响控制这两种方法,对共同方法偏差效应进行统计检验。

5.3.1　Harman 单因素检验

该检验方法的基本假设是,如果共同方法偏差较为严重,对观测变量进行因子分析时,要么析出单独一个因子,要么某一个公因子可以解释大部分变量变异。具体的检验方法是将研究模型中相关潜变量的所有观测变量放到一个探索性因子分析中,检验未旋转的因子分析结果,确定因子数量以及解释力最大因子的方差解释率,以此判断共同方法偏差是否存在严重问题。另外,还有一种方法是采用验证性因子分析,设定公因子数为 1,根据分析结果来判定是否存在"单一因素解释了所有的变异"(Harris et al.,1996)。

将心理资本、社会资本、压力和危机情境处理、创造性问题解决、人际关系和多元文化适应、新知识和技能学习所有项目加载到单个因素上,通过探索性因子分析,发现单因素只能解释 35%的差异,结果表明,共同方法偏差不存在明显问题。同理,将心理资本、变革准备性、压力和危机情境处理、创造性问题解决、人际关系和多元文化适应、新知识和技能学习所有项目加载到单个因素上,通过探索性因子分析,发现单因素只能解释 33%的差异,结果表明,共同方法偏差不存在明显问题。最后将心理资本、信任、网络互动、目标认知以及离职意图 5 个观测变量加载到一起进行探索性因子分析,结果表明单因子的方差解释率为 28.08%,未及总变异解释量的一半,说明共同方法偏差没有造成严重影响。

5.3.2 非可观测潜在方法因子的影响控制

如果研究者无法观测甚至不能识别共同方法偏差来源,可以通过有方法潜因子模型与无方法潜因子模型的拟合度比较,来检验共同方法偏差效应。具体操作步骤是:首先,将全部观测变量负载到同一潜变量上,这一潜变量便可视为共同方法偏差,对包含方法潜因子的单因子模型进行验证性因子分析;然后,将所有观测变量负载到所属潜变量上,构建无方法潜因子的六因子或五因子模型,对其进行验证性因子分析;最后,通过比较两个检验模型拟合指数来判断共同方法偏差的效应。

5.4 路径分析与假设检验

由上述分析可知,本研究对各变量的测量均显示了良好的信度和效度,适合进一步做结构方程模型检验。因此,本研究利用 AMOS 22.0 软件对第 4 章提出的理论模型进行实证检验。

首先,本研究对基础理论模型转化为结构方程模型的表达形式,如图 5-1 所示。从图 5-1 可以发现,基础理论模型中共包含 8 个潜变量:心理资本、社会资本、离职意图、变革准备性、压力和危机情境处理、创造性问题解决、人际关系和多元文化适应、新知识和技能学习。其中,心理资本是模型的外生潜变量,其余变量是模型的内生潜变量。基础理论模型包含 3 个模型,即心理资本、社会资本与适应性绩效之间的关系模型,心理资本、变革准备性及适应性绩效之间的关系模型,以及心理资本、社会资本及离职意图之间的关系模型。关于 3 个模型的结构方程检验结果如图 5-2 至图 5-4 所示。

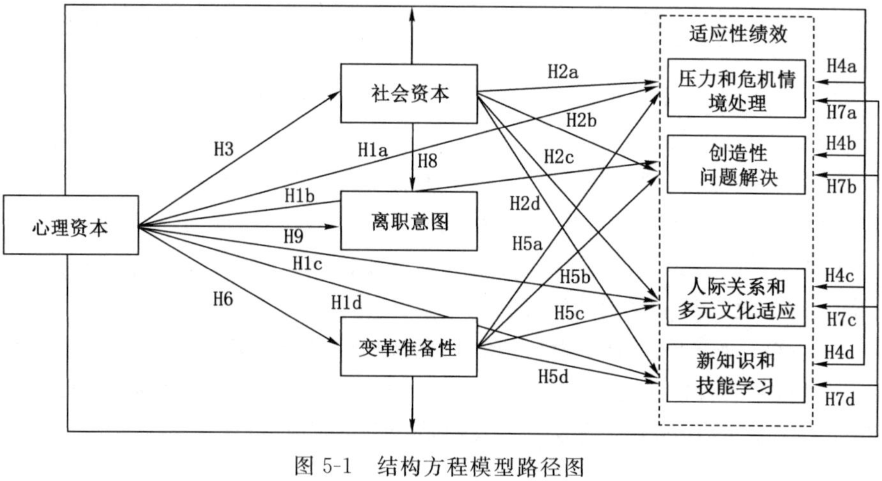

图 5-1 结构方程模型路径图

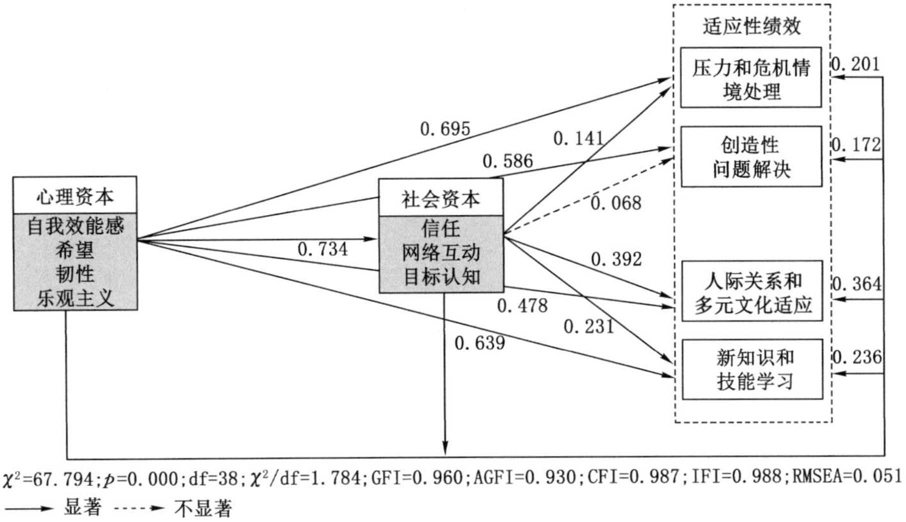

图 5-2　心理资本、社会资本及适应性绩效的路径分析结果

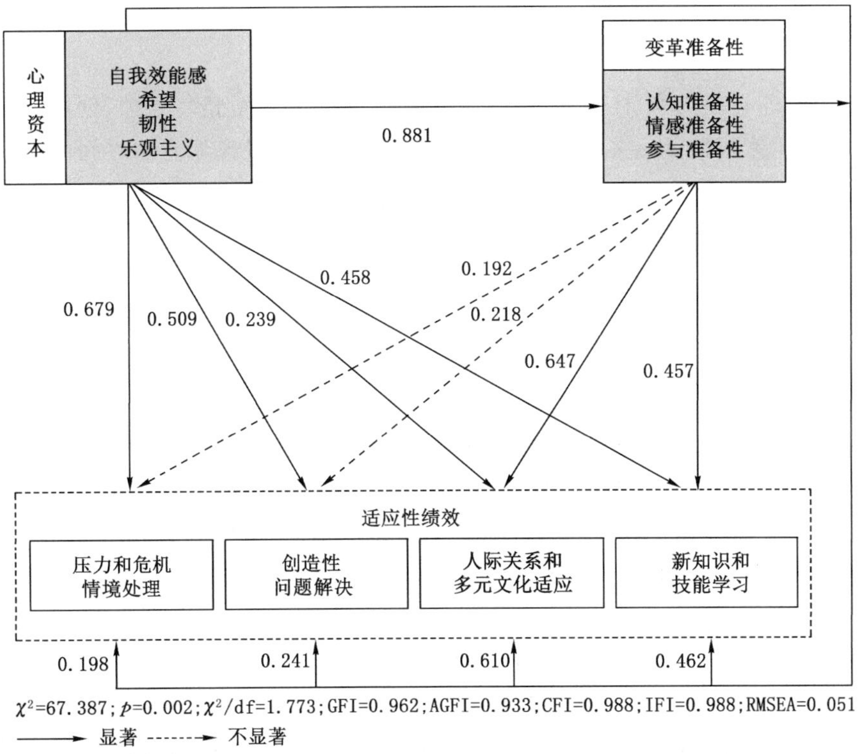

图 5-3　心理资本、变革准备性及适应性绩效的路径分析结果

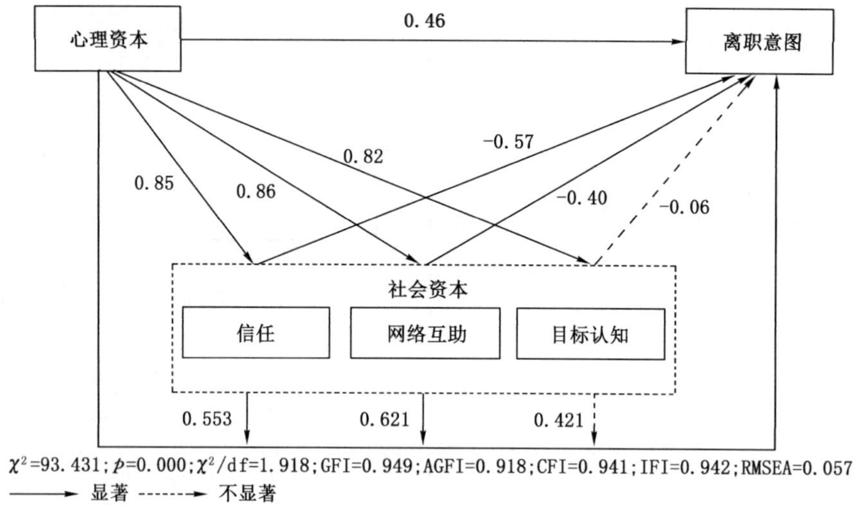

图 5-4　心理资本、社会资本及离职意图的路径分析结果

5.4.1　模型拟合程度

为验证心理资本、社会资本、变革准备性、压力和危机情境处理、创造性问题解决、人际关系和多元文化适应、新知识和技能学习以及离职意图之间的影响关系，使用 AMOS 17.0 协方差结构分析其模型结构。采用最大似然法对每个模型进行估计，并分析标准化估计、平方多重相关、间接效应、直接效应和总效应、差异临界比和修正指数。

关于心理资本、社会资本以及适应性绩效的分析结果如图 5-2 所示，$\chi^2=67.794$，df＝38，$p=0.000$，GFI＝0.960，AGFI＝0.930，CFI＝0.987，IFI＝0.988，RMSEA＝0.051 符合标准值（GFI、AGFI、CFI、IFI＞0.9，RMSEA＝0.05～0.08），因此可以判断模型结构适当合理。

关于心理资本、变革准备性以及适应性绩效之间的分析结果如图 5-3 所示，$\chi^2=67.387$，df＝38，$p=0.002$，GFI＝0.962，AGFI＝0.933，RMSEA＝0.051，符合标准值（GFI、AGFI＞0.9，RMSEA＝0.05～0.08），因此可以判断模型结构适当合理。

关于心理资本、社会资本以及离职意图之间的分析结果如图 5-4 所示，$\chi^2=93.431$，$p=0.000$. GFI＝0.949，AGFI＝0.091 8，IFI＝0.942，RMSEA＝0.057，符合标准值（GFI、AGFI＞0.9，RMSEA＝0.05～0.08），因此可以判断模型结构适当合理。

5.4.2 路径分析

5.4.2.1 心理资本、社会资本及适应性绩效之间的关系

关于心理资本、社会资本以及适应性绩效的路径分析结果如表5-15所示。

表5-15 心理资本、社会资本以及适应性绩效的路径分析结果

路径	β	S.E.	CR	p	结果
心理资本=>压力和危机情境处理	0.695	0.055	13.835	***	显著
心理资本=>创造性问题解决	0.586	0.076	8.995	***	显著
心理资本=>人际关系和多元文化适应	0.478	0.049	9.639	***	显著
心理资本=>新知识和技能学习	0.639	0.051	13.316	***	显著
心理资本=>社会资本	0.734	0.041	18.822	***	显著
社会资本=>压力和危机情境处理	0.141	0.053	2.816	0.005	显著
社会资本=>创造性问题解决	0.068	0.073	1.051	0.293	不显著
社会资本=>人际关系和多元文化适应	0.392	0.047	7.922	***	显著
社会资本=>新知识和技能学习	0.231	0.049	4.813	***	显著
心理资本=>社会资本=>压力和危机情境处理	—	—	—	—	显著
心理资本=>社会资本=>创造性问题解决	—	—	—	—	不显著
心理资本=>社会资本=>人际关系和多元文化适应	—	—	—	—	显著
心理资本=>社会资本=>新知识和技能学习	—	—	—	—	显著

注：* 表示在0.05的水平上显著；** 表示在0.01的水平上显著；*** 表示在0.001的水平上显著。

第一，心理资本对压力和危机情境处理($\beta=0.695, p<0.001$)、创造性问题解决($\beta=0.586, p<0.001$)、人际关系和多元文化适应($\beta=0.478, p<0.001$)以及新知识和技能学习($\beta=0.639, p<0.001$)都有积极的显著正向影响关系，假设1的研究假设全部成立。其中，心理资本对压力和危机情境处理的影响系数最大，其次是新知识和技能学习、创造性问题解决以及人际关系和多元文化适应，说明心理资本能有效应对压力和危机情境处理，积极主动学习新知识。

第二，社会资本对压力和危机情境处理($\beta=0.141, p<0.01$)、人际关系和多元文化适应($\beta=0.392, p<0.001$)以及新知识和技能学习($\beta=0.231, p<0.05$)有显著的正向影响关系，说明社会资本的提升可以积极地影响压力和危机情境处理，适应多元文化以及主动学习新知识和技能。然而，社会资本对创造性问题解决没有得到显著支持($\beta=0.068, p=0.293>0.05$)。其原因可能是因为社会资本有利于解决危机和压力问题，但同时可能会抑制创新想法的提出，因为

关系社会文化寻求组织内的协调一致，更多强调集体主义。因此，除研究假设2b外，其他所有研究假设2均得到显著支持。

第三，心理资本对社会资本有积极的正向影响关系（$\beta=0.734$，$p=0.000$），效果显著，说明心理资本可以促进社会资本提升，因此研究假设3全部得到有效支持。

第四，关于社会资本在心理资本和适应性绩效各维度之间是否起着中介效应，通过Bootstrapping得知，除创造性问题解决之外（效果不显著），压力和危机情境处理、新知识和技能学习以及人际关系和多元文化适应全部在心理资本与社会资本之间起到中介作用，即心理资本经过社会资本对适应性绩效各维度有间接影响关系。

中介效应有完全中介效应和部分中介效应之分，为确认社会资本属于哪种中介，首先要确认心理资本和适应性绩效各维度之间的直接和间接关系。如果心理资本对适应性绩效各维度的直接影响关系效果不显著，但是间接关系显著，说明社会资本起着完全中介的作用；相反，如果心理资本对适应性绩效各维度不仅直接关系效果显著，而且间接关系效果也显著，说明社会资本起着部分中介的作用。Bootstrapping验证结果如表5-16所示。

表5-16　社会资本的中介效应分析

	心理资本	社会资本
社会资本	0.669*	
压力和危机情境处理	0.642*（0.201*）	0.040*
创造性问题解决	0.537**（0.172）	−0.084
人际关系和多元文化适应	0.349*（0.364*）	0.308**
新知识和技能学习	0.591**（0.236*）	0.154*

注：*表示在0.05的水平上显著；**表示在0.01的水平上显著；***表示在0.001的水平上显著。括号内数字是间接效果.

如表5-16，通过数据分析发现心理资本和适应性绩效的各维度之间都有积极的显著正相关关系，而且直接效果显著；除创造性问题解决之外（间接效果不显著），心理资本对适应性绩效各维度之间的间接关系效果也显著。这说明心理资本不仅直接影响着压力和危机情境处理、创造性问题解决、人际关系和多元文化适应以及新知识和技能学习，而且通过社会资本间接地影响着危机情境处理、人际关系和多元文化适应以及新知识和技能学习。因此，社会资本在心理资本和适应性绩效之间起着部分中介的作用。因此研究假设4除了假设4b之外，其他假设全部得到有效支持。

5.4.2.2　心理资本、变革准备性及适应性绩效之间的关系

关于心理资本、变革准备性以及适应性绩效的路径分析结果整理如表 5-17 所示。

表 5-17　心理资本、变革准备性以及适应性绩效的路径分析结果

路径	β	S.E.	C.R	p	结果
心理资本=>压力和危机情境处理	0.679	0.151	5.277	***	显著
心理资本=>创造性问题解决	0.509	0.187	3.419	***	显著
心理资本=>人际关系和多元文化适应性	0.239	0.236	1.085	0.278	不显著
心理资本=>新知识和技能学习	0.458	0.181	2.900	0.004	显著
心理资本=>变革准备性	0.881	0.074	11.621	***	显著
变革准备性=>压力和危机情境处理	0.192	0.157	1.476	0.140	不显著
变革准备性=>创造性问题解决	0.218	0.197	1.427	0.154	不显著
变革准备性=>人际关系和多元文化适应	0.647	0.258	2.763	0.006	显著
变革准备性=>新知识和技能学习	0.457	0.197	2.747	0.006	显著
心理资本=>变革准备性=>压力和危机情境处理	—	—	—	—	不显著
心理资本=>变革准备性=>创造性问题解决	—	—	—	—	不显著
心理资本=>变革准备性=>人际关系和多元文化适应	—	—	—	—	显著
心理资本=>变革准备性=>新知识和技能学习	—	—	—	—	显著

注：*** 表示在 0.001 的水平上显著。

第一，心理资本对压力和危机情境处理（$\beta=0.679$，$p<0.001$）、创造性问题解决（$\beta=0.509$，$p<0.001$）、新知识和技能学习（$\beta=0.458$，$p<0.01$）有显著影响关系，且心理资本对压力和危机情境处理影响系数最大，说明心理资本能有效应对压力和危机处理。然而，心理资本对人际关系和多元文化适应影响效果不显著（$\beta=0.239$，$p=0.278>0.05$）。因此，除了假设 1c 不成立，其他假设 1 都得到了支持。

第二，变革准备性对人际关系和多元文化适应（$\beta=0.647$，$p<0.01$）、新知识和技能学习（$\beta=0.457$，$p<0.01$）有显著影响关系。但是，变革准备性对压力和危机情境处理（$\beta=0.192$，$p=0.140>0.05$）、创造性问题解决（$\beta=0.218$，$p=0.154>0.05$）影响效果不显著。因此，除了假设 5a 和假设 5b 以外，其他假设 5 都得到了支持。

第三，心理资本对变革准备性也有正向影响（$\beta=0.881$，$p<0.001$），且效果

显著，说明心理资本能有效提升员工对变革的态度。因此，研究假设 6 得到有效支持。

第四，关于变革准备性在心理资本和适应性绩效各维度之间是否具有中介效应，通过 Bootstrapping 得知，除了压力和危机情境处理、创造性问题解决外（仅有直接关系），心理资本经过变革准备性对适应性绩效的人际关系和多元文化适应（$\beta=0.610, p<0.05$）、新知识和技能学习（$\beta=0.462, p<0.05$）具有间接关系。因此，假设 7c 和假设 7d 关系成立，假设 7a 和 7b 关系不成立。

中介效应有完全中介和部分中介效应之分，为确认变革准备性属于哪种中介，首先要确认心理资本和适应性绩效各维度之间的直接和间接关系。如果心理资本对适应性绩效的各维度直接影响关系效果不显著，但是间接关系效果显著，说明变革准备性起着完全中介的作用；相反，如果心理资本对适应性绩效不仅直接影响关系效果显著，而且间接关系效果也显著，说明变革准备性起着部分中介的作用。Bootstrapping 验证结果如表 5-18 所示。

表 5-18　变革准备性的中介效应分析

	心理资本	变革准备性
变革准备性	0.856*	
压力和危机情境处理	0.795*（0.198）	0.231
创造性问题解决	0.639*（0.241）	0.281
人际关系和多元文化适应	0.256（0.610*）	0.712*
新知识和技能学习	0.526（0.462*）	0.540*

注：* 表示在 0.05 的水平上显著。

心理资本与适应性绩效之间存在显著的正相关关系。但心理资本对压力和危机情境处理、创造性问题解决仅直接效果显著，间接效果不显著；对人际关系和多元文化适应、新知识和技能学习间接效果显著，直接效果不显著。因此可以得出，心理资本不仅直接影响适应性绩效的各维度，而且通过变革准备性间接影响新知识和技能学习、人际关系和多元文化适应。变革准备性在心理资本和新知识和技能学习、人际关系和多元文化适应之间具有完全中介作用，研究假设 7 成立。

5.4.2.3　心理资本、社会资本及离职意图之间的关系

关于心理资本、社会资本以及离职意图的路径分析结果整理如表 5-19 所示。

表 5-19　心理资本、社会资本以及离职意图的路径分析结果

路径	β	S.E	C.R	p	结果
心理资本=>离职意图	−0.46	0.632	1.423	0.155	不显著
心理资本=>信任	0.85	0.083	9.343	***	显著
心理资本=>网络互动	0.86	0.081	9.781	***	显著
心理资本=>目标认知	0.82	0.096	8.646	***	显著
信任=>离职意图	−0.57	0.575	−2.112	0.035	显著
网络互动=>离职意图	−0.40	0.414	−2.035	0.042	显著
目标认知=>离职意图	−0.06	0.358	−0.341	0.733	不显著
心理资本=>信任=>离职意图	—	—	—	—	显著
心理资本=>网络互动=>离职意图	—	—	—	—	显著
心理资本=>目标认知=>离职意图	—	—	—	—	不显著

注：*** 表示在 0.001 的水平上显著。

第一，心理资本对离职意图（$\beta=-0.46$，$p=0.155$）没有显著的影响关系。然而，心理资本对离职意图的回归分析可以看出（表 5-20），心理资本对离职意图有显著的正向影响关系。可以分析得出，心理资本能有效降低员工的离职意图，但在结构方程模型中，社会资本的完全中介作用限制了心理资本对离职意图的影响。因此，研究假设 8 是成立的。

表 5-20　心理资本对离职意图的回归分析

自变量	非标准化系数		标准化系数	t	p
	β	标准误差	β		
（常数）	4.439	0.426		10.413	0.000
心理资本	−0.604***	0.106	−0.310	−5.671	0.000

注：*** 表示在 0.001 的水平上显著。

第二，心理资本对信任（$\beta=0.85$，$p<0.000$）、网络互动（$\beta=0.86$，$p<0.000$）以及目标认知（$\beta=0.82$，$p<0.000$）存在显著的正向影响关系。可以得出心理资本对社会资本的提升具有显著的促进作用。因此，研究假设 9 得到了支持。

第三，社会资本对离职意图的影响方面，信任（$\beta=-0.57$，$p=0.035$）和网络互动（$\beta=-0.40$，$p=0.042$）对离职意图有显著的负向影响关系，但目标认知对离职意图的影响效果不显著（$\beta=-0.06$，$p=0.733$）。数据分析说明社会资本的信任和网络互动能有效减少员工的离职意图。因此，研究假设 10a 和 10b 得到有效支持。

第四，关于社会资本在心理资本和离职意图之间是否具有中介效应，通过 Bootstrapping 得知，除了目标认知以外（仅有直接关系），社会资本的信任和网络互动在心理资本和离职意图之间起完全中介作用。因此，假设 10a 和假设 10b 关系成立。

中介效应有完全中介和部分中介效应之分，为确认社会资本属于哪种中介，首先要确认心理资本和离职意图之间的直接和间接关系。如果心理资本对离职意图直接影响关系效果不显著，但是间接关系效果显著，说明社会资本起着完全中介的作用；相反，如果心理资本对离职意图不仅直接影响关系效果显著，而且间接关系效果也显著，说明社会资本起着部分中介的作用。

首先，心理资本对离职意图的直接影响效果如表 5-21 所示，心理资本与离职意图之间不存在显著的负相关关系（$\beta=-0.453$，$p=0.162$）。

表 5-21　社会资本的中介效应分析结果（直接影响）

	心理资本	信任	网络互动
信任	0.553***	0.000	0.000
网络互动	0.621***	0.000	0.000
离职意图	−0.453	−8.607*	−2.692*

注：* 表示在 0.05 的水平上显著，*** 表示在 0.001 的水平上显著。

其次，心理资本对离职意图的间接效果如表 5-22 所示，心理资本对离职意图的间接效果显著（$\beta=-0.131$，$p=0.035$）。因此可以得出结论，在心理资本影响离职意图的过程中，社会资本在心理资本和离职意图之间具有完全中介作用，研究假设 11a 和 11b 成立。

表 5-22　社会资本的中介效应分析结果（间接影响）

	心理资本	信任	网络互动
信任	0.000	0.000	0.000
网络互动	0.000	0.000	0.000
离职意图	−0.131*	0.000	0.000

注：* 表示在 0.05 的水平上显著。

本章将收集的样本数据通过统计分析，对第 4 章提出的研究假设进行了实证数据验证。结构方程模型的数据拟合结果显示，理论模型与样本数据结果的拟合情况良好，进而说明样本数据与理论假设之间具有较高的一致性。每个结构方程模型的路径分析结果表明，心理资本对适应性绩效的压力和危机情境处理、创造性问题解决、人际关系和多元文化适应以及新知识和技能学习具有显著的正向影响；心理资本对社会资本具有显著的正向影响；社会资本对适应性绩效的压力和危机情境处理、人际关系和多元文化适应以及新知识和技能学习具有显著的正向影响；心理资本对变革准备性具有显著的正向影响；变革准备性对适应性绩效的人际关系和多元文化适应以及新知识和技能学习具有显著的正向影响；心理资本对社会资本的信任、网络互动及目标认知具有显著的正向影响；心理资本对离职意图具有显著的负向影响；社会资本的信任和网络互动对离职意图产生显著的负向影响；社会资本在心理资本与适应性绩效之间发挥中介作用；变革准备性在心理资本与适应性绩效之间发挥中介作用；社会资本在心理资本与离职意图之间发挥中介作用。本研究所有研究假设的检验结果如表 5-23 所示。

表 5-23　研究假设检验结果汇总

编号	研究假设	检验结果
H1	心理资本对适应性绩效具有显著的正向影响	支持
H1a	心理资本对压力和危机情境处理有显著的正向影响	支持
H1b	心理资本对创造性问题解决有显著的正向影响	支持
H1c	心理资本对人际关系和多元文化适应有显著的正向影响	支持
H1d	心理资本对新知识和技能学习有显著的正向影响	支持
H2	社会资本对适应性绩效有直接的正向影响	支持
H2a	社会资本对压力和危机情境处理有显著的正向影响	支持
H2b	社会资本对创造性问题解决有显著的正向影响	不支持
H2c	社会资本对人际关系和多元文化适应有显著的正向影响	支持
H2d	社会资本对新知识和技能学习有显著的正向影响	支持
H3	心理资本对社会资本有直接的正向影响	支持
H4	社会资本在心理资本和适应性绩效之间起中介作用	支持
H4a	社会资本在心理资本与压力和危机情境处理之间起着中介作用	支持
H4b	社会资本在心理资本和创造性问题解决之间起着中介作用	不支持
H4c	社会资本在心理资本与人际关系和多元文化适应之间起中介作用	支持
H4d	社会资本在心理资本与新知识和技能学习之间起中介作用	支持
H5	变革准备性对适应性绩效有显著的正向影响	支持

表 5-23(续)

编号	研究假设	检验结果
H5a	变革准备性对压力和危机情境处理有显著的正向影响	不支持
H5b	变革准备性对创造问题解决有显著的正向影响	不支持
H5c	变革准备性对人际关系和多元文化适应有显著的正向影响	支持
H5d	变革准备性对新知识和技能学习有显著的正向影响	支持
H6	心理资本对变革准备性有直接的正向影响	支持
H7	变革准备性在心理资本和适应性绩效之间具备中介作用	支持
H7a	变革准备性在心理资本与压力和危机情境处理之间具备中介作用	不支持
H7b	变革准备性在心理资本和创造性问题解决之间具备中介作用	不支持
H7c	变革准备性在心理资本与人际关系和多元文化适应之间具备中介作用	支持
H7d	变革准备性在心理资本和新知识和技能学习之间具备中介作用	支持
H8	心理资本对离职意图有显著的负向影响	支持
H9	心理资本对社会资本有显著的正向影响	支持
H9a	心理资本对信任有显著的正向影响	支持
H9b	心理资本对网络互动有显著的正向影响	支持
H9c	心理资本对目标认知有显著的正向影响	支持
H10	社会资本对离职意图有显著的负向影响	支持
H10a	信任对离职意图有显著的负向影响	支持
H10b	网络互动对离职意图有显著的负向影响	支持
H10c	目标认知对离职意图有显著的负向影响	不支持
H11	社会资本在心理资本与离职意图之间发挥中介作用	支持
H11a	信任在心理资本与离职意图之间发挥中介作用	支持
H11b	网络互动在心理资本与离职意图之间发挥中介作用	支持
H11c	目标认知在心理资本与离职意图之间发挥中介作用	不支持

第6章　结论与展望

6.1　研究结论

6.1.1　员工心理资本促进适应性绩效提升

首先,员工心理资本对适应性绩效的压力与危机情境处理、创造性问题解决、人际关系与多元文化适应、新知识和技能学习有显著正向影响。本书研究结果表明,那些在工作环境中更具自我效能、更有希望、更有韧性和乐观的人变得更具适应性。换言之,心理资本提高了员工的适应性能力,酒店一线员工在解决问题时自信心越强,积极追求工作目标的希望越高,努力处理危机和压力的韧性和乐观水平越高,往往心理资本就越高。通过积极的心理资本,员工能够展示良好和积极的结果,能积极应对当前和预期的任务,缓解过渡过程中职业角色的创伤(Savickas,1997)。研究结果回应了张阔等(2017)关于心理资本与工作绩效的正相关关系,也表明积极心理资本可以激发个人的潜能,应对各种压力和危机情境,创造性地解决问题,并能够积极主动学习新知识和技能,适应多情境、多文化场景,最终提升个体适应性绩效。酒店员工作为与顾客直接接触的跨边界角色,需要有独当一面的能力。通过积极开发和培育员工心理资本,可以激发员工内在动机,使其既能满足组织目标的"内适应"要求,又能及时应对动态变化的"外适应"环境,实现组织与个人双赢。另外,本研究揭示并完善了心理资本与适应性绩效理论的研究框架。一方面,心理资本具备可开发属性,不同于特质论范式,本研究弥补了先前研究中适应性绩效影响因素的不可开发性问题;另一方面,先前文献大多考察心理资本与传统绩效之间的关系,与适应性绩效的关系研究尚不足,因而,本研究对适应性绩效理论扩展起到延伸作用。

其次,本研究有助于理解如何调动和激活心理资源。一线酒店员工不同于其他行业。员工的独立性、协调性和动态性要求他们拥有积极的心理资本来实现自己的潜力,增强自主性,调动社会资本,增加对变革环境的积极性,协调内外部关系,不断学习新知识和技能,应对各种动态变化,提高适应性绩效。另外,本研究揭示并完善了心理资本与适应性绩效理论的研究框架,先前文献大多考察心理资本与传统绩效之间的关系,但鲜有研究心理资本与适应性绩效之间的关系，本研究对适应性绩效理论扩展起到延伸作用。研究结果回应了心理资本与工作绩效的正相关关系、心理资本与职业适应性的正相关关系（Luthans & Avolio, et al.，2007；Safavi et al.，2019）。结果表明，当员工拥有大量心理资本时，会更加投入工作（Karatepe & Avci，2017；Paek et al.，2015；Tsaur et al.，2019），如果组织有针对性地培养个人心理资本，员工就会做好应对突发事件和压力、解决问题的准备，并激发个人的潜能，主动学习新知识和技能，提升个体适应性绩效。员工心理资本越高，情绪越积极，越能增强活力和注意力，提高适应性绩效。

最后，本研究描述了一种适应性绩效干预范式。与早期研究相比，心理资本更具可塑性，本研究有助于更好地了解如何组织和使用心理资源。酒店一线员工与其他行业员工不同，常常面临处理紧急情况和超额繁重的工作量。鉴于动态工作环境和大量的情感劳动，酒店员工迫切需要大量的心理资本来缓解内心压力。强大的心理资本支持员工充分发挥潜力，增加主动性，激活应对内外部环境变化的能力，协调内外部资源，不断学习新知识和技能，应对各种动态变化。本研究改进了以往文献关于心理资本与适应性绩效之间的研究不足，拓宽了心理资本与工作绩效的研究领域。

6.1.2 组织内的社会资本存量促进适应性绩效提升

员工内部社会资本存量对适应性绩效的压力与危机情境处理、人际关系与多元文化适应、新知识和技能学习有显著正向影响。研究结果表明，在面对各种压力和危机情境时，高水平的社会资本个体可以利用关系网络中的资源解决问题，主动学习新知识和技能，积极与同事保持沟通，进而更快适应变化，促进适应性绩效提升。在关系文化情境下，社会资本的生产属性较强，个人的社会资本存量往往是解决困难、适应新环境、促使人际交往以及新知识和技能学习的有效途径。酒店员工的任务完成，往往需要与领导、同事进行良好的沟通与协作才能事半功倍，而丰富的社会资本有助于个体获得更多支持。本研究证明了社会资本的回报机制（Chow et al.，2008；李黎明等，2018），回应了柯江林等（2010）、Liu（2017）关于社会资本对工作绩效的正向影响关系。但是以往研究大多表明社会资本对传统绩效具有显著影响，本研究结果补充并验证了社会资本对适应性绩效的正向激发效应，拓展了社会资本与工作绩效理论。此外，针对内部社会资本对创造性问题解决影响效果不显著，对此解释为，个人的社会资本生产属性在强化问题解决能力的同时，可能会弱化个人的创造性，该观点是否可靠，还需要进一步检验。

资源的存在，无论是个人资源还是工作资源，都有助于提高员工的适应性能力。雇佣、维持和投资具有高水平社会资本的个人担任酒店一线职位，组织将获得良好的和理想的适应性绩效。社会资本对适应性绩效的积极促进作用，拓展了社会资本与工作绩效的传统理论。员工的内部社会资本存量对压力和危机情境处理、人际关系和多元文化适应以及获得适应性绩效方面的新知识和技能具有显著的积极影响。根据资源守恒理论，社会资本是一种个人关系资源，获取关系资源有助于提高员工解决问题的能力，减少工作压力（Han 2019），并提高社会和文化适应能力（Bae，2020）。在关系文化中，社会资本的生产属性是实质性的，为了完成任务，酒店员工通常需要与主管、同事进行有效沟通和协作，丰富的社会资本储备有助于员工获得更多支持，进而提高员工的适应性绩效。

6.1.3　变革准备性对适应性绩效的预测作用

员工的变革准备性会影响适应性绩效，尤其是在酒店组织结构调整、技术和系统创新等不断变化的环境中，员工的变革准备性程度会产生重大影响。本研究证明了员工对外部环境和内部组织变化的变革准备性程度影响其人际关系和多元文化适应、新知识和技能获取。研究结果证实了 Cunningham 等（2002）、邓今朝等（2017）关于员工变革准备性与变革行为之间的关系，补充并验证了个体行为意向由态度决定的计划行为理论。组织在实际变革之前，需要对员工变革准备性进行调查研究，对员工的变革反应过程进行标准化管理。只有对变革准备性进行事先了解，才能有针对性地预防员工对组织变革引起的心理问题。通过事先公布非正式信息（Oreg，2006；杜旌等，2019），给予员工热身准备，帮助员工提前适应，使其主动学习新知识和技能，处理好人际关系，以防患于未然。针对变革准备性对压力和危机情境处理、创造性问题解决影响效果不显著问题，对此解释为变革准备性强调员工对变革的态度而非个人能力，需要进一步借助其他变量检验。

6.1.4　社会资本在心理资本与适应性绩效之间的过程机制

在心理资本影响适应性绩效过程中，社会资本起到中介作用。以往关于社会资本的研究过于重视其生产属性而轻视了关系属性，即较多关注社会资本的回报机制，忽略了社会资本的中间动员过程（李黎明等，2018）。郇金刚（2010）研究认为，系统的社会资本应该包含投资、动员及回报三个阶段过程。社会资本的投资过程是分析如何将社会资本嵌入到关系网络中，研究个体如何掌握这些资源；社会资本的动员过程研究个体采取什么措施，如何激活和动员网络中的资源；社会资本的回报过程分析社会资本给个人所带来不同利益的行为。当前大量研究集中于社会资本的投资和社会资本的回报模式研究，组织内个体社会资本的动员很少被关注。先前文献多关注社会资本为个体或组织集体带来的利益回报问题，分析社会关系网络结构对社会资本的影响，鲜有探索社会资本是如何被动员和激活的，尤其是组织内个体的心理资源特征对社会资本的动员被忽视(李黎明等，2018)。李黎明等(2016)研究认为，社会资本的存量多少取决于社会资本被动员的资源含量。因此，社会资本动员是连接社会资本投资和回报之间的桥梁。本研究研究结果从个体心理资本角度探讨对社会资本动员机制，发现心理资本影响内部社会资本动员的关系属性，社会资本的生产属性可以预测员工适应性绩效。

研究结果表明，组织内关系网络中的员工的社会资本形成是一个复杂的行为过程，不仅受制于宏观的组织结构限制，而且重要的是受个体心理资本的制约。本研究从个体心理角度探究社会资本的影响机制，扩展了社会资本动员的解释范围。酒店员工不同于其他企业员工，员工的独立性、协调性以及动态性是其工作的主要特征，这就要求员工具备积极的心理资本，挖掘自身潜力，增强自主性动机，动员社会资本，协调处理内部和周边关系，积极应对各种动态性变化，最终提升个人适应性绩效。研究结果不仅拓展了社会资本动员的解释范围，弥补了先前文献较少关注社会资本如何被动员和激活的研究不足，而且验证了社会资本受其行动者的心理资源制约并间接影响其行为。

国内外文献少有关于适应性绩效形成机制的过程作用研究。根据自我决定理论和资源保存理论，拥有大量心理资本的员工可以在面临危机或不确定性时投资社会资本，借助关系资源解决危机，以创造性的方式解决问题，进而提高适应性绩效。

6.1.5 变革准备性在心理资本与适应性绩效之间的过程机制

员工的变革准备性程度能否对其适应性产生干预效应，这是一个值得关注的话题。在心理资本影响适应性绩效过程中，变革准备性起到完全中介作用。研究结果表明，心理资本水平高的员工对变革准备性反应高，更能够快速适应环境变化，对外部环境或组织变革态度反应积极，能够积极处理好新环境人际关系，主动学习新知识和技能。资源保存理论指出资源在应对压力和危机情境事件中起到关键作用，通过调动额外的心理资源应对变革带来的各种危机，对员工的态度和行为产生积极影响，而心理资本是推动变革支持行为的关键资源。Choi(2011)总结了影响变革准备性因素的个人特征方面，自我效能感、自我尊重、乐观主义等具有积极自我概念的个体更容易接受内外环境变化，从而提升高水平的变革准备性。

员工对变革的反应是由个人心理资源和组织环境感知共同塑造的。心理资本是积极的心理资源，是可干预的状态型变量，具备可塑性特征，不同于特质论范式,弥补了先前研究中适应性绩效影响因素的不可干预性问题。员工往往不愿意致力于组织变革,因为其打破常规需要适应新的工作关系(Shin et al.,2012),如何提升员工的变革准备是组织考虑的重要方向。

6.1.6 社会资本完全中介心理资本与离职意图之间的关系

从心理资本对离职意图的回归分析结果来看,酒店员工的心理资本对离职意图具有负向关系,说明员工心理资本的提升可以降低离职意图,对预防员工离职起着重要作用。本研究结果回应了 Avey 等(2006)、Avey 等(2009)、Avey 等(2010)和 Avey 等(2011)等的研究结果。酒店员工的服务精神和心理状态会直接传达给顾客或被顾客感知,进而影响顾客对服务质量的感知,因此提升员工的心理资本是控制和管理顾客感情、行为及理解的前提条件。Park 等(2011)研究发现心理资本高的员工在服务失败时积极努力寻求恢复服务质量。然而,在结构方程模型中,因受到社会资本的完全中介作用,心理资本对离职意图的影响效果并不显著,说明心理资本在影响离职意图的过程中,必须经过社会资本的影响。实证分析结果显示社会资本在心理资本和离职意图之间起着完全中介的作用,也证明了前文的推测,从酒店员工心理资本对离职意图的影响过程来看,社会资本对酒店员工起着非常重要的作用。因此,研究结果反映了在酒店组织内社会资本的重要性。在关系文化背景下,比起自我表现,员工更加关注同事之间行为的同质性和集体性。在遇到压力和困难时,寻求关系资源是一种典型的行为反应。

同时,社会资本的形成受个人心理资本影响。研究结果显示心理资本对社会资本的信任、网络关系互动以及目标认知都有显著的正向影响关系,表明员工心理资本越高,同事之间的信任水平就越高,网络关系互动就越顺畅,对目标认知也就越清晰。从内外因辩证法角度来看,内因是外因的决定性影响因素,外因也是影响内因的重要因素。心理资本可以看作内因,社会资本可以看作外因,心理资本对社会资本的形成具有决定性作用,而社会资本又反过来影响心理资本的积累。

6.2 实践启示

根据研究结果,本研究对高端酒店和其他与客户高接触的服务行业提出以下管理建议。

第一,组织应当重视开发和培养员工心理资本的重要性。积极心理资本可以激发员工的潜力,使其能够处理压力和危机,解决问题,获得新知识,提高适应性绩效。酒店员工作为与顾客直接接触的跨边界角色,需要提高快速应对能力。通过培养员工心理资本,可以缓解他们的职业倦怠和压力,激发正能量,克服负面情绪,调动他们的内在潜力,激活他们的创造力,提高他们应对环境变化的能力,增强他们的适应性绩效。因此可以得出结论,心理资本是应对危机和压力的重要心理资源,是对心理资源消耗的有效补偿。在企业管理实践中,一方面组织要敢于打破传统思维定式,关注员工心理状态,构建积极的组织文化,引导员工的积极行为,挖掘他们的内在动机,对员工的心理资本进行创新性管理和针对性干预。如定期对员工心理状况进行调查研究,制订心理训练计划,实施师徒制,加强心理资本知识的教育培训等。在新进职员招聘中,应重视员工心理状态的考察,将心理资本作为重要衡量指标,确保引进高水平心理资本的员工。同时,领导要积极了解员工心理问题,帮助员工应对复杂多变的环境,增强员工应对挫折、摆脱困境的能力。通过授权,给予员工广泛参与决策的机会,提升员工内部身份认同和适应性能力。另一方面,个人要维持积极心理状态,注意成功事件积累,自我鼓励,实现成功映射,提升心理资本存量。

另外,招聘、培训和指导员工时,酒店应创造和管理员工的心理资本。酒店管理者可以通过一些测试,努力区分更乐观、更有希望、更自信和更有韧性的人,并优先考虑让他们担任一线职位。酒店管理者应该关注员工的工作行为,培养员工的自我效能感、希望、乐观和韧性,并提高其心理资本的关键维度。管理者要多培养积极的情绪,鼓励和奖励优秀的绩效,提高员工的心理资本存量。管理者可以通过创造一个和谐、温暖、轻松的工作环境,赋予员工更多的权力,为他们提供更多的资源和心理支持,关心员工的工作状态和情绪。管理者还应该监控员工对工作的热情和个人成就。最后,酒店应自下而上收集案例,定期邀请员工参加信息和知识共享会议,总结与工作相关的紧急情况,让员工参与工作决策,并注意员工的内部激励模式。管理者可以通过机会提供,如奖励或升职等措施,表扬优秀员工。同时,管理者还可以组织一些研讨会和演讲会,邀请专家和成功人士以及优秀员工分享经验,定期向员工提供现实生活中的成功人士范例,以提高他们的心理资本水平。鉴于酒店业的性质,失误和偏见是不可避免的,支持下属是管理者的责任。当员工明白管理者支持和鼓励他们时,他们将有勇气承担自己行为的责任,并及时应对困难。

第二,如果心理资本是内在驱动力,那么社会资本则是员工提升适应性绩效的外在影响因素。酒店产品的消费过程需要各部门的共同协作才能完成,良好的人际互动和员工间的信任可以促进酒店服务质量的提升,而内部社会资本发挥了重要作用。一方面企业要重视社会资本的关系属性培养,构建各种员工交流平台,创造条件鼓励部门之间开展交流活动,营造宽松交流氛围,加强领导和员工的有效沟通和互动，建立公开透明的沟通渠道，推进前辈指导制度，落实前辈对后辈员工的帮扶作用，促进同事之间的交流互动，增强同事之间的信任和对公司的理解，从而提升员工适应性绩效。另一方面，内因决定外因，组织在人才选拔和职务晋升中，应优先考察心理资本，关注员工社会资本动员能力。

第三，人天生就是习惯的产物，组织会不断地面对这个事实（Wanberg et al.，2000）。组织应对内外环境变化的各种变革措施可能会引起员工心理变化，为防止组织变革失败，减少变革阻力，可以通过事先观察、了解员工的变革准备性程度，调整变革进度，提升员工的变革准备性，从而增强员工的适应性绩效。酒店管理者一方面可以通过充分的培训，采取措施增强员工应对内外环境变化的自信心。另一方面，可以通过提供非正式信息，了解员工对变革准备的态度结构。通过培育员工的“小成功事件”，提升员工积极的正面情绪，最终进入有助于指导组织变革的解冻阶段，并为组织变革的实施做出更恰当的干预。在组织变革之前或期间为员工提供多种资源也可以缓解他们的紧张和压力，有助于提高变革准备性。为了提高员工适应性绩效，管理者应该采取策略培养员工的适应性绩效。例如，在定期的例会上，应该教员工如何平衡管理他们的生活，发现解决问题的应对机制，鼓励员工对变化持开放态度。酒店员工的适应性能力越强，就越有能力胜任与工作相关的任务。适应性始于适应的意愿或变革准备性。管理者可以通过找到相关动机来创造这种变革意愿，确定适当、准确和实用的战略，激励下属适应环境。

第四，随着酒店经营环境的不确定性因素增加和动态性变化，组织在人力资源管理实践中要重视员工适应性绩效的考核，不能局限于以成果论英雄，要对员工的工作态度、对突发事件的处理方式和行为方式进行考核，尤其对员工创造性地解决问题能力进行考查。人力资源灵活性是发展竞争力和创新的首要因素（Way et al.，2015）。这些发现可以让酒店管理者利用心理资本、社会资本和变革准备性培养良好的人力资源灵活性，以提高员工和组织绩效。因此，人力资源开发应考虑心理资本、社会资本以及变革准备性，并应选择最有能力的人才培养适应酒店动态环境的能力。

第五，在酒店员工离职预防措施中，不仅要开发员工优势，培养员工自信心，提高其心理资本水平，进而降低离职意图，而且要重视社会资本在酒店组织内的运用，从社会资本层面缓解离职意图。酒店管理者可以定期举办各种活动、研讨会，构建各种自由沟通交流的平台。组织层面上，要多关心员工生活状态，加强对员工的领导支持和组织支持，努力提高员工的心理资本和社会资本水平。另外，管理者还需时刻注意员工的情绪反应和心理需求，营造良好的组织氛围，加强团队成员之间的沟通和互助。

6.3 研究局限与展望

本研究是酒店管理研究的热点问题“员工适应性”与组织行为学研究的前沿领域“积极心理学”相结合的探索性研究，主要基于资源保存理论、自我决定理论、计划行为理论以及积极情绪的拓展—建构理论视角研究了酒店员工如何提升适应性绩效的机理，不仅丰富了相关理论的研究，还进一步拓展了适应性绩效的干预范式。尽管本研究在研究过程中力求做到科学、严谨、规范，但受到作者知识水平、研究能力和研究条件的限制，无法做到尽善尽美，以至于本研究中还存在一些不足之处，同时也是未来研究中需重点关注和解决的问题。

首先，样本数据的收集方面存在一定的局限性。本研究主要通过问卷调查的方式收集样本数据，心理资本、变革准备性和适应性绩效的数据来自员工自我报告，可能会引起横断研究的同源误差问题。为了弥补这一局限性，未来研究应该尝试通过采用多层次调研，如通过主管的适应性绩效评价来复制我们的研究发现。同时，问卷调研受限于人力、时间以及成本等因素，为了保证问卷填写质量和回收率，造成样本的代表性存在一定的不足。在未来的研究中，可以结合多种调查方式进行样本收集，并扩大样本的数量和覆盖面，以进一步提升样本的代表性和研究结果的科学性。

其次，为了减少共同方法偏差的问题，虽然本研究采取了“减少情境压力”等措施，但后续研究应使用社会期望标准测量方法检验。另外，在自我指导问卷和在线问卷中应进行独立样本 t 检验，以检查两者之间是否有显著差异。

再次，虽然本研究已经确定了影响适应性绩效的发展因素，但本研究成果尚不能轻易扩展到更广泛的研究领域。例如，需要进一步的研究来比较不同行业的个人适应性绩效，以及心理资本和变革准备性在每个行业中是否扮演相同的角色。此外，本研究强调个体层面的变革准备性，未来可以考虑将组织、团队的研究相结合，通过跨层次研究进行分析。变革准备性的概念边界条件方面存在重大的研究缺口。大多数研究是在员工个人层面上进行的，但在未来，也可能在团队、组织和整体层面上进行。此外，与环境特征的影响相比，先前的研究忽略了个人素质对员工变革准备的影响。例如，目标取向不同的个体在变化情境中会有不同的动机，从而导致对变化的不同态度。因此，在未来，可以研究员工因各种动机而改变的意愿的发展和演变。

最后，本研究还可以继续调查各种变化的特征以及员工未来变化意愿的演变。例如，员工在面对突然变化和持续变化时的适应能力可能存在差异。适应性强的人力资源管理是变革的结果，可以继续探讨关于柔性人力资源管理的跨层次研究，以及战略人力资源管理领域对变革的态度。

随着适应性绩效研究的进展，需要更多的实验研究和干预措施来提高个体的适应性能力。例如，通过元分析可以比较预测因子对适应性绩效的影响。此外，未来研究还可以利用事件系统理论探索员工的适应性绩效。最后，二阶验证性因子分析可能会导致线性一致性的误差存在，在以后的研究可以借助其他分析方法进行比较。

参 考 文 献

ADLER P S,KWON S W,2002. Social capital:prospects for a new concept[J]. Academy of management review,27(1):17-40.

AJZEN I, 1988. Attitudes, personality and behavior [M]. England: Open University Press.

AJZEN I,2002. Perceived behavioral control,self-efficacy,locus of control,and the theory of planned behavior[J]. Journal of applied social psychology,32 (4):665-683.

AJZEN I,1991. The theory of planned behavior[J]. Organizational behavior and human decision processes,50(2):179-211.

AJZEN I,FISHBEIN M,1980. Understanding attitudes and predicting social behavior[M]. NJ:Prentice Hall.

AJZEN I,MADDEN T J,1986. Prediction of goal-directed behavior:attitudes, intentions, and perceived behavioral control [J]. Journal of experimental social psychology,22:453-474.

ALI A,VAN DER ZEE K,SANDERS G,2003. Determinants of intercultural adjustment among expatriate spouses [J]. International journal of intercultural relations,27(5):563-580.

ALLEN R F,PILNICK S,1973. Confronting the shadow organization:how to detect and defeat negative norms[J]. Organizational dynamics,1(4):3-18.

ALLWORTH E, HESKETH B, 1997. Adaptive performance: Updating the criterion to cope with change [R]. Proceedings of the 2nd Australian industrial and organizational psychology conference. Melbourne.

ALLWORTH E, HESKETH B, 1999. Construct-oriented biodata: capturing change-related and contextually relevant future performance[J] International journal of selection and assessment,7(2):97-111.

ANHEIER H K,GERHARDS J,ROMO,F P,1995. Forms of capital and social structure in cultural fields: examining Bourdieu ' s social topography [J]. American journal of sociology,100 (4):859-903.

ARMENAKIS A A, BEDEIAN A G, 1999. Organizational change: a review of theory and research in the 1990s[J]. Journal of management, 25(3): 293-315.

ARMENAKIS A A, BERNERTH J B, Pitts J P, et al., 2007. Organizational change recipients' beliefs scale: development of an assessment instrument [J]. Journal of applied behavioral science, 43(4): 481-505.

ARMENAKIS A A, HARRIS S G, 2002. Crafting a change message to create transformational readiness [J]. Journal of organizational change management, 15(2): 169-183.

ARMENAKIS A A, HARRIS S G, MOSSHOLDER K W, 1993. Creating readiness for organizational change[J]. Human relations, 46(6): 681-703.

ARMITAGE C J, CONNER M, 2001. Efficacy of the theory of planned behaviour: a meta-analytic review[J]. British journal of social psychology, 40(4): 471-499.

ASHURST C, HODGES J, 2010. Exploring business transformation: the challenges of developing a benefits realization capability [J]. Journal of change management, 10(2): 217-237.

ASPINWALL L G, 2001. Dealing with adversity: self-regulation, coping, adaptation, and health[M]//TESSER A, SCHWARZ N. Blackwell handbook of social psychology: Vol 1. NJ: John Wiley and sons: 159-614.

ASPINWALL L G, 1998. Rethinking the role of positive affect in self-regulation[J]. Motivation and emotion, 22(1): 1-32.

AVEY J B, LUTHANS F, JENSEN S M, 2009. Psychological capital: a positive resource for combating employee stress and turnover[J]. Human resource management, 48(5), 677-693.

AVEY J B, LUTHANS F, YOUSSEF C M, 2010. The additive value of positive psychological capital in predicting work attitudes and behaviors[J]. Journal of management, 36(2): 430-452, 1-22.

AVEY J B, PATERA J L, West B J, 2006. The implications of positive psychological capital on employee absenteeism[J]. Journal of leadership & organizational studies, 13(2): 42-60.

AVEY J B, REICHARD R J, LUTHANS F, et al., 2011. Meta-analysis of the impact of positive psychological capital on employee attitudes, behaviors, and performance[J]. Human resource development quarterly, 22(2): 127-152.

AVEY J B, WERNSING T S, LUTHANS F, 2008. Can postive employees help postive organizational change? Impact of psychological capital and emotions on relevant attitudes and behaviors[J]. Journal of applied behavioral science, 44:48-70.

AVOLIO J B, GARDNER W L, WALUMBWA F O, 2004. Unlocking the mask: a look at the process by which authentic leaders impact follower attitudes and behaviors[J]. Leadership quarterly, 15(6):801-823.

AVOLIO J B, LUTHANS F, 2006. The high impact leader: moments matter in accelerating authentic leadership development[M]. New York: McGraw-Hill.

AXTELL C, WALL T, STRIDE C, et al., 2002. Familiarity breeds content: the impact of exposure to change on employee openness and well-being[J]. Journal of occupational and organizational psychology, 75(2):217-231.

BACKER T E, 1995. Assessing and enhancing readiness for change: implications for technology transfer[M]//BACKER T E, DAVID S L, SOUCY G. Reviewing the behavioral science knowledge base on technology transfer. Rockville, MD: National Institute on Drug Abuse, 21-41.

BAE S M, 2020. The relationship between social capital, acculturative stress and depressive symptoms in multicultural adolescents: verification using multivariate latent growth modeling[J]. International journal of intercultural relations, 74:127-135.

BAGOZZI R P, YI Y, 1988. On the evaluation of structural equation models [J]. Journal of the academy of marketing science, 16(1):74-94.

BAKER W E, 1990. Market networks and corporate behavior[J]. American Journal of Sociology, 96(3), 589-625.

BAKKER A B, DEMEROUTI E, 2007. The job demands-resources model: state of the art[J]. Journal of managerial psychology, 22(3):309-328.

BAKKER A B, DEMEROUTI E, 2008. Towards a model of work engagement [J]. Career development international, 13(3):209-223.

BAKKER A B, LEITER M P, 2010. Where to go from here: integration and future research on work engagement[M]//BAKKER A B, LEITER M P. Work engagement: a handbook of essential theory and research. Psychology Press, New York, NY, 181-196.

BANDURA A, 2015. Cultivate self-efficacy for personal and organizational effectiveness[J]. Handbook of principles of organizational behavior, 179-200.

BANDURA A, 1997. Self-efficacy: the exercise of control[M]. New York: Freeman.

BANDURA A,2001. Social cognitive theory:an agentic perspective[J]. Annual review of psychology,52:1-26.

BANDURA A, 1991. Social cognitive theory of self-regulation [J]. Organizational behavior and human decision processes,50(2):248-287.

BANDURA A, 1986a. Social foundations of thought and action: a social cognitive theory[M]. NJ:Prentice Hall.

BANDURA A, 1986b. The explanatory and predictive scope of self-efficacy theory[J]. Journal of social and clinical psychology,4(3):359-373.

BAPTISTA J, STEIN M K, KLEIN, S, et al., 2020. Digital work and organizational transformation: emergent digital/human work configurations in modern organisations[J]. The journal of strategic information systems,29(2).

BARON R A,FRANKLIN R J,HMIELESKI K M,2016. Why entrepreneurs often experience low,not high,levels of stress:the joint effects of selection and psychological capital[J]. Journal of management,42(3):742-768.

BARRICK M R,MOUNT M K,Li N,2013. The theory of purposeful work behavior:the role of personality,higher-order goals,and job characteristics[J]. Academy of management review,38(1):132-153.

BARTONE P T, KELLY D R, MATTHEWS M D, 2013. Psychological hardiness predicts adaptability in military leaders: a prospective study[J]. International journal of selection and assessment,21(2):200-210.

BARTUNEK J M,GREENBERG D N,DAVIDSON B,1999. Consistent and inconsistent impacts of a teacher-led empowerment initiative in a federation of schools[J]. Journal of applied behavioral science,35(4):457-478.

BARTUNEK J M,ROUSSEAU D M,RUDOLPH J. W,et al.,2006. On the receiving end: sense-making, emotion, and assessments of an organizational change initiated by others[J]. Journal of applied behavioral science,42(2):182-206.

BASS B M,1990. From transactional to transformational leadership:learning to share the vision[J]. Organizational dynamics,18(3):19-31.

BASSO M R,SCHEFFT B K,RIS M D,et al.,1996. Mood and global-local visual processing[J]. Journal of the international neuropsychological society,2(3):249-255.

BEER M, NOHRIA, N, 2000a. Cracking the code of change [J]. Harvard business review,78(3):133-141.

BEER M, NOHRIA, N, 2000b. Introduction: resolving the tension between theories E and O[M]//BEER M,NOHRIA N. Breaking the code of change. Boston:Harvard Business School Press,1-33.

BELIVEAU M A,O'REILLY C A,WADE J B,1996. Social capital at the top: effects of social similarity and status on CEO compensation[J]. Academy of management journal,39(6):1568-1593.

BERNERTH J B, ARMENAKIS A A, FEILD H S, WALKER H J, 2007. Justice, cynicism, and commitment: a study of important organizational change variables[J]. Journal of applied behavioral science,43:303-326.

BIAN Y,1997. Bringing strong ties back in:indirect ties,network bridges,and job searches in China[J]. American sociological review,62(3):366-385.

BINDL U,PARKER S,2010. Proactive work behavior: forward-thinking and change-oriented action in organizations[M]//ZEDECK S. APA handbook of industrial and organizational psychology (Vol. 2). Washington, DC: American Psychological Association,567-598.

BLOCK L G,KELLER P A,1998. Beyond protection motivation:an integrative theory of health appeals[J]. Journal of applied social psychology,28(17): 1584-1608.

BOLAND R J, TENKASI R V, 1995. Perspective making and perspective taking in communities of knowing[J]. Organization science,6(4):350-372.

BONIWELL I,ZIMBARDO P G,2012. Balancing time perspective in pursuit of optimal Functioning[M]//Positive psychology in practice. NJ: John Wiley and Sons,165-178.

BORDIA P, HOBMAN E, JONES E, GALLOIS, C, et al. , 2004. Uncertainty during organizational change: types, consequences, and management strategies[J]. Journal of business and psychology,18(4):507-532.

BORMAN W C,MOTOWIDLO S J,1993. Expanding the criterion domain to include elements of contextual performance[M]//SCHMITT,BROMAN W C. Personnel selection in organizations. San Francisco:Jossey-Bass,71-98.

BOUCKENOOGHE D, DEVOS G, 2007. The role of process, context and individual characteristics in explaining readiness to change: a multilevel analysis. (Unpublished doctoral dissertation)[D]. University of Ghent and the Katholieke Universiteit Leuven,Belgium.

BOUCKENOOGHE D, DEVOS G, VAN DEN BROECK H, 2009. Organizational change questionnaire-climate of change, processes, and readiness:development of a new instrument[J]. Journal of psychology, 143 (6):559-599.

BOURDIEU P, 1986. The forms of capital [M]//RICHARDSON J G. Handbook of theory and research for the sociology of education. New York: Greenwood, 241-258,.

BRADACH J L, ECCLES R G, 1989. Price, authority, and trust: from ideal types to plural forms[J]. Annual review of sociology, 15(1):97-118.

BRASS D J, 1984. Being in the right place: a structural analysis of individual influence in an organization[J]. Administrative science quarterly, 29 (4): 518-539.

BRASS D J, 1981. Structural relationships, job characteristics, and worker satisfaction and performance[J]. Administrative science quarterly, 26 (3) 331-348.

BREEVAART K, BAKKER A B, DEMEROUTI E, et al. , 2016. Who takes the lead? A multi-source diary study on leadership, work engagement and job performance[J]. Journal of organizational behavior, 37(3):309-325.

BROUGHAM D, HAAR J, 2018. Smart technology, artificial intelligence, robotics, and Algorithms (STARA): employees' perceptions of our future workplace[J]. Journal of management & organization, 24(2):239-257.

BROWNE M W, CUDECK R, 1992. Alternative ways of assessing model fit [J]. Sociological methods & research, 21(2):230-258.

BROWN T F, 1997. Theoretical perspectives on social capital, online paper: http://hal. lamar. edu/~BROWNTF/SOCCAP. HTML.

BURT R S, 1992. Structural holes: the social structure of competition[M]. Cambridge, MA: Harvard University Press.

BURT R S, 2001. Structural holes versus network closure as social capital [M]//LIN N, COOK K, BURT R S. Social capital: theory and research. New York: Aldine De Gruyter.

BURT R S, 1997. The contingent value of social capital[J]. Administrative science quarterly, 42(2)339-365.

CALDWELL S D, HEROLD D M, FEDOR D B, 2004. Toward an understanding of the relationships among organizational change, individual differences, and changes in person-environment fit: a cross-level study[J]. The journal of applied psychology, 89(5): 868-882.

CAMPBELL J P, MCCLOY R A, OPPLER S H, SAGER C E, 1993. A theory of performance[M]//SCHMITT N, BORMAN W C. Personnel selection in organizations. San Francisco, CA: Jossey-Bass, 35-70.

CARROLL B, SIGUAW J, 2003. The evolution of electronic distribution: effects on hotels and intermediaries[J]. The cornell hotel and restaurant administration quarterly, 44(4): 38-50.

CARTWRIGHT S, COOPER C L, 1993. The psychological impact of merger and acquisition on the individual: a study of building society managers[J]. Human relations, 46(3): 327-347.

CARVER C S, SCHEIER M F, 2002. Optimism[M]//SNYDER C R, LOPEZ S. Handbook of positive psychology. Oxford, UK: Oxford University Press, 231-243.

CARVER C S, SCHEIER M F, 1990. Origins and functions of positive and negative affect: a control-process view[J]. Psychological review, 97(1): 19-35.

CHANG S, WAY S A, CHENG D H K, 2018. The elicitation of frontline, customer-contact, hotel employee innovative behavior: illuminating the central roles of readiness for change and absorptive capacity[J]. Cornell hospitality quarterly, 59(3): 228-238.

CHAN S H, WAN Y K P, KUOK O M, 2015. Relationships among burnout, job satisfaction, and turnover of casino employees in Macau[J]. Journal of hospitality marketing & management, 24(4): 345-374.

CHARBONNIER-VOIRIN A, EL AKREMI A, VANDENBERGHE, C, 2010. A multilevel model of transformational leadership and adaptive performance and the moderating role of climate for innovation[J]. Group & organization management, 35(6): 699-726.

CHARBONNIER-VOIRIN A, ROUSSEL P, 2012. Adaptive performance: a new scale to measure individual performance in organizations[J]. Canadian journal of administrative sciences, 29(3): 280-293.

CHAURASIA S, SHUKLA A, 2014. Psychological capital, LMX, employee engagement & work role performance[J]. Indian journal of industrial relations, 50(2): 342-356.

CHAWLA A, KEVIN KELLOWAY E, 2004. Predicting openness and commitment to change[J]. The leadership & organization development journal,25(6):485-498.

CHEN G, MATHIEU J, 2008. Goal orientation dispositions and performance trajectories: the roles of supplementary and complementary situational inducements[J]. Organizational behavior and human decision processes, 106 (1):21-38.

CHEN G, THOMAS B, WALLACE, J C, 2005. A multilevel examination of the relationships among training outcomes, mediating regulatory processes, and adaptive performance[J]. The journal of applied psychology, 90(5):827-841.

CHIABURU D S, LORINKOVA NM, VAN DYNE L, 2013. Employees' social context and change-oriented citizenship: a meta-analysis of leader, coworker, and organizational influences[J]. Group organization management, 38: 291-333.

CHILD J, 1972. Organizational structure, environment and performance: the role of strategic choice[J]. Sociology, 6(1):1-22.

CHOI M, 2011. Employees' attitudes toward organizational change: a literature review[J]. Human resource management, 50(4), 479-500.

CHOI M, RUONA W E A, 2011. Individual readiness for organizational change and its implications for human resource and organization development[J]. Human resource development review, 10(1):46-73.

CHOW W S, CHAN L S, 2008. Social network, social trust and shared goals in organizational knowledge sharing[J]. Information & management, 45(7): 458-465.

CHUNG G H, DU J, CHOI J N, 2014. How do employees adapt to organizational change driven by cross-border M&As? A case in China[J]. Journal of world business, 49(1):78-86.

CHURCHILL G A Jr, 1979. A Paradigm for developing better measures of marketing constructs[J]. Journal of marketing research, 16(1):64-73.

CLAPP-SMITH R, VOGELGESANG G R, AVEY J B, 2009. Authentic leadership and positive psychological capital: the mediating role of trust at the group level of analysis[J]. Journal of leadership and organizational studies, 15(3):227-240.

CLARK S W, 2003. The development of an integrated measure of readiness for change instrument and its application on asc/pk. (Unpublished doctoral dissertation)[D]. Air Force Institute of Technology, Ohio.

COHEN D, PRUSAK L, 2001. In good company: how social capital makes organizations work[M]. Boston, MA: Harvard Business School Press.

COLE K, 2006. Well-being, psychological capital, and unemployment: an integrated theory[R]//International Association for Research in Economic Psychology (IAREP) and the Society for the Advancement of Behavioral Economics (SABE). Paris, France.

COLEMAN J S, 1988. Social capital in the creation of human capital[J]. American journal of sociology, 94: S95-S120.

COLEMAN J S, 1900. The foundations of social theory[M]. Cambridge, MA: Belknap Press of Harvard University Press.

CONNER D R, 1992. Managing at the speed of change: how resilient managers succeed and prosper when others fall[M]. New York, NY: Villard Books.

CONNER M, ARMITAGE C J, 1998. Extending the theory of planned behavior: a review and avenues for further research[J]. Journal of applied social psychology, 28(15): 1429-1464.

COSTA P T, MCCRAE R R, 1995. Domains and facets: hierarchical personality assessment using the revised NEO Personality Inventory[J]. Journal of personality assessment, 64(1): 21-50.

COUTU D L, 2002. How resilience works[J]. Harvard business review, 80(5): 46-55.

CRONBACH L, 1951. Coefficient alpha and the internal structure of tests[J]. Psychometrika, 16(3): 297-334.

CROOK T R, TODD S Y, COMBS J G, et al., 2011. Does human capital matter? A meta-analysis of the relationship between human capital and firm performance[J]. The journal of applied psychology, 96(3): 443-456.

CULLEN K L, EDWARDS B D, CASPER W C, et al., 2014. Employees' adaptability and perceptions of change-related uncertainty: implications for perceived organizational support, job satisfaction, and performance[J]. Journal of business and psychology, 29(2): 269-280.

CUNNINGHAM C E, WOODWARD C A, SHANNON H S, et al, 2002. Readiness for organizational change: a longitudinal study of workplace, psychological and behavioural correlates[J]. Journal of occupational and organizational psychology,75(4):377-392.

CUNNINGHAM G B,2006. The relationships among commitment to change, coping with change, and turnover intentions[J]. European journal of work and organizational psychology,15(1):29-45.

DARVISHMOTEVALI M, ALTINAY L, KöSEOGLU M A, 2020. The link between environmental uncertainty, organizational agility, and organizational creativity in the hotel industry [J]. International journal of hospitality management,87:102499.

DAWKINS C E,FRASS J W,2005. Decision of union workers to participate in employee involvement:an application of the theory of planned behaviour[J]. Employee relations,27(5):511-531.

DECI E L,RYAN R M,2000. The "what" and "why" of goal pursuits:human needs and the self-determination of behavior[J]. Psychological inquiry, 11 (4):227-268.

DE LANGE A H,VAN YPEREN N W,VAN DER HEIJDEN B I J M,et al. , 2010. Dominant achievement goals of older workers and their relationship with motivation-related outcomes[J]. Journal of vocational behavior,77(1): 118-125.

DEMEROUTI E, BAKKER A B, NACHREINER F, et al, 2001. The job demands-resources model of burnout[J]. The journal of applied psychology, 86(3):499-512.

DENISSEN J J, PENKE L, 2008. Motivational individual reaction norms underlying the Five-Factor model of personality:first steps towards a theory-based conceptual framework[J]. Journal of research in personality, 42(5): 1285-1302.

DERRYBERRY D, TUCKER D M, 1994. Motivating the focus of attention [M]//NEIDENTHAL P M, KITAYAMA S. The heart's eye: emotional influences in perception and attention. San Diego, CA: Academic Press, 167-196.

DEVOS G, BUELENS M, BOUCKENOOGHE D, 2007. Contribution of content, context, and process to understanding openness to organizational change: two experimental simulation studies [J]. The journal of social psychology,147(6):607-630.

DIGMAN J M,1990. Personality structure:emergence of the five-factor model

[J]. Annual review of psychology, 41(1): 417-440.

DORSEY D, CORTINA J, LUCHMAN J, 2010. Adaptive and citizenship-related behaviors at work [M]//FARR J, TIPPINS N. Handbook of employee selection. New York, NY: Routledge, 463-487.

DUNPHY D C, 2000. Embracing paradox [M]//BEER M, NOHRIA N. Breaking the code of change. Boston: Harvard Business School Press, 123-135.

EASTERBROOK J A, 1959. The effect of emotion on cue utilization and the organization of behavior[J]. Psychological review, 66(3): 183-201.

EDWARDS J R, 1991. Person-job fit: a conceptual integration, literature review and methodological critique [M]//COOPER C L, ROBERTSON I T. International review of industrial/organizational psychology (Vol. 6). New York, NY: Wiley, 283-357.

EISENBEISS S A, VAN KNIPPENBERG D, BOERNER S, 2008. Transformational leadership and team innovation: integrating team climate principles[J]. The journal of applied psychology, 93(6): 1438-1446.

ELDOR L, HARPAZ I, 2016. A process model of employee engagement: the learning climate and its relationship with extra-role performance behaviors [J]. Journal of organizational behavior, 37(2): 213-235.

ERICKSON R C, POST R D, PAIGE A B, 1975. Hope as a psychiatric variable [J]. Journal of clinical psychology, 31(2): 324-330.

FAULKNER B, 2001. Towards a framework for tourism disaster management [J]. Tourism management, 22(2): 135-147.

FEDOR D B, CALDWELL S, HEROLD D M, 2006. The effects of organizational changes on employee commitment: a multilevel investigation [J]. Personnel psychology, 59(1): 1-29.

FERNET C, GUAY F, SENECAL C, 2004. Adjusting to job demands: the role of work self-determination and job control in predicting burnout[J]. Journal of vocational behavior, 65(1): 39-56.

FILIERI R, MCNALLY R C, O'DWYER M, et al., 2014. Structural social capital evolution and knowledge transfer: evidence from an Irish pharmaceutical network [J]. Industrial marketing management, 43 (3): 429-440.

FISHBEIN M, AJZEN I, 1975. Belief, attitude, intention, and behavior [M].

Reading,MA:Addison-Wesley.

FOLGER R,KONOVSKY M A,1989. Effects of procedural and distributive justice on reactions to pay raise decisions[J]. Academy of management journal,32(1):115-130.

FOLKMAN S,MOSKOWITZ J T,2000. Positive affect and the other side of coping[J]. The American psychologist,55(6):647-654.

FORD J D,FORD L W,D'AMELIO A,2008. Resistance to change:the rest of the story[J]. Academy of management review,33(2):362-377.

FORNELL C, LARCKER, 1981. Evaluating structural equation models with unobservable variables and measurement error[J]. Journal of marketing research,18(1):39-50.

FRASER M W,GALINSKY M J,RICHMAN J M,1999. Risk,protection,and resilience:toward a conceptual framework for social work practice[J]. Social work research,23(3):131-143.

FREDRICKSON B L,2001. Cultivating positive emotions to optimize health and well-being[EB/OL]. (2021-10-20)[2001-10-20]. http://www. journals. apa. org/prevention/volume3/pre0030001a. html.

FREDRICKSON B L,BRANIGAN C,2000. Positive emotions[M]//MAYNE T J,BONNANO G A. Emotion:current issues and future directions. New York:Guilford Press,123-151.

FREDRICKSON B L, BRANIGAN C, 2005. Positive emotions broaden the scope of attention and thought -action repertoires[J]. Cognition and emotion,19 (3):313-332.

FREDRICKSON B L, JOINER T, 2002. Positive emotions trigger upward spirals toward emotional well-being[J]. Psychological science, 13 (2): 172-175.

FREDRICKSON B L, LEVENSON R W, 1998. Positive emotions speed recovery from the cardiovascular sequelae of negative emotions[J]. Cognition and emotion,12(2):191-220.

FUKUYAMA F,1995. Trust:the social virtues and the creation of prosperity [M]. New York:The Free Press.

GABBAY S M,ZUCKERMAN E W,1998. Social capital and opportunity in corporate R&D: the contingent effect of contact density on mobility expectations[J]. Social science research,27(2):189-217.

GABRIEL M, PESSL E, 2016. Industry 4.0 and sustainability impacts: critical discussion of sustainability aspects with a special focus on future of work and ecological consequences[J]. Annals of the faculty of engineering hunedoara, 14(2): 131-136.

GAMBETTA D, 1988. Can we trust trust? [M]//GAMBETTA D. Trust: making and breaking cooperative relations. New York: Basil Blackwell, 213-238.

GANSTER D C, HENNESSEY H W, LUTHANS F, 1983. Social desirability response effects: three alternative models [J]. Academy of management journal, 26(2): 321-331.

GERBING D W, ANDERSON J C, 1988. An updated paradigm for scale development incorporating unidimensionality and its assessment[J]. Journal of marketing research, 25(2): 186-192.

GHITULESCU B E, 2013. Making change happen: the impact of work context on adaptive and proactive behaviors[J]. The journal of applied behavioral science, 49(2): 206-245.

GHOSHAL S, BARTLETT C, 1994. Linking organizational context and managerial action: the dimensions of quality of management[J]. Strategic management journal, 15(S2): 91-112.

GIAUQUE D, 2015. Attitudes toward organizational change among public middle managers[J]. Public personnel management, 44(1): 70-98.

GOLDSMITH A H, VEUM J R, DARITY W JR, 1997. The impact of psychological and human capital on wages[J]. Economic inquiry, 35(4): 815-829.

GOOD D, 2014. Predicting real-time adaptive performance in a dynamic decision-making context[J]. Journal of management & organization, 20(6): 715-732.

GOOTY J, GAVIN M, JOHNSON P D, et al., 2009. In the eyes of the beholder: transformational leadership, positive psychological capital, and performance[J]. Journal of leadership and organizational studies, 15(4): 353-367.

GOŠTAUTAITĖ B, BUČIŪNIENĖ I, 2015. The role of work characteristics in enhancing older employees' performance: evidence from a post-Soviet country[J]. The international journal of human resource management, 26

(6):757-782.

GRANOVETTER M S, 1985. Economic action and social structure: the problem of embeddedness[J]. American journal of sociology,91(3):481-510.

GRANOVETTER M S,1973. The strength of weak ties[J]. American journal of sociology,78(6):1360-1380.

GREVE A,SALAFF J W,2001. The development of corporate social capital in complex innovation processes[J]. Research in the sociology of organizations (18):107-134.

GRIFFIN B, HESKETH B, 2003. Adaptable behaviours for successful work and career[J]. Adjustment australian journal of psychology,55(2):65-73.

GRIFFIN B, HESKETH B, 2005. Are conscientious workers adaptable? [J]. Australian journal of management,30(2):245-259.

GRIFFIN B, HESKETH B, 2004. Why openness to experience is not a good predictor of job performance[J]. International journal of selection and assessment,12(3):243-251.

GRIFFIN L, HOM P W, GAERTNER S, 2000. A meta-analysis of antecedents and correlates of employee turnover: update, moderator tests, and research implications for the next millennium[J]. Journal of management, 26(3): 463-488.

GRIFFIN M A, NEAL A, PARKER, S K, 2007. A new model of work role performance: positive behavior in uncertain and interdependent contexts[J]. Academy of management journal,50(2):327-347.

GRIFFIN M A, PARKER S K, MASON C M, 2010. Leader vision and the development of adaptive and proactive performance: a longitudinal study[J]. The journal of applied psychology,95(1):174-182.

GROLNICK W S, RYAN R M, 1987. Autonomy in children's learning: an experimental and individual difference investigation [J]. Journal of personality and social psychology,52(5):890-898.

GÖSSLING S, SCOTT D, HALL C M, 2021. Pandemics, tourism and global change: a rapid assessment of COVID-19[J]. Journal of sustainable tourism, 29(1):1-20.

GULATI R, 1995. Does familiarity breed trust? The implications of repeated ties for contractual choice in alliances[J]. Academy of management journal, 38(1):85-112.

HAIDT J,2000. The positive emotion of elevation[EB/OL]. (2021-1-20)[2001-1-20]. http://www.journals.apa.org/prevention/volume3/preOO3OO03c.html.

HALL C M,2010. Crisis events in tourism:subjects of crisis in tourism[J]. Current issues in tourism,13(5):401-417.

HALL D T,GOODALE J G,RABINOWITZ S,et al.,1978. Effects of top-down departmental and job change upon perceived employee behavior and attitudes:a natural field experiment[J]. Journal of applied psychology,63(1):62-72.

HANIFAN L J,1916. The rural school community center[J]. The annals of the American academy of political and social science,67(1):130-138.

HANIFAN L J,JUDSON,1920. The community centre[M]. Boston:Silver.

HAN J,LEE M,HWANG Y S,2016. Tourists' environmentally responsible behavior in response to climate change and tourist experiences in nature-based tourism[J]. Sustainability,8(7):644.

HAN K J, WOO S K, 2012. A Study on the effects of hotel operation employee's social capital on the trust and cynicism,turnover intention[J]. Journal of tourism and leisure research,24(1):347-369.

HANPACHERN C,MORGAN G A,GRIEGO O V,1998. An extension of the theory of margin:a framework for assessing readiness for change[J]. Human resource development quarterly,9(4):339-350.

HAN S,2019. Social capital and perceived stress:the role of social context[J]. Journal of affective disorders,250:186-192.

HAN T Y, WILLIAMS K J, 2008. Multilevel investigation of adaptive performance: individual and team-level relationships [J]. Group & organization management,33(6):657-684.

HARPHAM T,GRANT E,THOMAS E,2002. Measuring social capital within health surveys:key issues[J]. Health policy and planning,17(1):106-111.

HARRIS S G, MOSSHOLDER K W, 1996. The affective implications of perceived congruence with culture dimensions during organizational transformation[J]. Journal of management,22(4):527-547.

HAUSCHILDT K,KONRADT U,2012. Self-leadership and team members' work role performance [J]. Journal of managerial psychology, 27 (5): 497-517.

HEDBERG L I, 1981. Spectral synthesis in Sobolev spaces, and uniqueness of solutions of the Dirichlet problem[J]. Acta mathematica, 147(1): 237-264.

HEROLD D M, FEDOR D B, CALDWELL S D, 2007. Beyond change management: a multilevel investigation of contextual and personal influences on employees' commitment to change[J]. The journal of applied psychology, 92(4): 942-951.

HERSCOVITCH L, MEYER J P, 2002. Commitment to organizational change: extension of a three-component model [J]. The journal of applied psychology, 87(3): 474-487.

HESKETH B, NEAL A, 1999. Technology and performance[M]//ILGEN D R, PULAKOS E D. The changing nature of performance: implications for staffing, motivation, and development. San Francisco: Jossey-Bass, 21-55.

HIRSCHMAN A O, 1984. Against parsimony: three easy ways of complicating some categories of economic discourse [J]. American economic review proceedings 74-94.

HOBFOLL S E, 1989. Conservation of resources: a new attempt at conceptualizing stress[J]. American psychologist, 44(3): 513.

HOBFOLL S E, 2002. Social and psychological resources and adaptation[J]. Review of general psychology, 6(4): 307-324.

HOBFOLL S E, 1988. The ecology of stress[M]. London: Taylor & Francis.

HOBFOLL S E, 2001. The influence of culture, community, and the nested-self in the stress process: advancing conservation of resources theory[J]. Applied psychology, 50(3): 337-421.

HOLT D T, ARMENAKIS A A, FEILD H S, et al., 2007. Readiness for organizational change: the systematic development of a scale[J]. The journal of applied behavioral science, 43(2): 232-255.

HOLT D T, BARTCZAK S E, CLARK S W, et al., 2007. The development of an instrument to measure readiness for knowledge management [J]. Knowledge management research & practice, 5(2): 75-92.

HORNUNG S, ROUSSEAU D M, 2007. Active on the job-proactive in change: how autonomy at work contributes to employee support for organizational change[J]. The journal of applied behavioral science, 43(4): 401-426.

HOSEN R, SOLOVEY-HOSEN, S, 2003. Education and capital development: capital as durable personal, social, economic and political influences on the happiness of individuals[J]. Education,123(3):496-513.

HUANG J I,RYAN A M,ZABEL K L,et al. ,2014. Personality and adaptive performance at work: a meta-analytic investigation[J]. Journal of applied psychology,99(1):162-179.

HUANG K,XIAO H G,YANG X T,2013. Why immigrants travel to their home places: social capital and acculturation perspective[J]. Tourism management,36:304-313.

IBARRA H,1993. Network centrality, power, and innovation involvement: determinants of technical and administrative roles[J]. Academy of management journal,36(3):471-501.

IIDA M,WATANABE K,ANDO E,et al. ,2020. The association between unit-level workplace social capital and intention to leave among employees in health care settings: a cross-sectional multilevel study[J]. Journal of occupational and environmental medicine,62(5):186-191.

ILGEN D R, PULAKOS E D, 1999. Employee performance in today's organizations[M]//ILGEN D R,PULAKOS E D. The changing nature of work performance: implications for staffing, motivation, and development. San Francisco,CA:Jossey-Bass,1-18.

ISEN A M, 2000. Positive affect and decision making[M]//LEWIS M, HAVILAND-JONES J M. Handbook of emotions (2nd ed). New York: Guilford Press,417-435.

ISEN A M,1990. The influence of positive and negative affect on cognitive organization: some implications for development [M]//STEIN N, LEVENTHAL B,TRABASSO T. Psychological and biological approaches to emotion. Hillsdale,NJ:Erlbaum,75-94.

JAFRI H,2012. Psychological capital and innovative behavior: an empirical study on apparel fashion industry[J]. Journal of contemporary management, 6 (1):42-52.

JANG T,KONG K,2007. The effect on job satisfaction and turnover intention by service orientation in the hotel[J]. Journal of tourism & leisure research, 19(2):151-165.

JENSEN J H, FLACHS E M, SKAKON J, et al, 2019. Longitudinal associations between organizational change, work-unit social capital, and employee exit from the work unit among public healthcare workers: a mediation analysis[J]. Scandinavian journal of work, environment & health, 45(1):53-62.

JENSEN S M, LUTHANS F, 2002. The impact of hope in the entrepreneurial process: exploratory research findings [M]. Decision Sciences Institute Conference Proceedings, San Diego, CA.

JIANG Y, WEN J, 2020. Effects of COVID-19 on hotel marketing and management: a perspective article. International journal of contemporary hospitality management, 32(8):2563-2573.

JIMMIESON N L, PEACH M, WHITE K M, 2008. Utilizing the theory of planned behavior to inform change management: an investigation of employee intentions to support organizational change [J]. The journal of applied behavioral science, 44(2):237-262.

JIMMIESON N L, TERRY D J, CALLAN V J, 2004. A longitudinal study of employee adaptation to organizational change: the role of change-related information and change-related self-efficacy [J]. Journal of occupational health psychology, 9(1):11-27.

JIMMIESON N L, WHIET K M, ZAJDLEWICZ L, 2009. Psychosocial predictors of intentions to engage in change supportive behaviors in an organizational context[J]. Journal of change management, 9(3):233-250.

JING R, BENNER M, 2016. Institutional regime, opportunity space and organizational path constitution: case studies of the conversion of military firms in china[J], Journal of management studies, 53(4):552-579.

JOE G W, SIMPSON D D, BROOME K M, 1998. Effects of readiness for drug abuse treatment on client retention and assessment of process[J]. Addiction, 93(8):1177-1190.

JOHANSEN B F, JOHANSEN W, WECKESSER N M, 2016. Emotional stakeholders as "crisis communicators" in social media: the case of the Telenor customer complaints crisis [J]. Corporate communications: An international journal, 21(3):289-308.

JOHNSON J W, 2001. The relative importance of task and contextual performance dimensions to supervisor judgments of overall performance[J]. Journal of applied psychology, 86, 984-996.

JONES R A, JIMMIESON N L, GRIFFITHS A, 2005. The impact of organizational culture and reshaping capabilities on change implementation success: the mediating role of readiness for change [J]. Journal of management studies,42(2):361-386.

JO S J, JEUNG C W, PARK S, et al., 2009. Who is citing whom: citation network analysis among HRD publications from 1990 to 2007[J]. Human resource development quarterly,20(4):503-537.

JOUNG W, HESKETH B, NEAL A, 2006. Using "war stories" to train for adaptive performance: is it better to learn from error or success? [J]. Applied psychology,55(2):282-302.

JÖRESKOG K G, SÖRBOOM D, 1989. LISREL 7: a guide to the program and applications[M]. Chicago: SPSS Publications.

JUDGE T A, THORESEN C J, PUCIK V, et al., 1999. Managerial coping with organizational change: a dispositional perspective [J]. Journal of applied psychology,84(1):107-122.

JUNDT D, SHOSS M K, HUANG J L, 2015. Individual adaptive performance in organizations: a review [J]. Journal of organizational behavior, 36 (1): S53-S57.

JUTENGREN G, JALDESTAD E, DELLVE L, et al., 2020. The potential importance of social capital and job crafting for work engagement and job satisfaction among health-care employees [J]. International journal of environmental research and public health,17(12).

KAHN B E, ISEN A M, 1993. The influence of positive affect on variety-seeking among safe, enjoyable products[J]. Journal of consumer research,20(2):257-270.

KAHN W A, 1990. Psychological conditions of personal engagement and disengagement at work [J]. Academy of management journal, 33 (4): 692-724.

KANE H, BERNARDIN J, VILLANOVA P, et al., 1995. Stability of rater leniency: three studies [J]. Academy of management journal, 38 (4): 1036-1051.

KANFER R, ACKERMAN P L, 1989. Motivation and cognitive abilities: an integrative aptitude-treatment interaction approach to skill acquisition[J]. Journal of applied psychology,74(4):657-690.

KANNADHASAN M, CHARAN P, SINGH P, SIVASANKARAN N, 2018. Relationships among social capital, self-efficacy, and new venture creations

[J]. Management decision,56(1):204-218.

KANTEN P, KANTEN S, GURLEK M, 2015. The effects of organizational structures and learning organization on job embeddedness and individual adaptive performance[J]. Procedia economics and finance,23:1358-1366.

KANTER R M,1988. When a thousand flowers bloom: structural, collective, and social conditions for innovation in organizations[M]//STAW B M, CUMMINGS L L. Research in organizational behavior, vol. 10. Greenwich, CT:JAI Press,169-211.

KARAEVLI A, TIM HALL D T, 2006. How career variety promotes the adaptability of managers: a theoretical model[J]. Journal of vocational behavior,69(3):359-373.

KARATEPE O M, AVCI T, 2017. The effects of psychological capital and work engagement on nurses' lateness attitude and turnover intentions[J]. Journal of management development,36(8):1029-1039.

KARATEPE O M,KARADAS G,2014. The effect of psychological capital on conflicts in the work-family interface, turnover and absence intentions[J]. International journal of hospitality management,43:132-143.

KARATEPE O M,OLUGBADE O A,2017. The effects of work social support and career adaptability on career satisfaction and turnover intentions[J]. Journal of management & organization,23(3):337-355.

KIEFER T, 2005. Feeling bad: antecedents and consequences of negative emotions in ongoing change[J]. Journal of organizational behavior,26(8): 875-897.

KIM P B,KIM S,KIM S S,et al. ,2017. Organizational drivers and outcomes of casino employees' work adaptability[J]. Journal of hospitality marketing & management,26(3):276-296.

KIM T, LEE G, 2010. Examining social capital and knowledge sharing as antecedents of service innovativeness and business performance in the hotel industry[J]. Journal of tourism sciences,10:13-36.

KIM T T,LEE G,PAEK S,et al. ,2013. Social capital, knowledge sharing and organizational performance [J]. International journal of contemporary hospitality management,25(5):683-704.

KIRRANE M, LENNON M, O'Connor C, et al. , 2016. Linking perceived management support with employees' readiness for change: the mediating role of psychological capital[J]. Journal of change management, 17 (1): 47-66.

KLEINBAUM A M, STUART T E, 2014. Network responsiveness: the social structural microfoundations of dynamic capabilities [J]. Academy of management perspectives, 28(4): 353-367.

KLEIN K J, SORRA J S, 1996. The challenge of innovation implementation [J]. Academy of management review, 21(4): 1055-1080.

KOESTNER R, RYAN R M, BENIERI F, HOLT K, 1984. Setting limits on children's behavior: the differential effects of controlling vs. informational styles on intrinsic motivation and creativity[J]. Journal of personality, 52 (3): 233-248.

KORSGAARD M A, SAPIENZA H J, SCHWEIGER D M, 2002. Beaten before begun: the role of procedural justice in planning change [J]. Journal of management, 28(4): 497-516.

KRÜGEL J P, TRAUB S, 2018. Reciprocity and resistance to change: an experimental study[J]. Journal of economic behavior & organization, 147: 95-114.

KRISTOF A L, 1996. Person-organization fit: an integrative review of its conceptualizations, measurement, and implications[J]. Personnel psychology, 49(1): 1-49.

KWON P, 2000. Hope and dysphoria: the moderating role of defense mechanisms[J]. Journal of personality, 68(2): 199-223.

LARSON M, LUTHANS F, 2006. Potential added of psychological capital in predicting work attitudes[J]. Journal of leadership & organizational studies, 13(1): 45-62.

LEANA C R, VAN BUREN H J, 1999. Organizational social capital and employment practices[J]. Academy of management review, 24(3): 538-555.

LEE, IM, 2015. Structural Equation Modeling with AMOS 22 [M]. Seoul: Jibhyeonjae Press.

LEE Y, RYU H, 2008. The impact of intrafirm social capital on knowledge activities[J]. Journal of vocational education & training, 11(1): 119-141.

LEPINE J A, COLQUITT J A, EREZ A, 2000. Adaptability to changing task contexts: effects of general cognitive ability, conscientiousness, and openness to experience[J]. Personnel psychology, 53(3): 563-593.

LETCHER L, 2003. Psychological capital and wages: a behavioral economic approach[R]. Kansas:Kansas State University.

LEVENSON R W, EKMAN P, FRIESEN W V, 1990. Voluntary facial action generates emotion-specific autonomic nervous system activity[J]. Psychophysiology, 27(4):363-384.

LEWIN K, 1997. Action research and minority problems[M]//LEWIN G W. Resolving social conflicts and field theory in social science. Washington, DC: American Psychological Association, 143-152.

LEWIN K, 1947. Frontiers in group dynamics[M]//CARTWRIGHT D. Field theory in social science. London:Social Science Paperbacks.

LEWIN K, 1958. Group decision and social change[M]//MACCOBY E E. Readings in social psychology. New York:Holt.

LEWIS R D, WEIGERT A, 1985. Trust as a Social Reality[J]. Social forces, 63(4):967-985.

LI J, BONN M A, YE B H, 2019. Hotel employee's artificial intelligence and robotics awareness and its impact on turnover intention: the moderating roles of perceived organizational support and competitive psychological climate [J]. Tourism management, 73:172-181.

LIN N, 1999. Building a network theory of social capital[J]. Connections, 22(1):28-51.

LIN N, 2001. Social capital: a theory of social structure and action [M]. Cambridge:Cambridge University Press.

LIU C H, 2017. The relationships among intellectual capital, social capital, and performance: the moderating role of business ties and environmental uncertainty[J]. Tourism management, 61:553-561.

LIU C H, LEE T, 2015. Promoting entrepreneurial orientation through the accumulation of social capital, and knowledge management[J]. International journal of hospitality management, 46:138-150.

LIU S Q, WANG M, ZHAN Y, et al., 2009. Daily work stress and alcohol use: testing the cross-level moderation effects of neuroticism and job involvement [J]. Personnel psychology, 62(3):575-597.

LOGAN M S, GANSTER D C, 2007. The effects of empowerment on attitudes and performance: the role of social support and empowerment beliefs[J]. Journal of management studies, 44(8):1523-1550.

LOK P, HUNG R Y, WALSH P, et al, 2005. An integrative framework for measuring the extent to which organizational variables influence the success of process improvement programmes[J]. Journal of management studies, 42 (7): 1357-1381.

LONDON M, MONE E M, 1999. Continuous learning [M]//ILGEN D R, PULAKOS D R. The changing nature of performance: implications for staffing, motivation, and development. San Francisco: Jossey-Bass: 119-153.

LUO C Y, TSAI C H, CHEN M H, et al., 2021. The effects of psychological capital and internal social capital on frontline hotel employees' adaptive performance[J]. Sustainability, 13(10): 5430.

LUTHANS F, 2002a. The need for and meaning of positive organizational behavior[J]. Journal of organizational behavior, 23(6): 695-706.

LUTHANS F, AVOLIO B J, AVEY J B, et al., 2007. Positive psychological capital: measurement and relationship with performance and satisfaction[J]. Personnel psychology, 60(3): 541-572.

LUTHANS F, AVOLIO B J, WALUMBWA F O, et al., 2005. The Psychological capital of Chinese workers: exploring the relationship with performance[J]. Management and organization review, 1(2): 249-271.

LUTHANS F, 2002b. Positive organizational behavior: developing and managing psychological strengths[J]. Academy of management perspectives, 16(1): 57-72.

LUTHANS F, JENSEN S M, 2002. Hope: a new positive strength for human resource development [J]. Human resource development review, 1 (3): 304-322.

LUTHANS F, LUTHANS K, HODGETTS R, et al., 2001. Positive approach to leadership (PAL): implications for today's organizations[J]. Journal of leadership studies, 8(2): 3-20.

LUTHANS F, LUTHANS K W, LUTHANS B C, 2004. Positive psychological capital: going beyond human and social capital[J]. Business horizons, 47(1): 45-50.

LUTHANS F, NORMAN S M, AVOLIO B J, et al., 2008. The mediating role of psychological capital in the supportive organizational climate—employee performance relationship [J]. Journal of organizational behavior, 29 (2): 219-238.

LUTHANS F, YOUSSEF C M, 2007. Emerging positive organizational behavior[J]. Journal of Management, 33(3): 321-349.

LUTHANS F, YOUSSEF C M, 2004. Human, social, and now positive psychological capital management: investing in people for competitive advantage[J]. Organizational dynamics, 33(2): 143-160.

LUTHANS F, YOUSSEF C M, AVOLIO B J, 2007. Psychological capital: developing the human competitive edge[M]. Oxford: Oxford University Press.

LUTHANS F, ZHU W, AVOLIO B J, 2006. The impact of efficacy on work attitudes across cultures[J]. Journal of world business, 41(2): 121-132.

LUTHANS K W, JENSEN S M, 2005. The linkage between psychological capital and commitment to organizational mission: a study of nurses[J]. Journal of nursing administration, 35(6): 304-310.

MADJAR N, 2005. The contributions of different groups of individuals to employees' creativity[J]. Advances in developing human resources, 7(2): 182-206.

MADSEN S R, MILLER D, JOHN C R, 2005. Readiness for organizational change: do organizational commitment and social relationships in the workplace make a difference? [J]. Human resource development quarterly, 16(2): 213-234.

MALTZ A C, SHENHAR A J, REILLY R R, 2003. Beyond the balanced scorecard: refining the search for organizational success measures[J]. Long range planning, 36 (2): 187-204.

MANZ C C, 1986. Self-leadership: toward an expanded theory of self-influence processes in Organizations[J]. Academy of management review, 11(3): 585-600.

MARQUES-QUINTEIRO P, RAMOS-VILLAGRASA P J, PASSOS A M, et al., 2015. Measuring adaptive performance in individuals and teams[J]. Team performance management, 21(7/8): 339-360.

MARTIN A J, JONES E S, CALLAN V J, 2005. The role of psychological climate in facilitating employee adjustment during organizational change[J]. European journal of work and organizational psychology, 14(3): 263-289.

MARTÍNEZ-CAÑAS R, SÁEZ-MARTÍNEZ F J, RUIZ-PALOMINO P, 2012. Knowledge acquisition's mediation of social capital firm innovation[J].

Journal of knowledge management,16(1):61-76.

MASTEN A S,2001. Ordinary magic:resilience processes in development[J]. The American psychologist,56(3):227-238.

MASTEN A S,REED M J,2002. Resilience in development[M]//SNYDER C R,LOPEZ S. Handbook of positive psychology. Oxford:Oxford University Press,227-239.

MATURANA H R,VARELA F J,1992. The tree of knowledge:the biological roots of human understanding (Rev. ed.)[M]. Boston:Shambhala.

MAURER T J, PALMER J K, 1999. Management development intentions following feedback:role of perceived outcomes,social pressures,and control [J]. Journal of management development,18(9):733-751.

MAY D,CHAN A,HODGES T,et al.,2003. Developing the moral component of authentic leadership[J]. Organizational dynamics,32(3):247-260.

MCCARTT A T,ROHRBAUGH J,1995. Managerial openness to change and the introduction of GDSS:explaining initial success and failure in decision conferencing[J]. Organization science,6(5):569-584.

MCCLUSKY H Y,1990. An approach to a differential psychology of the adult potential[M]//KNOWLED M. The adult learner:a neglected species (4th ed.). Houston,TX:Gulf,146-162.

MCCULLOUGH M E,KILPATRICK S D,EMMONS R A,et al.,2001. Is gratitude a moral affect? [J]. Psychological bulletin,127(2):249-266.

MCDONALD R P, HO M H R, 2002. Principles and practice in reporting structural equation analyses[J]. Psychological methods,7,64-82.

MCFADYEN M A, CANNELLA A A, 2004. Social capital and knowledge creation: diminishing returns of the number and strength of exchange relationships[J]. Academy of management Journal,47(5):735-746.

MCKENNY A F,SHORT J C,PAYNE G T,2013. Using computer-aided text analysis to elevate constructs:an Illustration using psychological capital[J]. Organizational research methods,16(1):152-184.

MELIÁN-ALZOLA L,FERNÁNDEZ-MONROY M,HIDALGO-PEÑATE M, 2020. Hotels in contexts of uncertainty:measuring organizational resilience [J]. Tourism management perspectives,36.

MENON T,MORRIS M W,CHIU C,et al.,1999. Culture and the construal of agency:attribution to individual versus group dispositions[J]. Journal of personality and social psychology,76(5):701-717.

MEYER J P, ALLEN N J, 1991. A three-component conceptualization of organizational commitment[J]. Human resource management review,1(1):61-89.

MEYER J P, ALLEN N J, 1997. Commitment in the workplace: theory, research,and application[M]. Thousand Oaks,CA:Sage.

MEYER J P,ALLEN N J,SMITH C A,1993. Commitment to organizations and occupations:extension and test of a three-component conceptualization [J]. Journal of applied psychology,78(4):538-551.

MEYER J P,HERSCOVITCH L,2001. Commitment in the workplace:toward a general model[J]. Human resource management review,11(3):299-326.

MEYER J P,SRINIVAS E S,LAL J B,et al. ,2007. Employee commitment and support for an organizational change: test of the three-component model in two cultures[J]. Journal of occupational and organizational psychology,80(2):185-211.

MEYER J P, STANLEY D J, HERSCOVITCH L, et al. , 2002. Affective, continuance,and normative commitment to the organization:a meta-analysis of antecedents, correlates, and consequences [J]. Journal of vocational behavior,61(1):20-52.

MILLER V D,JOHNSON J R,GRAU J,1994. Antecedents to willingness to participate in a planned organizational change [J]. Journal of applied communication research,22(1):59-80.

MOBLEY W H,1982. Employee turnover: causes, consequences and control [M]. MA:Addison-Wesley Publishing Co.

MORERA O F,JOHNSON T P,FREELS S,PARSONS J,et al. ,1998. The measure of stage of readiness to change: some psychometric considerations [J]. Psychological assessment,10(2):182-186.

MORGAN N A, ZOU S, VORHIES D W, et al. , 2003. Experiential and informational knowledge, architectural marketing capabilities, and the adaptive performance of export ventures:a cross-national study[J]. Decision sciences,34(2):287-321.

MORGESON F P,MITCHELL T R,LIU D,2015. Event system theory: an event-oriented approach to the organizational sciences [J]. Academy of management review,40(4):515-537.

MOSSHOLDER K W, SETTOON R P, ARMENAKIS A A, et al., 2000. Emotion during organizational transformations: an interactive model of survivor reactions[J]. Group & organization management, 25(3): 220-243.

MOWDAY R T, STEERS R M, PORTER L W, 1979. The measurement of organizational commitment [J]. Journal of vocational behavior, 14 (2): 224-247.

MURA M, LETTIERI E, RADAELLI G, et al., 2013. Promoting professionals' innovative behaviour through knowledge sharing: the moderating role of social capital[J]. Journal of knowledge management, 17 (4): 527-544.

MURPHY P R, JACKSON S E, 1999. Managing work role performance: challenges for twenty-first century organizations and their employees[M]// ILGEN D R, PULAKOS E D. The changing nature of performance: implications for staffing, motivation, and development. San Francis-co: Jossey-Bass, 325-365.

NAAMI A, BEHZADI E, PARISA H, et al., 2014. A study on the personality aspects of adaptive performance among governmental hospitals nurses: a conceptual model[J]. Procedia-social and behavioral sciences, 159: 359-364.

NAHAPIET J, GHOSHAL S, 1998. Social capital, intellectual capital and the organizational advantage [J]. Academy of management review, 23 (2): 242-266.

NEAL A, YEO G, KOY A, et al., 2012. Predicting the form and direction of work role performance from the Big 5 model of personality traits[J]. Journal of organizational behavior, 33(2): 175-192.

NEVES P, 2011. Building commitment to change: the role of perceived supervisor support and competence [J]. European journal of work and organizational psychology, 20(4): 437-450.

NEVES P, 2009. Readiness for change: contributions for employee's level of individual change and turnover intentions [J]. Journal of change management, 9(2): 215-231.

NEWMAN A, NIELSEN I, SMYTH R, et al., 2018. Mediating role of psychological capital in the relationship between social support and wellbeing of refugees[J]. International migration, 56(2): 117-132.

NG T W, FELDMAN D C, 2008. The relationship of age to ten dimensions of job performance[J]. The journal of applied psychology,93(2):392-423.

NIESSEN C,JIMMIESON N L,2016. Threat of resource loss:the role of self-regulation in adaptive task performance[J]. Journal of applied psychology, 101(3):450-462.

NORMAN S M, AVEY J B, NIMNICHT J L, et al. , 2010. The interactive effects of psychological capital and organizational identity on employee organizational citizenship and deviance behaviors[J]. Journal of leadership & organizational studies,17 (4):380-391.

OH H, CHUNG M H, LABIANCA G, 2004. Group social capital and group effectiveness: the role of informal socializing ties [J]. Academy of management journal,47(6):860-875.

ONSØYEN L E,MYKLETUN R J,STEIRO T J,2009. Silenced and invisible: the work-experience of room-attendants in Norwegian hotels [J]. Scandinavian journal of hospitality and tourism,9(1):81-102.

ONWUEGBUZIE A J, SNYDER C R, 2000. Relations between hope and graduate students' coping strategies for studying and examination taking [J]. Psychological reports,86(3 Pt1):803-806.

OREG S, 2006. Personality, context, and resistance to organizational change [J]. European journal of work and organizational psychology,15(1):73-101.

OREG S, 2003. Resistance to change: developing an individual differences measure[J]. The journal of applied psychology,88(4):680-693.

OREG S, BARTUNEK J M, LEE G, et al. , 2018. An affect-based model of recipients' responses to organizational change events [J]. Academy of management review,43(1):65-86.

OREG S,VAKOLA M,ARMENAKIS A,2011. Change recipients' reactions to organizational change: a 60-year review of quantitative studies [J]. The journal of applied behavioral science,47(4):461-524.

ORTIZ B,DONATE M J,GUADAMILLAS F,2018. Inter-organizational social capital as an antecedent of a firm's knowledge identification capability and external knowledge acquisition [J]. Journal of knowledge management, 22 (6):1332-1357.

ORTON J D, WEICK K E, 1990. Loosely coupled systems: a reconceptualization[J]. Academy of management review,15(2):203-223.

PAEK S Y, SCHUCKERT M, KIM T T, et al. , 2015. Why is hospitality employees' psychological capital important? The effects of psychological capital on work engagement and employee morale[J]. International journal of hospitality management,50:9-26.

PAGDEN A S,1988. The destruction of trust and it's economic consequence in the Case of eighteenth-century naples, in trust making and breaking cooperative relations[M]. Oxford:Blackwell.

PANKSEPP J, 1998. Attention deficit hyperactivity disorders, psychostimulants,and intolerance of childhood playfulness:a tragedy in the making? [J]. Current directions in psychological science,7(3):91-98.

PAN W,SUN L Y,2018. A self-regulation model of zhong yong thinking and employee adaptive performance[J]. Management and organization review,14(1):135-159.

PARK D, CHOI Y, OH C, 2011. Effects of hotel service personnel's psychological capital on the service recovery,service quality and the quality of relationship with customers[J]. Journal of tourism & leisure research,23(8):61-80.

PARK J H,PAEK J,2016. Effects of the organizational socialization programs on new employees' organizational adjustment and the mediating effect of the positive psychology capital[J]. Korean journal of business administration,29(1):47-63.

PARK S,2011. Influence of organizational social capital on the creation of new intellectual capital[D]. Kwangju:Chonnam National University.

PARK S H, PARK S Y, 2019. Employee adaptive performance and its antecedents:review and synthesis[J]. Human resource development review, 18(3):294-324.

PAULSEN N,CALLAN V J,GRICE T A,et al.,2005. Job uncertainty and personal control during downsizing:a comparison of survivors and victims [J]. Human relations,58(4):463-496.

PEDERSEN E R G, HUNICHE M, 2011. Determinants of lean success and failure in the danish public sector: a negotiated order perspective [J]. International journal of public sector management,24(5):403-420.

PEDRO M Q, RICARDO V, NICOLE E, et al., 2019. Employee adaptive performance and job satisfaction during organizational crisis:the role of self-leadership[J]. European journal of work and organizational psychology, 28

(1):85-100.

PETERSON C, STEEN T, 2002. Optimistic explanatory style[M]//SNYDER C R, LOPEZ S. Handbook of positive psychology. Oxford, UK: Oxford University Press, 244-256.

PETERSON S J, LUTHANS F, 2003. The positive impact and development of hopeful leaders[J]. Leadership and organization development journal, 24(1): 26-31.

PETERSON S J, LUTHANS F, AVOLIO B J, et al., 2011. Psychological capital and employee performance: a latent growth modeling approach[J]. Personnel psychology, 64(2): 427-450.

PIDERIT S K, 2000. Rethinking resistance and recognizing ambivalence: a multidimensional view of attitudes toward an organizational change[J]. Academy of management review, 25(4): 783-794.

PIERCE J L, DUNHAM R B, 1992. The 12-hour work day: a 48 hour, eight-day week[J]. Academy of management journal, 35(5): 1086-1098.

PLOYHART R E, BLIESE P D, 2006. Individual adaptability (I-ADAPT) theory: conceptualizing the antecedents, consequences, and measurement of individual differences in adaptability [M]//Understanding adaptability: a prerequisite for effective performance within complex environments. Amsterdam: Elsevier, 3-39.

PODSAKOFF P M, MACKENZIE S B, LEE J Y, et al., 2003. Common method biases in behavioral research: a critical review of the literature and recommended remedies [J]. The journal of applied psychology, 88 (5): 879-903.

PORRAS J I, ROBERTSON P J, 1992. Organizational development: theory, practice, and research[M]//DUNNETTE M D, HOUGH L M. Handbook of industrial & organizational psychology (2nd ed., Vol. 3). Palo Alto, CA: Consulting Psychologists Press, 719-822.

PORRAS J I, SILVERS R C, 1991. Organization development and transformation[J]. Annual review of psychology, 42(1): 51-78.

PORTES A, 1998. Social capital: its origins and applications in modern sociology[J]. Annual review of sociology, 24(1): 1-24.

PORTES A, 1995. The economic sociology of immigration[M]. New York: Russell Sage Foundation.

POWELL W W, KOPUT K W, SMITH-DOERR L, 1996. Interorganizational collaboration and the locus of innovation: networks of learning in biotechnology[J]. Administrative science quarterly, 41(1): 116-145.

PROCHASKA J O, REDDING C A, EVERS K E, 1997. The transtheoretical model and stages of change[M]//GLANZ K, LEWIS F M, RIMER B K. Health behavior and health education. San Francisco: Jossey-Bass, 60-84.

PULAKOS E D, ARAD S, DONOVAN M A, et al., 2000. Adaptability in the workplace: development of a taxonomy of adaptive performance[J]. Journal of applied psychology, 85: 612-624.

PULAKOS E D, SCHMITT N, DORSEY D W, et al., 2002. Predicting adaptive performance: further tests of a model of adaptability [J]. Human Performance, 15(4): 299-323.

PUTNAM R, 1995. Bowling alone: america's declining social capital [J]. Journal of democracy, 6(1): 65-78.

PUTNAM R, 1993. The prosperous community: social capital and public life [J]. The american prospect, 13: 35-42.

RAFFERTY A E, GRIFFIN M A, 2006. Perceptions of organizational change: a stress and coping perspective[J]. The journal of applied psychology, 91(5): 1154-1162.

RAFFERTY A E, JIMMIESON N L, ARMENAKIS A A, 2013. Change readiness: a multilevel review[J]. Journal of management, 39(1): 110-135.

RAFFERTY A E, SIMONS R, 2006. An examination of the antecedents of readiness for fine-tuning and corporate transformation changes[J]. Journal of business and psychology, 20(3): 325-350.

REGO A, SOUSA F, MARQUES C, et al., 2012. Authentic leadership promoting employees' psychological capital and creativity [J]. Journal of business research, 65(3): 429-437.

REI A, LANG S S, WELKER R B, 2002. Assessing the validity of IS success models: an empirical test and theoretical analysis [J]. Information systems research, 13(1): 50-69.

RHOTON W W, 1980. A procedure to improve compliance with coal mine safety regulations[J]. Journal of organizational behavior management, 2(4): 243-249.

ROBBINS S P, 2005. Essentials of organizational behavior (8th ed.) [M].

Upper Saddle River,NJ:Prentice Hall.

ROSENBERG E L,1998. Levels of analysis and the organization of affect[J]. Review of general psychology,2(3):247-270.

ROSS L,NISBETT R E,1991. The Person and the Situation:perspective of Social Psychology[M]. New York:McGraw-Hill.

RUSLY F H,CORNER J L,SUN P,2012. Positioning change readiness in knowledge management research[J]. Journal of knowledge management,16 (2):329-355.

RUSSELL J A,FELDMAN BARRETT L F,1999. Core affect,prototypical emotional episodes,and other things called emotion:dissecting the elephant [J]. Journal of personality and social psychology,76(5),805-819.

RYAN R M,1993. Agency and organization:intrinsic motivation,autonomy and the self in psychological development[M]//JACOBS J. Nebraska symposium on motivation:develop-mental perspectives on motivation (Vol. 40). Lincoln: University of Nebraska Press,1-56.

RYAN R M,DECI E L,2000. Self-determination theory and the facilitation of intrinsic motivation,social development,and well-being[J]. The American psychologist,55(1):68-78.

RYAN R M,KUHL J,DECI E L,1997. Nature and autonomy:organizational view of social and neurobiological aspects of self-regulation in behavior and development[J]. Development and psychopathology,9(4):701-728.

SAFAVI H P,BOUZARI M,2019. The association of psychological capital, career adaptability and career competency among hotel frontline employees [J]. Tourism management perspectives,30:65-74.

SAFAVI H P,KARATEPE O M,2018. High-performance work practices and hotel employee outcomes: the mediating role of career adaptability [J]. International journal of contemporary hospitality management, 30 (2): 1112-1133.

SANDEFUR R,LAUNMANN E O,1998. A paradigm for social capital[J]. Rationality and society,10(4):481-501.

SASHKIN M,1986. Participative management remains an ethical imperative [J]. Organizational dynamics,14(4):62-75.

SAVICKAS M L,1997. Career adaptability: an integrative construct for life-span, life-space theory [J]. The career development quarterly, 45 (3):

247-259.

SCHAUBROECK J,MERRITT D E,1997. Divergent effects of job control on coping with work stressors: the key role of self-efficacy[J]. Academy of management journal,40(3):738-754.

SCHMITT N,CHAN D,2014. Adapting to rapid changes at work:definitions, measures,and research[M]//CHAN D. Individual adaptability to changes at work:new directions in research. New York,NY:Taylor & Francis,3-17.

SCHNEIDER B, 1990. The climate for service: an application of the climate construct[M]//SCHNEIDER B. Organizational climate and culture. San Francisco,CA:Jossey-Bass,383-412.

SCHNEIDER S L,2001. In search of realistic optimism:meaning,knowledge, and warm fuzziness[J]. American psychologist,56(3):250-263.

SCHUCKERT M,KIM T T,PAEK S,et al. ,2018. Motivate to innovate:how authentic and transformational leaders influence employees' psychological capital and service innovation behavior [J]. International journal of contemporary hospitality management,30(2):776-796.

SCHULMAN P,1999. Applying learned optimism to increase sales productivity [J]. Journal of personal selling and sales management,19(1):31-37.

SCHUTT R K,2006. Investigating the social world:the process and practice of research (5th ed.)[M]. Thousand Oaks,CA:Sage.

SCHWEIGER D M, DENISI A S, 1991. Communication with employees following a merger: a longitudinal field experiment [J]. Academy of management journal,34(1):110-135.

SELF D R,ARMENAKIS A A,SCHRAEDER M,2007. Organizational change content,process,and context:a simultaneous analysis of employee reactions [J]. Journal of change management,7(2):211-229.

SELIGMAN M E P,2002. Authentic happiness[M]. NewYork:Free Press.

SELIGMAN M E P,1998. Learned optimism[M]. New York:Pocket Books.

SELIGMAN M E P, ABRAMSON L Y, SEMMEL A, et al. , 1998. Learned optimism[M]. New York:Pocket Books.

SELIGMAN M E P,CSIKSZENTMIHALYI M,2000. Positive psychology an introduction[J]. American psychologist,55(1):5-14.

SELIGMAN M E P,SCHULMAN P,1986. Explanatory style as a predictor of productivity and quitting among life insurance sales agents[J]. Journal of personality and social psychology,50(4):832-838.

SHAPIRO D L,KIRKMAN B L,1999. Employees' reaction to the change to work teams: the influence of "anticipatory" injustice [J]. Journal of organizational change management,12(1):51-67.

SHEA C M,JACOBS S R,ESSERMAN D A,et al.,2014. Organizational readiness for implementing change: a psychometric assessment of a new measure[J]. Implementation science,9(1):1-15.

SHEN G Z,CHUNG B K,KIM K J,2010. Organizational members' social capital: conceptual definition from network and guanxi perspectives [J]. Korean journal of resources development,13(2):67-89

SHEREHIY B,KARWOWSKI W,2014. The relationship between work organization and workforce agility in small manufacturing enterprises[J]. International journal of industrial ergonomics,44(3):466-473.

SHERROD L R,SINGER J L,1989. The development of make-believe play [M]//GOLDSTEIN J. Sports,games and play. Hillsdale,NJ:Erlbaum,1-38.

SHIN J,TAYLOR M S,SEO M G,2012. Resources for change: the relationships of organizational inducements and psychological resilience to employees' attitudes and behaviors toward organizational change [J]. Academy of management journal,55(3):727-748.

SHOSS M K,WITT L A,VERA D,2012. When does adaptive performance lead to higher task performance? [J]. Journal of organizational behavior,33(7):910-924.

SLÅTTEN T,LIEN G,HORN C M F,et al.,2019. The links between psychological capital,social capital,and work-related performance: a study of service sales representatives [J]. Total quality management & business excellence,30(Sup1):S195-S209.

SLÅTTEN T,MEHMETOGLU M,2011. Antecedents and effects of engaged front-line employees: a study from the hospitality industry [J]. Managing service quality,21(1):88-107.

SMITH E M,FORD J K,KOZLOWSKI S W J,1997. Building adaptive expertise: implications for training design strategies [M]//QUINONES M A,DUDDA A. Training for a rapidly changing workplace: applications of psychological research. Washington,DC:American Psychological Association Books,89-118.

SNYDER C R,2001. Dr. Seuss,the coping machine,and "Oh,the Places You' ll Go. "[J]. Coping with stress:Effective people and processes,3-29.

SNYDER C R,2000. Handbook of hope[M]. San Diego,CA:Academic Press.

SNYDER C R,FELDMAN D B,2000. Hope for the many[M]//Handbook of hope. Amsterdam:Elsevier,389-412.

SNYDER C R, HARRIS J R, ANDERSON S, et al. ,1991. The will and the ways: development and validation of an individual-differences measure of hope[J]. Journal of personality and social psychology,60(4):570-585.

SNYDER C R,SYMPSON S C,YBASCO F C,et al. ,1996. Development and validation of the state hope scale[J]. Journal of personality and social psychology,70(2):321-335.

STAJKOVIC A D, 2006. Development of a core confidence-higher order construct[J]. The journal of applied psychology,91(6):1208-1224.

STAJKOVIC A D, LUTHANS F, 1998a. Self-efficacy and work-related performance:a meta-analysis[J]. Psychological bulletin,124(2):240-261.

STAJKOVIC A D, LUTHANS F, 1998b. Social cognitive theory and self-efficacy: going beyond traditional motivational and behavioral approaches [J]. Organizational dynamics,26(4):62-74.

STANLEY D J,MEYER J P,TOPOLNYTSKY L,2005. Employee cynicism and resistance to organizational change [J]. Journal of business and psychology,19(4):429-459.

SUN S,LEE P C,LAW R,et al. ,2020. An investigation of the moderating effects of current job position level and hotel work experience between technology readiness and technology acceptance[J]. International journal of hospitality management,90.

SWANSON R A,HOLTON E F Ⅲ,2009. Foundations of human resource development[M]. San Francisco,CA:Berrett-Koehler.

SWEETMAN D, LUTHANS F, 2010. The power of positive psychology: psychological capital and work engagement[M]//BAKKER A B,LEITER M P. Work engagement: a handbook of essential theory and research. New York:Psychology Press,54-68.

TAMER I,DERELI B,SAĞLAM M,2014. Unorthodox forms of capital in organizations: positive psychological capital, intellectual capital and social capital[J]. Procedia-social and behavioral sciences,152:963-972.

TANG T W, 2016. Making innovation happen through building social capital and scanning environment [J]. International Journal of Hospitality Management, 56: 56-65.

TELLEGEN A, WATSON D, CLARK L A, 1999. On the dimensional and hierarchical structure of affect[J]. Psychological science, 10(4): 297-303.

TETT R P, MEYER J P, 1993. Job satisfaction, organizational commitment, turnover intention, and turnover: path analyses based on meta-analytic findings[J]. Personnel psychology, 46(2): 259-293.

THATCHER J B, STEPINA L P, BOYLE R, 2002. J. Turnover of information technology workers: examining empirically the influence of attitudes, job characteristics, and external markets[J]. Journal of management information systems, 19(3): 231-261.

THOMPSON J A, 2005. Proactive personality and job performance: a social capital perspective[J]. Journal of applied psychology, 90(5): 1011-1017.

TIERNEY P, FARMER S, 2002. Creative self-efficacy: its potential antecedents and relationship to creative performance [J]. Academy of management journal, 45(6): 1137-1148.

TSAI C H, CHEN C W, 2010. An earthquake disaster management mechanism based on risk assessment information for the tourism industry: a case study from the island of Taiwan[J]. Tourism management, 31(4): 470-481.

TSAI C H, CHEN C W, 2011. Development of a mechanism for typhoon-and flood-risk assessment and disaster management in the hotel industry: a case study of the Hualien area [J]. Scandinavian journal of hospitality and tourism, 11(3): 324-341.

TSAI W, GHOSHAL S, 1998. Social capital and value creation: the role of intrafirm networks[J]. Academy of management journal, 41(4): 464-476.

TSAUR S, HSU F, LIN H, 2019. Workplace fun and work engagement in tourism and hospitality: the role of psychological capital [J]. International journal of hospitality management, 81: 131-140.

UNWTO, 2020. Tourism and Covid-19 [EB/OL]. (2021-1-20) [2020-6-10]. https://www.unwto.org/news/covid-19-unwto-calls-on-tourism-to-be-part-of-recovery-plans. Retrieved 10 June, 2020.

VAKOLA M, 2013. Multilevel readiness to organizational change: a conceptual approach[J]. Journal of change management, 13(1): 96-109.

VAKOLA M,2014. What's in there for me? Individual readiness to change and the perceived impact of organizational change [J]. Leadership and organization development journal,35(3):195-209.

VAN BREUKELEN W, VAN DER VLIST R, STEENSMA H, 2004. Voluntary employee turnover: combining variables from the "traditional" turnover literature with the theory of planned behavior [J]. Journal of organizational behavior,25(7):893-914.

VAN DAM K,2005. Employee attitudes toward job changes: an application and extension of Rusbult and Farrell's investment model [J]. Journal of occupational and organizational psychology,78(2):253-272.

VAN DEN HEUVEL S,SCHALK R,FREESE C,et al. ,2016. What's in it for me? A managerial perspective on the influence of the psychological contract on attitude towards change [J]. Journal of organizational change management,29(2):263-292.

VAN DEN HOOFF B, HUYSMAN M, 2009. Managing knowledge sharing: emergent and engineering approaches[J]. Information & Management, 46 (1):1-8.

VANDEWALLE D, 2001. Goal orientation: why wanting to look successful doesn't always lead to success? [J]. Organizational dynamics, 30 (2): 162-171.

VAN DIJK A, HENDRIKS P, ROMO-LEROUX I, 2016. Knowledge sharing and social capital in globally distributed execution[J]. Journal of knowledge management,20(2):327-343.

VARGO S L, LUSCH R F, 2008. Service-dominant logic: continuing the evolution[J]. Journal of the academy of marketing science,36(1):1-10.

VENINGA R L,2000. Managing hope in the workplace: five simple strategies can help transform organizations[J]. Health progress,81:22-24.

WALDMAN D A,AVOLIO B J,1986. A meta-analysis of age differences in job performance[J]. Journal of applied psychology,71(1):33-38.

WALINGA J, 2008. Toward a theory of change readiness: the roles of appraisal,focus,and perceived control[J]. The journal of applied behavioral science,44(3):315-347.

WALKER H J, ARMENAKIS A A, BERNERTH J B, 2007. Factors influencing organizational change efforts: an integrative investigation of change content, context, process and individual differences[J]. Journal of organizational change management,20:761-773.

WALUMBWA F O, LUTHANS F, AVEY J B, et al., 2011. Authentically leading groups:the mediating role of collective psychological capital and trust [J]. Journal of organizational behavior,32(1):4-24.

WANBERG C R,BANAS J T,2000. Predictors and outcomes of openness to changes in a reorganizing workplace[J]. Journal of applied psychology, 85 (1):132-142.

WANOUS J P, REICHERS A E, AUSTIN J T, 2000. Cynicism about organizational change: measurement, antecedents, and correlates[J]. Group & Organization management,25 (2),132-153.

WATSON D,WIESE D,VAIDYA J,et al.,1999. The two general activation systems of affect: structural findings, evolutionary considerations and psychobiological evidence[J]. Journal of personality and social psychology, 76(5):820-838.

WAY S A, TRACEY J B, FAY C H, et al., 2015. Validation of a multidimensional HR flexibility measure[J]. Journal of management,41(4): 1098-1131.

WEINER B J, 2009. A theory of organizational readiness for change[J]. Implementation science,4(1):67-75.

WEINER B J,AMICK H,LEE S D,2008. Conceptualization and measurement of organizational readiness for change[J]. Medical care research and review, 65(4):379-436.

WEINER B J,LEWIS M A,LINNAN L A,2009. Using organization theory to understand the determinants of effective implementation of worksite health promotion programs[J]. Health education research,24(2):292-305.

WEITZ B A,SUJAN H,SUJAN M,1986. Knowledge,motivation,and adaptive behavior:a framework for improving selling Effectiveness[J]. Journal of marketing,50(4):174-191.

WOO J, 2012. Structural equation models, concept and understanding[M]. Seoul:Hannarae Publishers.

WUNDERLEY L J, REDDY W P, DEMBER W N, 1998. Optimism and pessimism in business leaders[J]. Journal of applied social psychology, 28 (9):751-760.

WU W, 2008. Dimensions of social capital and firm competitiveness improvement: the mediating role of information sharing [J]. Journal of management studies, 45(1): 122-146.

XANTHOPOULOU D, BAKKER A B, DEMEROUTI E, et al., 2009. Reciprocal relationships between job resources, personal resources, and work engagement[J]. Journal of vocational behavior, 74(3): 235-244.

XIN K K, PEARCE J L, 1996. Guanxi: connections as substitutes for formal institutional support[J]. Academy of management journal, 39(6): 1641-1658.

YANG M M, 1994. Gifts, favors and banquets: the art of social relationships in china[M]. Ithaca, NY: Cornell University Press.

YEN Y F, TSENG J F, WANG H K, 2015. The effect of internal social capital on knowledge sharing[J]. Knowledge management research and practice, 13 (2): 214-224.

YOUSSEF C M, LUTHANS F A, 2005. positive organizational behavior approach to ethical performance[M]//GIACALONE R A, JURKIEWICZ C, DUNN C. Positive psychology in business ethics and corporate social responsibility. Greenwich, CT: Information Age, 1-22.

YOUSSEF C M, LUTHANS F A, 2007. Positive Organizational Behavior in the Workplace: the Impact of Hope, Optimism, and Resilience [J]. Journal of management, 33(5): 774-800.

YOUSSEF C M, LUTHANS F A, 2006. Time for positivity in the Middle East: developing hopeful Egyptian organizational leaders[M]/MOBLEY W, WELDON E. Advances in global leadership. Oxford: Elsevier Science/JAI, 283-297.

ZACHER H, AMBIEL R A M, NORONHA A P P, 2015. Career adaptability and career entrenchment[J]. Journal of vocational behavior, 88: 164-173.

ZACH F, RACHERLA P, 2011. Assessing the value of collaborations in tourism networks: a case study of Elkhart County Indiana [J]. Journal of travel & tourism marketing, 28(1): 97-110.

ZHANG J, ZHANG Y, SONG Y, et al., 2016. The different relations of extrinsic, introjected, identified regulation and intrinsic motivation on employees' performance: empirical studies following self-determination theory[J]. Management decision, 54(10): 2393-2412.

ZHANG S, ZHOU M, ZHANG J, et al., 2012. The nonlinear effects of conscientiousness on overall job performance and performance dimensions in the Chinese context[J]. Asian journal of social psychology,15(4):231-237.

ZUCKER L G,1986. Production of trust: institutional sources of economic structure,1840-1920[J]. Research in organizational behavior,8:53-111.

ŞAHIN F,GÜRBÜZ S,2014. Cultural intelligence as a predictor of individuals' adaptive performance: a study in a multicultural environment [J]. International area studies review,17(4):394-413.

边燕杰,丘海雄,2000. 企业的社会资本及其功效[J]. 中国社会科学(2):87-99.

边燕杰,张磊,2013. 论关系文化与关系社会资本[J]. 人文杂志(1):107-113.

曹勇,向阳,2014. 企业知识治理、知识共享与员工创新行为:社会资本的中介作用与吸收能力的调节效应[J]. 科学学研究,32(1):92-102.

陈劲,李飞宇,2001. 社会资本:对技术创新的社会学诠释[J]. 科学学研究,19(3):102-107.

陈晓萍,徐淑英,樊景立,2008. 组织与管理研究的实证方法(第2版)[M]. 北京:北京大学出版社.

邓今朝,喻梦琴,李太,2017. 状态观及过程观视域下组织变革准备研究综述与展望[J]. 科技进步与对策,34(10):154-160.

杜旌,崔雨萌,2019. 未雨绸缪:变革前非正式信息对员工变革抵制意愿的影响[J]. 心理学报,51(2):248-258.

高中华,赵晨,李超平,等,2012. 高科技企业知识员工心理资本对其离职意向的影响研究:基于资源保存理论的调节中介模型[J]. 中国软科学(3):138-148.

顾琴轩,王莉红,2015. 研发团队社会资本对创新绩效作用路径:心理安全和学习行为整合视角[J]. 管理科学学报,18(5):68-78.

桂勇,黄荣贵,2008. 社区社会资本测量:一项基于经验数据的研究[J]. 社会学研究,23(3):122-142.

郭小艳,王振宏,2007. 积极情绪的概念、功能与意义[J]. 心理科学进展,15 (5):810-815.

韩雪亮,2016. 组织变革准备研究回顾与整合[J]. 心理科学,39(5):1248-1255.

黄维德,柯迪,2017. 社会关系强度对人力资本贬值的影响:工作压力与知识获取的中介作用[J]. 南开管理评论,20(5):94-104.

柯江林,孙健敏,石金涛,等,2010. 人力资本、社会资本与心理资本对工作绩效的影响:总效应、效应差异及调节因素[J]. 管理工程学报,24(4):29-35.

李黎明,李晓光,2016. 社会结构、交往行动与社会资本动员:以社交餐饮网的建构过程为例[J]. 社会科学战线 (12):186-196.

李黎明，龙晓，李晓光，2018. 谁更愿意动员社会资本：基于心理人格特质的实证分析[J]. 社会学评论，6(6)：44-56.

梁燕芳，谢天，2021. 东西方文化下的真实自我研究：一种关系的视角[J]. 心理科学进展，29(5)：894-905.

林原，李玉珠，2021. 心理资本、组织支持感在职业紧张与过度劳动关系中的作用：基于北京地区外骑手的调查[J]. 中国流通经济，35(4)：116-126.

刘冰，李钰菡，齐蕾，2020. 员工变革态度的研究述评与展望[J]. 中国人力资源开发，37(8)：66-83.

刘军，2008. 管理研究方法：原理与应用[M]. 北京：中国人民大学出版社.

刘力钢，刘建基，2017. 大数据背景下科技型中小企业社会资本对动态能力的影响[J]. 科技进步与对策，34(21)：64-72.

刘学元，刘璇，赵先德，2016. 社会资本、知识获取与创新绩效：基于供应链视角[J]. 科技进步与对策，33(4)：119-126.

马可一，2003. 适应性绩效[J]. 商业研究 (22)：15-17.

孟晓斌，2009. 适应性绩效：动态环境中员工绩效管理的新思路[J]. 中国人力资源开发(12)：17-21.

邱伟年，2012. 企业社会资本、组织学习与经营绩效：转型升级的机制和路径：对格力电器案例的研究[J]. 学术研究(6)：80-85.

石贵成，王永贵，邢金刚，等，2005. 对服务销售中关系强度的研究：概念界定、量表开发与效度检验[J]. 南开管理评论，8(3)：74-82.

舒尔茨，2017. 对人进行投资[M]. 吴珠华，译. 北京：商务印书馆.

唐朝永，陈万明，彭灿，2014. 社会资本、失败学习与科研团队创新绩效[J]. 科学学研究，32(7)：1096-1105.

唐辉，赵富强，陈耘，2013. 基于心理资本中介效应的组织支持与知识转移影响机理研究[J]. 当代经济管理，35(4)：31-35.

陶祁，2006. 适应性绩效结构分析及在培训评估中的应用[J]. 管理科学，2：48-54.

陶祁，王重鸣，2006. 管理培训背景下适应性绩效的结构分析[J]. 心理科学，29(3)：614-617.

田喜洲，谢晋宇，2010. 组织支持感对员工工作行为的影响：心理资本中介作用的实证研究[J]. 南开管理评论，13(1)：23-29.

田喜洲，左晓燕，2013. 人力资本、社会资本及心理资本对酒店员工的协同作用[J]. 旅游学刊，28(11)：118-124.

王雁飞，王丽璇，朱瑜，2019. 基于资源保存理论视角的心理资本与员工创新行为关系研究[J].商业经济与管理(3):40-49.

王雁飞,吴茜,朱瑜,2016.心理资本与变革支持行为的关系:变革开放性和工作自主性的作用研究[J].心理科学,39(4):934-941.

王雁飞,朱瑜,2007.心理资本理论与相关研究进展[J].外国经济与管理,29(5):32-39.

邬金刚,2010.社会资本:架通社会结构与行动的桥梁:读林南的《社会资本:关于社会结构与行动的理论》[J].学理论(31):117-118.

吴伟炯,刘毅,路红,等,2012.本土心理资本与职业幸福感的关系[J].心理学报,44(10):1349-1370.

吴新辉,袁登华,2010.适应性绩效:一个尚需深入研究的领域[J].心理科学进展,18(2):339-347.

熊正德,姚柱,张艳艳,2018.人力资本、社会资本和心理资本对新生代知识型员工创新绩效影响研究:基于工作满意度的中介和工作特征的调节[J].湖南大学学报(社会科学版),32(6):79-87.

杨德祥,侯艳君,张惠琴,2017.社会资本对企业员工创新行为的影响:知识共享和信任的中介效应[J].科技进步与对策,34(20):139-146.

袁家三,2020.企业社会资本的伦理内涵及培育机制研究[D].长沙:中南财经政法大学.

袁凌,李建,贾玲玲,2014.基于资源保存理论的企业员工工作投入研究[J].东北师大学报(哲学社会科学版)(4):95-101.

张洪兴,王海祥,2011.论企业家社会资本对技术动态能力的作用与影响[J].山东社会科学(10):137-141.

张阔,侯荼燕,杨柯,等,2017.心理资本与工作绩效的关系:基于本土心理资本理论的视角[J].心理学探新,37(3):262-268.

张生太,刘露露,2018.社会资本对微信群用户知识共享意愿的影响[J].科研管理,39(10):108-119.

赵娅,2020.工作重塑、心理资本对知识员工创新行为的影响[J].企业经济,39(10):58-66.

郑立勇,孔燕,2019.基于心理资本理论视角的现代人力资源管理增值研究[J].华东经济管理,33(1):154-159.

周浩,龙立荣,2004.共同方法偏差的统计检验与控制方法[J].心理科学进展,12(6):942-950.

周小曼,温碧燕,陈小芳,等,2019.酒店员工正面心理资本、敬业度与工作绩效的关系研究:基于师徒制的视角[J].旅游学刊,34(9):57-69.